武陵山民族地区乡村振兴理论与实践研究

阎占定 著

Wulingshan Minzu Diqu
Xiangcun Zhenxing
Lilun Yu
Shijian Yanjiu

人民出版社

目　录

序　言 1

第一章　乡村振兴：武陵山民族地区乡村发展的必由之路 1

　第一节　深刻认识民族地区乡村振兴的重大意义 2

　　一、关乎全面建成小康社会的大局 2

　　二、事关全面建成社会主义现代化强国目标的实现 3

　　三、补齐民族地区乡村发展短板的迫切需要 4

　第二节　准确把握武陵山民族地区乡村振兴的内容要求 6

　　一、聚焦产业兴旺，着力并实现产业振兴 6

　　二、聚焦人才队伍建设，着力并实现人才振兴 7

　　三、聚焦乡风文明，着力并实现文化振兴 8

　　四、聚焦生态宜居，着力并实现生态振兴 9

　　五、聚焦基层组织建设，着力并实现组织振兴 10

　第三节　凸显武陵山民族地区乡村振兴的特色 11

　　一、坚持乡村振兴的制度特色 11

　　二、突出民族地区的地域特色 12

　第四节　认真学习乡村振兴的创新理论和政策要求 13

　　一、深刻理解党和政府支持乡村振兴的政策举措 13

二、认真用好武陵山片区内地方党和政府的支持政策 17

第二章 特色经济：武陵山民族地区产业振兴的优先选择 18

第一节 武陵山民族地区发展特色经济的条件和优势 19
一、自然条件优势 21
二、历史文化条件优势 22
三、政策支持的优势 25

第二节 武陵山民族地区乡村特色经济发展状况 27
一、乡村特色经济发展实践 28
二、乡村特色经济发展的成效 36
三、乡村特色经济发展中的问题 46

第三节 促进武陵山民族地区特色经济的高质量发展 51
一、坚持新发展理念，因地制宜发展特色经济 51
二、加强学习培训，提高生产经营队伍的素质 52
三、提高特色经济发展的组织化程度 56
四、完善政府对特色经济发展的支持政策 57

第三章 农民专业合作社：武陵山民族地区乡村振兴的重要主体 ... 61

第一节 农民专业合作社的类型和功能 61
一、农民专业合作社含义 61
二、农民专业合作社类型 62
三、农民专业合作社的功能和作用 65

第二节 武陵山民族地区农民专业合作社发展状况分析 70
一、武陵山民族地区农民专业合作社蓬勃发展 70
二、农民专业合作社主要类型 72

目录

第三节　农民专业合作社在武陵山民族地区乡村振兴中的
作用和成效 76
一、带动经济发展，推动乡村产业振兴 76
二、政治参与监督作用，推动乡村组织振兴 80
三、参与社会建设，促进社会稳定 83
四、参与乡村文化和生态建设，促进乡村文化生态振兴 85

第四节　武陵山民族地区农民专业合作社要高质量发展 87
一、解决同质化发展问题，实现适度规模发展 87
二、加大人才的储存和培养培训，解决农民专业合作社
人才短缺问题 88
三、重视规范建设，提高农民专业合作社的组织化程度 90
四、加大扶持力度，落实各项扶持政策 91

第四章　文化振兴：武陵山民族地区乡村振兴的智力支撑 94

第一节　文化和民族地区乡村文化 94
一、关于文化概述 94
二、武陵山民族地区的乡村文化 95

第二节　武陵山民族地区乡村文化振兴的重要意义 97
一、文化振兴是乡村振兴的应有之义 97
二、解决乡村文化"空心化"问题的需要 98

第三节　武陵山民族地区推动乡村文化振兴的实践和成效 ... 100
一、加强乡村公共文化设施建设，改善乡村文化条件 100
二、开展丰富多彩的文化活动，满足人民精神生活的需要 ... 101
三、重视乡村文化队伍建设，发挥文化人才的作用 ... 104

第四节　武陵山民族地区大力推进乡村文化振兴 105

一、加大宣传，提高对乡村文化建设的认识..................106
二、重视乡村文化振兴的硬件建设..................107
三、加强文化软件建设，加大文化惠民工程建设..................111
四、加强乡村文化队伍建设..................116

第五章 人才振兴：武陵山民族地区乡村振兴的关键..................119

第一节 乡村人才队伍建设相关理论..................119
一、人才和人才的类型..................119
二、乡村人才类型..................120
三、民族地区乡村人才振兴的重要意义..................121

第二节 武陵山民族地区乡村人才队伍建设状况分析..................123
一、乡村人才队伍的构成..................124
二、乡村人才队伍的建设实践..................127

第三节 武陵山民族地区乡村人才队伍存在的问题分析..................132
一、乡村人才队伍规模不大不强..................133
二、乡村人才总体质量不高，结构不甚合理..................133
三、乡村人才供需矛盾突出..................136

第四节 进一步加强武陵山民族地区人才队伍建设..................138
一、提高对民族地区乡村人才的认识..................138
二、加强民族地区乡村人才的培养..................141
三、创新乡村人才培养和成长的模式..................145
四、支持乡村人才创新创业，发挥其辐射带动作用..................151
五、建立健全乡村人才队伍建设的制度机制..................153

第六章 绿色发展：武陵山民族地区乡村生态振兴的要求..................163

第一节 乡村绿色发展提出..................163

             一、乡村绿色发展是在新发展理念提出过程中产生 164

             二、乡村绿色发展是在乡村振兴要求下而发展 165

             三、乡村绿色发展是乡村生态文明建设实践的要求 166

    第二节 武陵山民族地区乡村绿色发展的实践模式 167

             一、绿色种养业带动型发展模式 167

             二、绿色资源加工型发展模式 168

             三、旅游康养型发展模式 169

             四、产业融合型发展模式 170

             五、绿色发展的共同特征 172

    第三节 以绿色发展引领武陵山民族地区乡村生态振兴 173

             一、加大武陵山民族地区生态治理 173

             二、推进乡村绿色发展 184

             三、倡导绿色生活消费 187

第七章 组织建设：武陵山民族地区乡村组织振兴的保证 191

    第一节 乡村组织含义和类型 191

             一、乡村组织含义和分类 191

             二、武陵山民族地区乡村组织的类型 194

             三、武陵山民族地区乡村组织振兴的重要意义 197

    第二节 武陵山民族地区乡村组织振兴的实践 200

             一、强化村支部建设，引领乡村组织振兴 200

             二、加强村委会建设，充分发挥乡村民主 204

             三、加强和完善"两新"组织的建设 209

    第三节 推进武陵山民族地区乡村组织振兴的对策和建议 218

             一、强化民族地区基层党组织建设 218

             二、完善以村委会为重点的村各类组织建设 222

5

三、支持、引导和规范社会组织的发展 225

参考文献 231

后　记 235

序 言

武陵山区，是指武陵山及其余脉所在的区域，因其地区大部分地处武陵山脉而得名。它位于中国华中腹地，幅员辽阔，地跨湘鄂渝黔四省(市)71个县区，总面积11万多平方公里。地区内总人口为2300多万人，其中，土家族、苗族、侗族等30多个少数民族有1100多万人，约占总人口的48%，是我国著名的民族聚居地区。武陵山区东临两湖，西通巴蜀，北连关中，南达两广，是中国各民族南来北往频繁之地，是中国区域经济的分水岭和西部大开发的最前沿，曾是连接中原与西南的重要纽带。本区域不仅自然资源丰富，历史文化斑斓多彩，是"民族文化的沉积带"，而且也是革命老区、民族地区，曾经的国家14个连片特困地区之一，是脱贫攻坚的主战场。正是武陵山区特殊的自然地理和历史文化特点，成就了武陵山民族地区在乡村振兴中有着独特的实践做法和实践成就。可以讲，关于乡村振兴的实践，没有比武陵山民族地区的实践更加艰难，更加丰富多彩，成效更加显著的了。

党的十八大以来，我国打赢了脱贫攻坚战，全面建成了小康社会，提出了实施乡村振兴战略和实现农业农村现代化的目标。聚焦乡村振兴的基本要求，习近平总书记提出了乡村的"五个振兴"。实际上，武陵山民族地区就是聚焦"五个振兴"，通过发展特色产业、聚集人才、加强文化建设、生态保护和基层组织建设，打赢了脱贫攻坚战和推进乡村振兴，并且探索出许多创新性做法和取得了许多骄人的成绩。

武陵山民族地区乡村振兴理论与实践研究

本书研究的对象，选取了以恩施、湘西、铜仁等几个少数民族聚居的地方为代表，聚焦"五个振兴"及相关重点问题进行研究。由于武陵山民族地区地域广阔，涉及的县市区众多，各民族有聚居和杂居的分布，乡村振兴又涉及经济、政治、文化、社会建设、生态、党的建设等方面的内容，本书这些研究仅仅是武陵山民族地区乡村振兴实践的局部和片段，只能是以点带面来展示武陵山民族地区乡村振兴的实践风貌。

本书研究的理论基础和依据，是基于乡村发展理论、习近平总书记关于乡村振兴的重要论述、党和政府关于实施乡村振兴战略的政策文件精神，以及对民族地区乡村振兴的政策依据。研究从一般和个别结合的视角，运用文献研究、问卷调查、访谈、比较研究等研究方法，围绕"五个振兴"，重点是对武陵山民族地区乡村振兴的状况、具体做法、实践经验、存在的问题和对策建议等重点问题和实践做法进行分析研究。本书研究的框架结构和主要内容有：

对武陵山民族地区乡村振兴理论与实践研究的重要意义。这是本书研究的逻辑起点。只有认识研究的对象、研究的必要性、研究的范畴和主要内容，以及研究的理论基础和政策依据，才能为后续的研究奠定基础。提出要从民族复兴、从现代化国家建设的全局、从破解武陵山民族地区乡村振兴存在的问题等多角度认识研究的必要性和重要性，所具有的长远意义和现实意义。提出要准确把握民族地区乡村振兴的内涵和要求，要把乡村振兴的一般要求和武陵山民族地区的实际结合，聚焦"五个振兴"中各自的重点难点和堵点，想思路，出措施，推进乡村全面振兴。提出了要认真理解和落实党和国家关于乡村振兴的重大决策和精神要求，为武陵山民族地区乡村振兴提供政策依据和工作的方向性指导。

对武陵山民族地区特色经济的研究。认为特色经济是民族地区乡村产业振兴的最佳选择。产业兴旺是乡村振兴的前提，特色经济是民族地区的优势，武陵山民族地区产业振兴都是以特色经济为切入点和主要抓手。本章阐述了武陵山民族地区发展特色经济的优势和条件，分析了发展特色经济的内容和途径，做法和成效，也对发展特色经济存在的问题进行了剖析，并提出依据民族地区的自然资源优势、产业基础和政策导向，突出地域特色，发挥比较优势，实现一二三产业融合发展的对策建议。

对乡村振兴的重要主体——农民专业合作社的研究。从理论和实践都已证明，农民专业合作社这类农民合作经济组织，是乡村全面发展的重要主体。农民合作组织存在已久，改革开放以来，特别是党的十八大以来，由于农村外出务工人员的增多，人口流动性增大，为了适应"三权分置"的农村经营体制、市场和技术变化的需要，各类农民合作组织迅速发展，并在民族地区脱贫攻坚、产业发展中发挥了带头致富、牵引和带动作用，成为民族地区产业发展、社会治理、乡村振兴的一支不可缺少的力量。本章对武陵山民族地区农民专业合作社进行比较系统的分析。

对武陵山民族地区乡村文化振兴的研究。乡村文化振兴是乡村全面振兴的重要内容，也为乡村振兴提供智力支持和精神支柱。加强乡村文化建设，实现乡村文化振兴，是实施乡村振兴战略的重要一环，也是实现乡村振兴的重要基础。本章分析了武陵山民族地区乡村文化振兴的重要意义、文化建设的现状、存在的问题，重点分析了乡村公共文化建设、文化人才队伍建设、乡村农耕文化建设等内容。

对武陵山民族地区乡村人才振兴的研究。认为人才振兴是民族地区乡村振兴的基础。人才资源是第一资源，在市场竞争日益激烈、生产技术不断提高的情况下，民族地区乡村人才显得格外重要。本章分析民族地区人才现状、人才的类型和作用，重点分析了农村实用性人才的发展状况，提出要大力建设农村实用性人才、新型职业农民、"三农"工作队伍，广泛吸引新乡贤返乡参与乡村建设。

对武陵山民族地区乡村生态振兴的研究。生态宜居，是乡村振兴的基本要求，是乡村生态振兴的内在要求。乡村生态振兴，又是乡村全面振兴的重要内容和要求，是乡村生态宜居、特色经济和产业振兴的必要条件。习近平总书记提出乡村振兴必须坚持人与自然和谐共生，走乡村绿色发展之路。武陵山民族地区最大的优势是绿色资源，最大的特色和亮点是生态美。如何保护生态环境，在发展中坚持生产发展、生活良好、生态文明的统一，是武陵山民族地区一个重要实践和成功经验。本章通过对区域内绿色生产、绿色生活的分析，探寻了武陵山民族地区坚持绿色发展，通过绿色发展实现乡村生态振兴的成功之路。

对武陵山民族地区乡村组织振兴的研究。乡村组织振兴，是民族地区乡村振兴的基本保证。农村基层党组织、村组织、新经济组织和新社会组织，都能够从不同的角度促进乡村振兴。本章分析了武陵山民族地区农村基层党组织建设状况，党员干部队伍素质，村组织建设状况，"两新"组织发展状况，以及在乡村振兴中的地位和作用。

总之，乡村振兴是党和国家的大战略，实施乡村振兴战略是党中央从党和国家事业全局出发、着眼于实现"两个一百年"奋斗目标、顺应亿万农民对美好生活的向往作出的重大决策，是中国特色社会主义进入新时代做好"三农"工作的总抓手。党的乡村振兴理论不断在创新发展，乡村振兴的实践不断在拓展，武陵山民族地区的乡村振兴丰富的实践和好的经验做法，在脱贫攻坚，实现第一个百年奋斗目标过程中产生和展现，也必然在实现第二个百年奋斗目标，奔向共同富裕的新征程中延续和拓展。

阎占定

2023 年 2 月 15 日于武汉南湖

第 一 章

乡村振兴：武陵山民族地区乡村发展的必由之路

党的十九大报告提出了实施乡村振兴战略，这是党的十九大作出的重大决策部署，是决胜全面建成小康社会、全面建设社会主义现代化国家的重大历史任务。乡村振兴是党和国家的重大战略，是新时代"三农"工作的总抓手。习近平总书记指出，"实施乡村振兴战略，这是党中央从党和国家事业全局出发、着眼于实现'两个一百年'奋斗目标、顺应亿万农民对美好生活的向往所作出的重大决策。这是中国特色社会主义进入新时代做好'三农'工作的总抓手"[①]。武陵山民族地区过去是14个连片特困地区之一，是制约我国"两个一百年"奋斗目标实现的短板，今日仍然是迈向第二个百年奋斗目标，实现共同富裕的薄弱环节。因此，推进武陵山民族地区乡村振兴，是如期全面建成小康社会后，全面建成社会主义现代化国家道路上的难点和关键点，2017年党的十九大报告指出要支持民族地区加快经济社会发展，加大力度支持革命老区、民族地区、边疆地区、贫困地区加快发展。因此，民族地区乡村振兴是一个重大的理论和实践问题，具有重大的战略意义和现实意义。

---

① 中共中央党史和文献研究院：《习近平关于"三农"工作论述摘编》，中央文献出版社2019年版，第6页。

第一节　深刻认识民族地区乡村振兴的重大意义

实施乡村振兴战略，事关"两个百年梦"宏伟目标如期实现的大局。党的十九大提出了到2020年全面建成小康社会，到2050年把我国建成富强民主文明和谐美丽的社会主义现代化强国。习近平总书记指出，"如期实现第一个百年奋斗目标并向第二个百年奋斗目标迈进，最艰巨最繁重的任务在农村，最广泛最深厚的基础在农村，最大的潜力和后劲也在农村"[①]。而"三农"和民族地区农村成为前进路上最大的短板，实施乡村振兴战略，是新时代破解民族地区"三农"难题、补好"三农"短板的总抓手，意义十分重要，不可忽视。

一、关乎全面建成小康社会的大局

党的十八大以来，我国"三农"事业取得了巨大成就，农村改革有了新突破，农业供给侧结构性改革有了新成效，农村公共服务和社会事业有了新发展，农民收入增长连年快于城镇居民。2017年，我国城镇化人口8000万，脱贫人口6600万，城镇化率58.25%，户籍城镇化率42.35%；2018年城镇化率从52.6%提高到58.5%，8000多万农业转移人口成为城镇居民，2021年我国城镇化率高达63.89%。近10年来，我国城镇化率每年大约提高1.421%。在民族地区，"三农"工作在精准扶贫工作的推进中，也取得了重大的成就，脱贫人口迅速增加，生产得到发展，各民族人民生活水平有了显著的提高。但是，如同全国的农村一样，由于市场经济和人口流动的影响，民族地区"三农"问题依然没有

[①] 中共中央党史和文献研究院：《习近平关于"三农"工作论述摘编》，中央文献出版社2019年版，第11页。

根本转变，农业发展水平和发展质量整体比较低，农村面貌改善面临许多困难，农民稳定增收、贫困人口可持续脱贫任务依然严峻。此外，诸如农业供给侧结构性问题、农业生态环境问题，农村空间空心化、文化空心化、人口空心化等新问题亦有出现，谁来种地，谁来养老，谁来传承乡村文化等成为新的难题。

习近平总书记指出，"全面建成小康社会，最艰巨最繁重的任务在农村、特别是在贫困地区。没有农村的小康，特别是没有贫困地区的小康，就没有全面建成小康社会"。[①] 因此，习近平总书记强调，全面建成小康社会，难点在农村，全面建成小康社会，不能丢了农村这一头。他指出，"小康不小康，关键看老乡。"[②]"全面建成小康社会，少数民族一个都不能少，一个都不能掉队。"

二、事关全面建成社会主义现代化强国目标的实现

党的十九大、二十大报告中都提出到2050年把我国建成社会主义现代化强国，实现中华民族伟大复兴。要顺利实现这个目标，"三农"依然是关键，这是由我国农村地域广、农村人口总量大的基本国情决定的。目前我国仍有7亿多农村人，即使是在城镇化成熟后，2030—2035年农村人口还保持在4亿左右。我国现代化的目标是国家实现总体的现代化，当前我们与发达国家最大的差距不在城市，而是在农村，我国人民日益增长的美好生活需要和不平衡不充分的发展之间的矛盾在农村最为突出。所以说没有农业农村的现代化，中国的现代化就是不完整的，没有乡村振兴和现代化，就不会有国家的现代化。

[①] 中共中央党史和文献研究院：《习近平扶贫论述摘编》，中央文献出版社2018年版，第4页。

[②] 中共中央党史和文献研究院：《习近平关于"三农"工作论述摘编》，中央文献出版社2019年版，第3页。

如果说农村是建成社会主义现代化强国道路上的短板，行进中的跛腿，那么民族地区农村则是短板中的短板，是发展中的最大短板，这与民族地区自然条件、发展基础、产业结构、生产竞争力、人力资源条件等紧密相关。全面推进社会主义现代化国家建设，就必须解决"三农"问题，实现包括民族地区在内的农业农村现代化，而乡村振兴是抓手，是必由之路。

三、补齐民族地区乡村发展短板的迫切需要

审视民族地区的乡村振兴战略，要从政治和现实的多维度去认识。实现民族地区乡村振兴是客观实际发展的考量，又是国家发展大战略的政治要求，既有重大的理论意义，又有重要的实践价值。"两个一百年"奋斗目标和民族地区自然客观环境，经济社会发展水平实际，使民族地区农村比其他地区农村对实施乡村振兴战略更为迫切、更加需要，其任务和行程也更加艰苦艰巨。因此，党的十九大报告中要求"加大力度支持革命老区、民族地区、边疆地区、贫困地区加快发展"[①]，在脱贫攻坚实践中，党和政府工作的重点和突破点也在民族地区，武陵山民族地区也在政策和扶持之列。因此实施乡村振兴战略，既是民族地区客观发展实际的要求，又是补齐民族地区乡村发展短板的要求。

我国是一个统一的多民族国家，在我国5000多年文明发展史上，曾经有许多民族登上过历史舞台。这些民族经过诞育、分化、交融，最终形成了今天的56个民族。我国56个民族是历史形成的客观存在，是不以人的意志为转移的存在。我国少数民族有1亿多人，处理好民族关系始终是国家政治生活极为重要的内容。不同的民族地区的自然生态环境、经济社

---

① 习近平：《决胜全面建成小康社会　夺取新时代中国特色社会主义伟大胜利——在中国共产党第十九次全国代表大会上的报告》，人民出版社2017年版，第32页。

会文化发展基础和条件，严重影响和制约了区域内的经济社会发展。在全国 11 个连片贫困区中，大多是民族地区。我国 1.13 亿少数民族人口中有近 60%的人口居住在边疆地区，我国约 2.2 万公里陆地边界线中有约 1.9 万公里在民族地区。民族地区的客观实际和在国家发展的政治地位和要求，无论是在脱贫攻坚时期还是在打赢脱贫攻坚战和全面建成小康社会之后，在全面建设社会主义现代化国家的新征程上，都需要乡村振兴，都要求通过乡村振兴战略巩固和拓展脱贫攻坚成果，夯实民族地区走向共同富裕的坚实基础。

我国民族地区，一般都是资源富集区、水系源头区、生态屏障区，但不少也是贫困地区。贫困人口比较集中地分布在民族地区，无论是贫困人口规模、贫困发生率，还是贫困程度，民族地区都要高于全国平均水平。如上所述，全国 14 个集中连片的特困地区，有 11 个在民族地区；2015 年全国建档立卡少数民族贫困人口还有 1377 万人，民族八省区贫困村还有 3.2 万个，都占全国 1/4 以上。因此，习近平总书记要求全党要牢记我国是统一的多民族国家这一基本国情，坚持把维护民族团结和国家统一作为各民族最高利益，把各族人民智慧和力量最大限度凝聚起来，同心同德为实现"两个一百年"奋斗目标、实现中华民族伟大复兴的中国梦而奋斗。

总之，乡村振兴对民族地区乡村而言是多么的重要，而武陵山民族地区是全国主要的少数民族聚居区，也是全国集中连片的特困地区之一，其不仅具备了其他民族地区发展中存在的问题的共性，而且又具有地域面积广、涉及省份县市多，少数民族人口多，脱贫和巩固脱贫成果任务重，乡村振兴艰巨等特殊性。因此，在全国走向共同富裕，建设社会主义现代化国家的新征程中，包括武陵山民族地区在内的所有民族地区，通过实施乡村振兴战略，扬优势，补短板，不拖全国现代化的后腿，赶上全国发展的步伐，显得十分重要，格外迫切。

第二节　准确把握武陵山民族地区乡村振兴的内容要求

党的十九大报告提出了实施乡村振兴战略，明确了"产业兴旺、生态宜居、乡风文明、治理有效、生活富裕"的总要求和"三步走"的步骤。之后，习近平总书记提出了乡村振兴的目标是实现农业农村现代化，方针是坚持农业农村优先发展。2018年的《乡村振兴战略规划（2018—2022年）》（以下简称《规划》）更是对乡村振兴进行了详细的规划，提出了更加具体明确的目标、举措和实现线路图。2018年4月，习近平总书记在湖北考察时又提出了"五个聚焦"和"五个振兴"的新要求，使乡村振兴的目标和举措更加落实落地，更具有可操作性。习近平总书记指出，实施乡村振兴战略是新时代做好"三农"工作的总抓手。要聚焦产业兴旺、生态宜居、乡风文明、治理有效、生活富裕，着力推进乡村产业振兴、人才振兴、文化振兴、生态振兴、组织振兴，加快构建现代农业产业体系、生产体系、经营体系，把政府主导和农民主体有机统一起来，充分尊重农民意愿，激发农民内在活力，教育引导广大农民用自己的辛勤劳动实现乡村振兴。从武陵山民族地区的乡村振兴来讲，要对标"五个聚焦""五个振兴"的要求，把握自身实现乡村振兴战略的特色内容要求，探索符合域内特点的乡村全面振兴的道路。

一、聚焦产业兴旺，着力并实现产业振兴

乡村振兴，产业兴旺是重点。产业兴旺是乡村振兴的有力支撑，是乡村振兴战略的基础。产业兴旺，体现了农业不单是物质产品的生产部门，它还是精神文化产品、生态产品、服务产品的生产单位，是一二三产业兼容的部门。因此，民族地区农村要着力实现产业振兴，要按照党中央所要求的，深化农村改革，完善"三权分置"的农村基本经营制度，加快产业

转型升级，实现一二三产业融合发展，加快构建现代农业产业体系、生产体系、经营体系，完善农业支持保护制度，以产业兴旺带动产业振兴，以产业振兴支撑乡村兴旺，让农业成为有奔头的产业、让农民成为有吸引力的职业。

武陵山民族地区也把产业振兴放在首位，通过产业振兴夯实乡村全面振兴的物质基础，通过产业振兴激活乡村建设新动能。武陵山民族地区要根据自然资源禀赋和传统产业特色，因地制宜，大力发展特色种养、果蔬、药材、文旅、康养业等，实现一二三产业融合发展，走出一条具有地区特色鲜明的产业振兴之路。

二、聚焦人才队伍建设，着力并实现人才振兴

在当代社会，人才是第一资源。人才振兴是乡村振兴的基础。乡村其他四个方面要振兴，都离不开乡村人才。习近平总书记指出，"乡村振兴要靠人才、靠资源。如果乡村人才、土地、资金等要素一直单向流向城市，长期处于'失血''贫血'状态，振兴就是一句空话。"[①] 由于长期以来我国是二元经济结构，加上乡村经济社会发展相对滞后，致使文化教育基础薄弱，人才培养能力差，改革开放后又流失了一部分人才，可以讲"人才空心化"导致了乡村发展的许多问题。对武陵山民族地区而言，乡村人才更为缺乏，"人才空心化"更为严重，人才单向流失趋势更为明显。如果没有人才，民族地区丰富的自然资源和文化资源就没有人去开发利用，社会治理就没有人去组织。显而易见，乡村人才振兴成为民族地区尤其关键的问题和特别艰巨的任务。

武陵山民族地区一定要聚焦人才队伍建设，通过聚焦人才振兴释放乡村发展新活力。要把本土人才和引进人才相结合，要发现和支持本土传统

---

① 《十九大以来重要文献选编》（上），中央文献出版社2019年版，第142页。

的生产和文化人才，弘扬新乡贤文化，招揽各类返乡人才。要在新型职业农民、"三农"工作队伍、乡村实用人才，以及新业态从业的电商、经营人才的培养上下功夫。培养造就一支懂农业、爱农村、爱农民的"三农"工作队伍，培养一大批具有科学文化素质、掌握现代农业生产技能、具备一定经营管理能力的新型职业农民，要倡导"新乡贤文化"，要让更多的退休干部、教师和退伍军人等乡村人才返乡参与到乡村振兴之中。

三、聚焦乡风文明，着力并实现文化振兴

乡村振兴，乡风文明是保障。乡风文明是中华民族文明史的主体，村庄是乡风文明的载体，耕读文明是我们的软实力。武陵山民族地区是"民族文化的沉积带"，是巴蜀文化、楚文化、中原文化、云贵高原文化的交汇地，30多个少数民族聚居，因而有丰富的历史文化、灿烂多彩的民族文化、厚重的革命文化。可以说，乡村文化振兴，这里最有优势和条件。但是由于开放和市场经济的影响，区域内人口空心化也带来了文化空心化的问题，许多优秀的传统文化甚至国家和省级非物质文化遗产消失，非遗传人后继乏人，加之公共文化基础薄弱，文化人才缺少，文化活动缺乏，不健康文化的渗入，因而武陵山民族地区文化振兴所面临的问题严峻，文化振兴格外迫切。

武陵山民族地区，要聚焦乡风文明建设的要求，面对存在的问题，着力进行乡村文化建设，通过聚焦文化振兴引领乡风文明新风尚。重点是要传承发展提升农耕文明，走乡村文化兴盛之路，发挥传统文化在农村底蕴深厚、流传久远的优势。要倡导现代文明理念和生活方式，注重培育良好生活习惯和文明乡风，推动传统文化创新性转化、创造性发展。要加强公共文化建设和文化人才队伍建设，重塑乡村村规民约，大力培育乡村文化建设的主体。全面提升农民素质，提高乡村社会的文明程度，形成团结、互助、平等、友爱的人际关系，培育文明乡风、良好家风、淳朴民风，构

建和谐家庭、和谐村组、和谐村镇,打造农民的精神家园。

四、聚焦生态宜居,着力并实现生态振兴

生态文明建设是乡村振兴的重要环节,生态宜居是建设美丽中国和乡村生态振兴的需要。生态宜居包括环境、村容、设施建设等内容。农业是生态产品的重要供给者,乡村是生态涵养的主体区,生态是乡村最大的发展优势。实施乡村振兴战略,就必须统筹山水林田湖草沙系统治理,加快推行乡村绿色发展方式,加强乡村人居环境整治,构建人与自然和谐共生的乡村发展新格局,实现百姓富、生态美的统一。武陵山民族地区山清水秀,自然环境好,物种多样,生态资源丰富和生态美是其最大的特点和优势。如何保护生态,有效利用域内丰富的生态资源,发挥资源优势,避免已经出现的在发展经济中破坏生态环境的问题再发生,就必须按照生态宜居的要求,树立"两山"理念,坚持人与自然和谐共生,走乡村绿色发展之路,以绿色发展引领生态振兴,统筹山水林田湖草沙系统的治理,坚持利用与保护相统一,经济资源、生态资源、人文资源协同利用,实现经济价值、生态价值、社会价值和人文价值的统一,走一条生产发展、生活富裕、生态文明的发展之路。根据武陵山民族地区生态的客观实际和在发展中的经验和教训,重点是生产和居住环境的问题。习近平总书记指出,要实施乡村生态振兴,坚持绿色发展,加强农村突出环境问题综合治理,扎实实施农村人居环境整治三年计划,推进农村"厕所革命",完善农村生活设施,打造农民安居乐业的美丽家园,让良好生态成为乡村振兴的支撑点。

武陵山民族地区围绕生态振兴,重点在于坚持绿色发展。在生产方面,要发展绿色产业,坚持绿色生产;在生活方面,要提倡绿色和低碳消费;在生活环境方面,加强居住环境整治,处理好生产和生活污染问题,进行"厕所革命"和"厨房革命"。要通过聚焦生态振兴,塑造和美乡村

新面貌。把乡村建设成为"望得见山，看得见水，记得住乡愁"，具有"采菊东篱下，悠然见南山""孤村芳草远，斜日杏花飞"意境的美丽乡村，让乡村成为农民安居乐业的美丽家园。

五、聚焦基层组织建设，着力并实现组织振兴

乡村组织包括基层党组织、村民自治组织、群团组织，以及"两新"组织（新经济组织和新社会组织）。这些组织尽管性质和职能有所不同，但都是乡村振兴不同领域的组织者或参与者，是推进乡村振兴，搞好乡村治理的重要主体和推进力量。推进乡村振兴之所以要求乡村组织要振兴，就是因为如果乡村组织不健全，组织涣散或瘫痪，组织内部制度缺失，成员素质差和治理能力弱，都将直接影响到乡村的全面振兴。如同全国多数农村一样，武陵山民族地区乡村基层党组织和村组织也曾存在着软涣散的问题，新兴的各类经济组织和社会组织还处于发育和成长期，不完善、不规范和不大不强的问题十分突出，这些不仅制约了组织自身的发展，也成为乡村"五个振兴"顺利推进的制约因素。

武陵山民族地区围绕乡村组织振兴，首要的是抓好乡村基层党组织和村自治组织的振兴，这是乡村经济社会发展的领导者和组织实施者。要加强村级党组织建设（包括"两新"组织内党组织），选好党支部书记，实现村干部年轻化，提高党员干部的素质和工作能力。其次要加强"两新"组织建设，提高其组织化程度和规范其运行，发挥其正能量。再次要创新乡村治理体系，走乡村善治之路，通过聚焦组织振兴，构建乡村治理新体系。要健全自治、法治、德治相结合的乡村治理体系，推动社会治理重心向基层下移，发挥社会组织作用，实现政府治理和社会调节、居民自治良性互动，形成有效的社会治理，良好的社会秩序，使人民群众的获得感、幸福感、安全感更加充实、更有保障、更可持续。

第一章　乡村振兴：武陵山民族地区乡村发展的必由之路

第三节　凸显武陵山民族地区乡村振兴的特色

从 20 世纪西方发达国家的新村或造村运动，到今天我国实施的乡村振兴战略，叫法不同，做法有相似之处，可以借鉴，但不能照抄，一定要突出中国特色和民族地区的地域特色。乡村振兴战略具有历史性、地域性、制度性和现实性的特点。武陵山民族地区实施乡村振兴战略，既要坚持我国乡村振兴战略的总体安排和基本原则，又要体现地域特色。由于我国是一个乡村地域广、农业人口多、地区资源差异比较大的社会主义国家，因而在乡村振兴过程中体现制度特色和地域特色是两个基本原则。对于武陵山民族地区而言，其乡村振兴要符合中国社会的制度性质和要求，符合中国"三农"发展的客观实际、符合民族地区发展的客观实际，凸显其制度特色、建设特色、民族特色的有机统一。

一、坚持乡村振兴的制度特色

坚持走中国特色社会主义乡村振兴之路，实现中国特色社会主义乡村振兴，这是我国乡村振兴的制度性要求和一大特色，也是对武陵山民族地区乡村振兴的要求。中国特色社会主义规定了我国乡村振兴战略方向，对武陵山民族地区推进乡村振兴定航把舵。中国特色社会主义的乡村振兴战略，就是坚持社会主义制度不变色，符合中国特色社会主义制度性质的乡村振兴。我国是社会主义国家，这是我国的社会性质，新时代中国特色社会主义道路是一面旗帜，关乎党和国家命运。实施乡村振兴战略，可以借鉴外来，但必须保住底色，坚持本来。在运用乡村振兴战略破解"三农"问题时，务必要坚持党管农村工作，突出党的领导核心；务必要坚持在农村土地公有制性质不变的基础上实行"三权分置"的改革；务必要坚持农民主体地位，走共同富裕的道路，体现党的以人民为中心的价值取向和实践行动。具体讲就是要不断拓宽农民增收渠道，全面改善农村生产生活条件，促进社会公平正义，增进农民福祉，让亿万农民走上共同富裕的道路，有获得感、幸福感、安全感。

二、突出民族地区的地域特色

我国的乡村振兴面临着人多、地少、乡村基础薄弱、地区差异性大的实际，但不能照搬照抄西方国家在乡村现代化发展中所走的路和所使用的方法，更不能盲目的"欧美化"或"复古化"。要把传统与现代结合，把国外与国内嫁接，把现实与未来对接，坚持共性，凸显特色。一味地复制照抄，这样会水土不服的。我国乡村振兴不仅坚持制度特色，还需坚守地域特色。只能从我国的客观国情出发，从我国的乡村发展实际出发，遵循规律性，保留差异性，因地制宜、因时制宜、因事制宜来实施乡村振兴。要依靠农民，发挥农民的主体主力作用，发挥党和政府的领导、组织和支持作用，发挥全社会的参与作用。

对武陵山民族地区而言，其地位特殊，它有丰富的自然资源、人文资源、民族文化资源，这是其他地区不能比拟的。地区风景优美、自然资源丰富、文化丰富多彩，这就需要民族地区发展特色产业、特色文化旅游、特色农产品等，而不是复制照抄其他国家和国内其他地域乡村振兴的做法，这是一方面。另一方面，要切实根据民族地区交通、教育、资源、人才、管理、基础设施、农户收入低等现实情况，针对劳动者素质、内生力不强和"三农"发展中失调失衡等问题来定政策，想举措，谋发展。具体讲，在武陵山民族地区乡村振兴路上，就是要通过发挥党和政府的领导、组织和支持作用，依靠农民和发挥农民的主体主力作用，发挥全社会的参与作用，合力促发展；就是要坚持城乡融合、人与自然和谐共生的融合协调发展；就是要坚持实事求是、因地制宜、循序渐进的发展。

第四节　认真学习乡村振兴的创新理论和政策要求

党中央关于乡村振兴和民族地区发展的创新理论，各级政府制定的政策文件和出台的举措，是民族地区乡村振兴的理论指导、行动指南，也是研究乡村振兴包括研究武陵山民族地区乡村振兴的理论依据和政策依据。如上所述，武陵山民族地区是乡村全面振兴的短板和薄弱环节，在国家脱贫攻坚、全面建成小康社会的过程中，民族地区是重点，得到国家政策、财力物力支持最多，是发展最快的地区，这种政策和支持的特殊性是其他地方不可比拟的。在乡村振兴过程中，这种支持依然重要，因此，对武陵山民族地区来讲，必须继续用好这种政策和帮扶，让政策的效力延伸。2014年9月28日，习近平总书记在中央民族工作会议讲话中要求，要针对民族地区的特殊情况，完善和实施好差别化支持政策；对民族地区的经济社会发展，中央和各有关方面要继续给予有力支持；对民族地区的支持力度，只能加强不能削弱，只能加大不能减少。因此，武陵山民族地区在推进乡村振兴战略的过程中，必须认真学习领会，实实在在地践行党和政府关于乡村振兴，特别是支持民族地区乡村振兴的政策，用好措施。这不仅是本书研究的理论和政策依据，也是实践乡村振兴的理论依据和政策导向。

一、深刻理解党和政府支持乡村振兴的政策举措

实施乡村振兴战略，是习近平总书记关于"三农"事业的创新性理论，我们要以习近平新时代中国特色社会主义思想为指导。2017年习近平总书记在党的十九大报告中首提实施乡村振兴战略，2018年4月，习近平总书记在湖北考察乡村振兴时又提出"五个聚焦""五个振兴"，2019年3月，习近平总书记提出乡村振兴的总目标是农业农村现代化，总方针是农业农村优先发展，总要求是"二十字"方针，还提出"六要"，即要扛

稳粮食安全重任、要树牢绿色发展理念、要推进农业供给侧结构性改革、要补齐农村基础设施短板、要夯实乡村治理这个根本、要用好改革这个法宝等。习近平总书记关于"三农"工作、扶贫工作、乡村振兴的重要论述，以及关于民族工作的重要讲话精神，构成了党"三农"工作的创新性理论的主要内容。习近平总书记关于乡村振兴的目标、基本要求、坚持的方针、实现的步骤等方面的重要论述，是新时代我国实施乡村振兴战略，破解"三农"问题，实现农业农村现代化的理论指导和行动指南，同时还是党和政府制定乡村振兴战略、民族地区脱贫攻坚和推进乡村振兴政策举措的理论依据，也为武陵山民族地区推进乡村振兴工作提供方向、思路方面的实践指导。党的二十大报告要求加快构建农业强国，扎实推动乡村产业、人才、文化、生态、组织振兴。因此，武陵山民族地区推进乡村振兴，首先是认真学习和深刻领会习近平总书记关于乡村振兴系列重要论述的思想内容和精神实质。习近平总书记关于乡村振兴及相关方面的论著也很多，主要有《习近平谈治国理政》《习近平论"三农"工作》《习近平关于"三农"工作论述摘编》《习近平扶贫论述摘编》《习近平关于社会主义经济建设论述摘编》《习近平关于社会主义生态文明建设论述摘编》《习近平关于社会主义文化建设论述摘编》《习近平关于社会主义政治建设论述摘编》《习近平关于注重家庭家教家风建设论述摘编》等。要围绕这些论著，要学深、悟透，要联系各地实际学，把学习往深里走、往实里走。

党和政府关于"三农"工作、乡村振兴和民族地区发展的重大会议、重要文件精神、重大政策举措等，不仅是为了贯彻落实党关于"三农"工作和乡村振兴创新理论和习近平总书记的系列重要论述精神的需要，而且也是保证我国乡村振兴战略实施，使乡村振兴的各项目标要求能够落实落地的要求。自2017年党的十九大提出乡村振兴战略以来，党中央、国务院及其相关部门围绕"五个振兴"相继召开了多次会议，制定并实施了一系列支持乡村振兴战略的政策文件有几十份之多。主要有：2018年2月中共中央国务院印发《关于实施乡村振兴战略的意见》，5月中央政治局审议了《规划》，6月中央政治局国务院印发《乡村振兴战略规划（2018—2022年）》，7月召开中央全国实施乡村振兴战略工作推进会议；2019年中央1号文件《中共中央国务院关于坚持农业农村优先发展做好"三农"工作的若干意见》，2月中共中央国务院印发《关于坚持农业农村优先发展，做好"三农"工作的若干意见》，6月国务院印发《关于促进产业振兴的指导意见》，6月中共中央办公厅印发《关于鼓励引导人才向艰苦边远地区和基层一线流动的意见》，6月中共中央办公厅国务院办公厅印发《关于加强和改进乡村治理的指导意见》；2020年1月中共中央国务院印发《关于抓好"三农"领域重点工作确保如期实现全面小康社会的意见》，7月农业农村部印发《全国乡村产业发展规划（2020—2025）》，12月中共中央国务院印发《关于实现巩固脱贫攻坚成果同乡村振兴有效衔接的意见》，12月中央宣传部、农业农村部等16个部委和中国文联联合印发的《推进乡村文化振兴工作方案》等；2021年1月国务院印发《关于全面推进乡村振兴加快农业农村现代化的意见》，2月中共中央办公厅、国务院办公厅印发了《关于加快推进乡村人才振兴的意见》，4月全国人大常委会审议通过《中华人民共和国乡村振兴促进法》，4月农业农村部、国家发展改革委等10个部门联合印发《关于推进脱贫地区特色产业可持续发展的指导意见》，10月中共中央办公厅、国务院办公厅印发了《关于加快推动城乡建设绿色发展的意见》，11月国务院印发《"十四五"推进农业农村现代化规划》，12月中共中央办公厅、国务院办公厅印发了《农村人居环境整治提升五年行动方案（2021—2025年）》。此外，2014年、2021年两次中央民族工作会议，2015年中共中央国务院关于打赢脱贫攻坚战的决定，2017年国务院办公厅印发了《兴边富民行动"十三五"规划》，以及2017年后的年度中央1号文件等，都对实施乡村振兴战略进行了部署，这是对党中央和国务院关于乡村振兴战略的具体化的政策举措，有的是直接面向民族地区乡村振兴的政策举措，有的是研究民族地区乡村振兴的上位政策依据。

除了上述党中央、国务院及部委联合制定的政策文件之外，最高人民法院、国务院一些部委司局、中央所属的群团社会组织等也出台了支持乡村振兴的政策文件，这些文件的特点是，层次多、数量多、内容丰富、可操作性强，是具体落实性的政策。主要有：2012年最高人民法院的《关于为全面推进乡村振兴加快农业农村现代化提供司法服务和保障的意见》，2014年中国银监会农业部联合印发的《关于金融支持农业规模化生产和集约化经营的指导意见》，2020年中国银保监会办公厅的《关于进一步加大"三区三州"深度贫困地区银行业保险业扶贫工作力度的通知》，2022年中国科协、国家乡村振兴局联合印发的《关于实施"科技助力乡村振兴行动"的意见》，还有共青团中央、农业农村部部署开展2022年度高素质青年农民培育工作。

此外，国务院一些部委司局还制定了乡村振兴专项工作开展的指导意见。主要有：农业农村部、体育总局、国家乡村振兴局《关于推进"十四五"农民体育高质量发展的指导意见》；财政部、农业农村部发布2022年重点强农惠农政策；国家乡村振兴局、民政部关于印发《社会组织助力乡村振兴专项行动方案的通知》；农业农村部关于印发《"十四五"农业农村人才队伍建设发展规划》的通知；农业农村部办公厅、国家乡村振兴局综合司关于印发《社会资本投资农业农村指引（2021年）》的通知；农业农村部《关于全面推进农业农村法治建设的意见》；2019年农业农村部《关于乡村振兴战略下加强水产技术推广工作的指导意见》；2016年农业部《关于大力发展休闲农业的指导意见》《农业部等九部门联合印发指导意见——发展特色产业 促进贫困地区精准脱贫》、财政部农业部《关于全面推开农业"三项补贴"改革工作》的通知；2016年农业部产业政策与法规司国家落实发展新理念加快农业现代化、促进农民持续增收政策措施；2015年国家农业综合开发办公室关于调整和完善农业综合开发扶持农业产业化发展相关政策的通知、农业农村部《关于打好农业面源污染防治攻坚战的实施意见》，等等，这些政策文件是中央政府各个部委，乃至群团组织从各自的领域对乡村振兴也包括民族地区乡村振兴的政策支持。

二、认真用好武陵山片区内地方党和政府的支持政策

武陵山民族地区的上级领导部门和当地党和政府出台的关于乡村振兴的政策文件，是为了落实党中央和国务院及部委关于乡村振兴会议和文件精神而制定的地方性政策举措。武陵山区四省市70多个县市区党和政府为了解决武陵山区经济社会发展的问题，无论是在脱贫时期，还是在实施乡村振兴时期，都制定了省市县区级促进当地经济社会发展，乡村振兴的政策文件，采取了不计其数的政策举措。比如，2020年《湖北省乡村振兴促进条例》、中共湖北省委、湖北省人民政府《关于做好2022年全面推进乡村振兴重点工作的意见》，中共湖南省委、湖南省人民政府《关于做好2022年"三农"工作扎实推进乡村振兴的意见》，2022年贵州省委一号文件《全面推进贵州乡村振兴重点工作》，2022年重庆市巩固拓展脱贫攻坚成果同乡村振兴有效衔接"十四五"规划、2015年湖南省农村扶贫开发条例、2015年湖北省农村扶贫条例、湖北省委省政府关于全力推进精准扶贫精准脱贫的决定。地方党和政府关于乡村振兴的文件精神和政策举措，是结合地区客观实际把党中央、国务院和有关部委的文件精神进一步细化、具体化，因而具有极强的针对性和可操作性，有的直接以项目和专项经费的形式支持，对乡村振兴发挥着最直接、最有力的指导和推动作用，因此武陵山民族地区在推进乡村振兴的过程中，必须学习和用好地方政策的支持。

第 二 章

特色经济：武陵山民族地区产业振兴的优先选择

　　产业兴旺，是乡村振兴战略第一要求，是解决农村一切问题的前提，是推进农业农村现代化的原动力，是乡村振兴的有力支撑。事实上，一个地区的乡村振兴，必须要有产业支撑。产业不仅是乡村振兴战略的核心，也是农民就近就业和农村城镇化的推动力。党的十九大报告中要求构建现代产业体系，推进农村一二三产业融合发展。从"生产发展"到"产业兴旺"提法的转变，体现了乡村振兴视野下的农业，不再是一个只提供物质产品的农业生产部门，而且还是一个提供精神文化产品、生态产品、服务产品，以及乡村旅游、"互联网＋农业"等为依托的新业态，是一二三产业的融合发展。推进乡村振兴战略，根本是加快产业转型升级，一二三产业融合发展，以产业兴旺带动事业兴旺，以事业兴旺支撑乡村兴旺。在《规划》中提出要以完善利益联结机制为核心，以制度、技术和商业模式创新为动力，推进农村一二三产业交叉融合，加快发展根植于农业农村、由当地农民主办、彰显地域特色和乡村价值的产业体系，推动乡村产业全面振兴。

　　武陵山民族地区乡村振兴，首先是要推动产业振兴，实现产业兴旺。其切入点就是要立足域内自然生态、人文资源和经济社会条件的特点和优势来发展产业，实现产业振兴。从实践来看，发展特色经济是域内发展经济，实现产业振兴的普遍且优先的选择。具体看，在脱贫攻坚时期，民族群众利用地理位置和自然生态的独特性和优势，发展特色种养业、特色果蔬业、茶业，以及特色旅游、康养业，不仅使民族群众实现了脱贫致富，而且初步形成了特色的经济形态，实现了产业的特色化、特色产品品牌化。在乡村振兴时期，武陵山民族地区特色经济要向规模化、产业化、现代化、高质化的方向转化，实现高质量的发展。

第一节 武陵山民族地区发展特色经济的条件和优势

特色经济在国外研究较早，我国则起步于20世纪末。我国将少数民族特色经济作为一种经济发展模式，从理论和实践中受到重视则是在1997年后，特别是1999年西部大开发之后。迄今，特色经济成为民族地区发展的优先选择，许多地方都打造民族特色经济品牌，推出特色经济产品，特色经济已经成为民族地区经济发展的一张靓丽的名片。

特色经济是什么，理论界目前尚未形成定论，从学界研究来看，大体有以下几种理解，可以从区域比较优势的角度进行理解，特色经济是独有经济、是优势经济、是差别经济、是优质经济、是效益经济。从产业识别与评判标准角度理解，特色经济有产业专业化标准和产业效益标准。但普遍的观点认为，特色经济是指一个区域在经济发展中，利用比较优势，通过市场竞争而形成的具有鲜明产业特色及企业、产品（服务）特色的经济。特色经济以特色资源为基础，以特色产品为核心，以特色产业为依托，以特色技术为支撑。在市场经济条件下，经济发展应遵循差异化发展原则、比较优势原则，以市场为基础配置资源，通过竞争确立优势，从而造就特色经济。其内涵有以下四个方面的内容：一是发展特色经济必须与当地的实际相结合，充分体现省情、区情，这是特色经济的基础；二是应以当地特色的产业、特色产品或服务为前提；三是"特"必须以"同"为基础，是建立在"同"上面的"特"，这是特色经济的根本；四是应以特色经济区域为载体。①

纵观国内外研究成果，以及现实民族地区特色经济发展的实践来考察，民族地区发展特色经济，特色经济的发展基于"特"字，特别的地理位置、特殊的历史文化、特别的产业产品的传承等，所以它存在于每一个地方，但是由于民族地区自然、文化、历史的多样性，特色经济在民族地区尤为突出，主要集中这些领域和产业之中。一是特色种植业。这是由民族地区自然环境和条件决定的，主要是特色农产品，比如高山蔬菜、茶叶、药材、粮食、果类等。二是特色畜牧业。利用民族地区自然地形和植被，发展畜牧业，比如养羊、猪、牛、马等。三是特色矿产采掘和加工业。主要表现在采矿、石材、药材加工、农产品加工等。四是特色文化旅游业等方面。主要是利用民族地区丰富多彩的民族文化、历史遗迹、民俗文化、自然景观等特色优势而发展起来的特色旅游文化产业。

特色经济的发展，需要有特殊自然地理环境、历史文化条件，民族地区恰好具备了发展特色经济得天独厚的条件和优势。由于我国民族地区分布很广，有西北民族地区，有西南民族地区，有南方民族地区等，本书以武陵山民族地区为例进行分析。武陵山区是有着特殊的自然地理、经济发展和人文历史特点的地区。它地跨渝、鄂、湘、黔4省市，71个县区，面积11.4万平方公里，是连接东西部经济文化的走廊和"民族文化的沉积带"。它地处我国国土的最中心区，是巴蜀文化、楚文化、中原文化、云贵高原文化的交汇地区；是中国区域经济的分水岭，西部大开发的前沿与最好的实验区；是土家族、苗族、彝族等少数民族聚居区；是国家14个集中连片贫困地区之一，也是著名的革命老区。因此，武陵山民族地区自然风貌、资源禀赋、文化传统等富有特色，极具发展潜力，有着其他地区发展特色经济所没有的天然优势和条件。

---

① 吴芳、谢妮：《中国少数民族特色经济研究综述》，《北方经济》2012年第9期。

第二章 特色经济：武陵山民族地区产业振兴的优先选择

一、自然条件优势

武陵山区地跨渝、鄂、湘、黔4省市，是连接东西部经济文化的走廊和"民族文化的沉积带"。这些地区主要包括：重庆市渝东南地区的"一区五县"——黔江区、酉阳土家族苗族自治县、秀山土家族苗族自治县、彭水土家族苗族自治县、石柱土家族自治县、武隆县；湖北省恩施土家族苗族自治州，所辖恩施、利川、建始、巴东、宣恩、咸丰、来凤、鹤峰八个县市和红庙开发区；湖北省宜昌市，所辖长阳土家族自治县、五峰土家族自治县；湖南省的湘西州，所辖县市为：吉首市、泸溪县、凤凰县、花垣县、保靖县、古丈县、永顺县、龙山县；湖南省张家界市，所辖永定、武陵源两区和慈利、桑植两县；湖南省常德市部分区县，如桃源、石门等；湖南省怀化市，所辖县市区为：沅陵县、辰溪县、溆浦县、麻阳苗族自治县、新晃侗族自治县、芷江侗族自治县、鹤城区、中方县、洪江市、洪江区、会同县、靖州苗族侗族自治县、通道侗族自治县；贵州的铜仁地区，所辖铜仁市、万山特区、玉屏侗族自治县、松桃苗族自治县、印江土家族自治县、沿河土家族自治县、思南县、江口县、石阡县、德江县等。

武陵山民族地区，自然条件的基本特点就是山高林密，崇山峻岭。有一座绵延了渝、鄂、湘、黔4省，面积约10万平方公里的大的山脉，那就是巍巍武陵山。在武陵山民族地区，自然地貌是山连着山，山套着山，山衔着山，山抱着山，千山万岭，峰峦叠嶂。武陵山是褶皱山，长度420公里，一般海拔高度1000米以上，最高峰为贵州的凤凰山，海拔2570米。山脉为东西走向，呈岩溶地貌发育，主峰在贵州的铜仁地区，即梵净山。境内自然资源十分丰富。这样的自然条件和生态，不仅蕴藏着大量的矿藏，而且具有丰富多样的药材、果类、木材等自然资源。过去武陵山民族地区最鲜明的特点是自然风景优美，物产丰富，但交通不便，通讯、水电等基础设施落后。但是，在8年脱贫攻坚和全面建成小康社会的过程中，这些瓶颈因素不断被解决，在今天已不再构成特色经济发展的制约因素了。相反，这些正是特色经济所需要的自然条件，也成为域内许多县区乡村发展有机茶叶、名贵药材、果蔬、养殖、旅游观光，以及电商的优质资源和便利条件。

二、历史文化条件优势

我国民族地区都是少数民族聚居的地区，多民族聚居也形成了丰富多彩的民族历史和文化，这些文化不仅是中华文化的重要组成部分，是民族文化的保持和延续，同时也是今天民族地区发展特色文化旅游经济的重要资源。武陵山民族地区地处我国国土的最中心区，是土家族、苗族、彝族等30多个少数民族共同聚居的地方，因而是巴蜀文化、楚文化、中原文化、云贵高原文化的交汇地区。这里的人文历史，不仅是乡村文化振兴的资源优势，也是域内发展特色文旅业得天独厚的条件。

1. 有悠久的历史

武陵山民族地区是中国人类起源地之一。湖北省长阳县发现的人类上颌骨和牙齿化石距今约20万年。湖南省石门县发现的人类左腿股骨和下颌骨距今约3万年。武陵地区已经发现虎爪山遗址等数十处旧石器时代遗址，发现新石器时代遗址数百处，夏商周三代，武陵地区为濮人、巴人、楚人、苗人、越人、汉人等多民族聚居区。因而，武陵山民族地区是以濮文化、巴文化、楚文化、苗文化、越文化和汉文化为源头的"历史文化"，武陵文化具有"多元文化时空叠合"特点。秦汉三国两晋时期，武陵地区隶属黔中郡、武陵郡管辖。南北朝时期，千古名篇《桃花源记》的问世和武陵仙境"桃花源"的初创标志"武陵文化"形成。唐宋元明清时期，"武陵文化"逐步发展。因而，历代祖先留下了许多文物古迹和诗词曲赋等历史文化遗产。

2. 有多彩的民族文化

列宁曾经指出："每一个社会阶层都有自己的生活方式、自己的习惯、自己的爱好。"[①] 作为我国最大的跨省市少数民族聚居区，在武陵山民族地区，世代居住着土、苗、彝、侗、仡佬等30多个少数民族，少数民族人口占片区总人口的48%。虽然各民族是山同脉，水同源，树同根，人同俗，但各个少数民族的经济社会发展、生产活动、生活方式还存在着差异性，有明显的地域特点。因而就形成了丰富多彩的民族文化、风俗习惯，具体表现在居住、服饰、饮食、文学、习俗等方面。第一，在民居方面，形成了转角楼、吊脚楼、鼓楼和"三房一照壁"为标志的民族建筑文化。土家族楼建筑是正屋配单转角楼和正屋配双转角楼，如永顺县王村镇、龙山县里耶镇、慈利县江垭镇、慈利县溪口镇、永定区王家坪镇、桑植县两河口乡、桑植县苦竹寨、利川市鱼木寨、恩施市崔家坝镇、石柱县西沱镇、酉阳县龚滩镇、铜仁市东山古建筑群、思南县思唐古建筑群。苗族的吊脚楼，如吉首市德夯、凤凰古城、黄丝桥古城和松桃县寨英村古建筑群。侗族建筑"三宝"是鼓楼、凉亭、风雨桥，知名鼓楼有横岭鼓楼、阳烂鼓楼等。此外，张家界市白族民居建筑以"三房一照壁""四合五天井"家庭院落为代表，造型为青瓦"人"字屋顶。这些民族建筑不仅是少数民族建筑文化遗存的保留，而且今天也成为这些地方发展文旅的重要资源。第二，在饮食方面，舌尖上的文化是武陵山民族文化的亮点，以湘西北"湘菜"和渝东南"川菜"为特色的"饮食文化"已走出大山，遍布全国。湘西山区菜系以烹制山珍野味见长，名菜有土家酸鲊肉、腊味合蒸、炖腊野鸡、麻辣竹鸡、油炸蜂蛹、砂锅狗肉、板栗炖鸭肉、泥鳅钻豆腐和岩耳炖土鸡等。渝东南黔江、酉阳等地方的土家、苗族人民至今擅做宫保鸡丁、鱼香肉丝、水煮牛棒鸡丝、毛肚火锅、干烧鱼、麻婆豆腐、锅巴肉

[①]《列宁全集》第25卷，人民出版社1988年版，第356页。

片和香酥排骨等川味菜肴。川菜发源于巴蜀，调味以麻辣著称。第三，在民间文学、服饰方面，武陵地区各族先民创造了民族方言、丰富的民间文学、独特的民间艺术、斑斓的民族服饰和民俗文化，以及传统的民族体育等。比如，有桑植民歌、民间故事、梯玛歌、薅草锣鼓歌、土家族打镏子、土家族摆手舞、土家族撒儿嗬、苗族鼓舞、土家族毛古斯、傩愿戏、花灯戏、目连戏、恩施扬琴、南曲、挑花、土家织锦、蓝印花布、苗族服饰、苗族银饰、白族扎染等，有60多项国家级非物质文化遗产，这些也成为发展特色经济的资源。

3. 有丰富的名胜古迹

武陵山民族地区名胜文化众多。第一，有红色文化。以贺龙、周逸群、贺锦斋、袁任远、廖汉生为首创造的"红色文化"，主要有湘鄂西黔革命根据地，鹤峰县五里坪革命旧址群、桑植县洪家贺龙故居。会同县是新中国第一大将粟裕的故里，溆浦县为中共第一任妇女部长向警予故里，怀化还有抗日战争最后一战"雪峰山战役"遗址，芷江侗族自治县机场为二战中后期盟军远东最大空军基地，有抗日受降纪念碑。第二，有历史文化遗产。其中湘西凤凰古城有古代的南长城、恩施的清江河、黔江的阿蓬江和酉阳的酉水河，为土家族的发源地，陶渊明的千古名篇《桃花源记》中所说的"武陵"便为今日的重庆市酉阳县，怀化市境内的沅陵为古辰州治所所在，洪江区有保存完整的明清商业古建筑群"洪江古商城"，还有溪州铜柱、老司城遗址、马田鼓楼、芋头侗寨、大水井古建筑群、唐崖土司城址等40多处全国重点文物保护单位。第三，有自然文化遗产。黔江的小南海是世界保存完好的著名地震遗址，张家界是世界著名的国家森林公园，还有利川的腾龙洞景区名胜等，这些都成为旅游打卡的热点。第四，有宗教文化名胜。以民间信仰和儒释道融为一体为特征的"宗教文化"。武陵地区各族群众民间信仰的主要形式有自然崇拜、图腾崇拜和祖先崇拜等。佛教和道教传入武陵地区始于西晋，武陵山脉主峰——梵净山，奇峰怪石，为五大佛教圣地之一，著名佛寺有香积寺、药山寺、钦山寺、大同寺、洛浦寺、乾明寺、大兴寺、玉泉寺、黄陵庙、石墨寺、太平山寺、天门山寺、普光寺、兴国寺、宝峰寺、观音庙、夹山寺、龙兴寺、仙佛寺、天庆寺和香山寺等。著名道观有真源观、桃川宫、五雷山道观、天后宫、景星观、紫霞观、高贞观、太和观、朝天观、祖师殿和白衣观等。这些宗教文化和宗教庙堂楼宇，都成为旅游打卡之地，成为今天旅游的很好去处。

三、政策支持的优势

民族地区的经济社会发展在国家的大战略、大目标中十分重要，这是关系"两个一百年"奋斗目标实现的大问题。对于武陵山民族地区的发展，党和政府出台一系列的支持政策，党和国家领导人给予更多的关心关怀，先发展和先富裕的地区及社会力量也给予了极大的帮扶和支持。所有这些构成了支持武陵山民族地区发展特色经济，乃至整个经济社会发展的外部力量。

1. 党和国家领导人对武陵山民族地区发展的关怀

在党的十八大以前，党和国家领导人多次到武陵山区民族地区考察，指导民族地区的发展。2011年5月，时任中央政治局常委、全国政协主席的贾庆林先后来到贵州铜仁地区、重庆秀山县、湖南湘西州、张家界市等地，深入农村乡镇、工厂企业、城市社区和高等院校，就加快推进扶贫开发、促进武陵山区发展进行调研。2012年5月，时任国务院总理温家宝到武陵山区调研。党的十八大以来，党和国家领导人围绕扶贫攻坚的任务，多次到武陵山民族地区考察。2012年12月，时任中共中央政治局常委、国务院总理的李克强到武陵山区的湖北恩施州调研。他走进经济技术开发区、企业、农民工宿舍，冒雪探访深山农户，进入街边商铺，并召开多个基层座谈会，深入倾听百姓心声，共谋发展之计。2013年11月，习近平总书记到湖南湘西土家族苗族自治州考察。他来到花垣县排碧乡十八洞村，同村干部和村民座谈，调研扶贫开发工作，首次提出精准扶贫重要思想。2019年4月，习近平总书记到重庆石柱土家族自治县中益乡考察，入户仔细察看贫困群众"两不愁三保障"解决的情况，并发表了重要讲话。党和国家领导人的考察和重要讲话，特别是习近平总书记关于精准扶贫的讲话，不仅体现党中央对民族地区的重视和关怀，而且也吹响了武陵山民族地区打赢脱贫攻坚战，全面建成小康社会的号角，从而极大地推动了域内特色经济、特色产业的发展。

2. 中央政府及有关部门的政策支持

改革开放以来，我国民族地区的发展取得了巨大的成就，其中一个重要方面是党中央对民族地区发展的高度重视及政策性支持。自2004年以来，国务院相关部委、一些地方省都制定实施了对民族经济社会发展的支持政策和举措。主要有：2004年国家民委、财政部《关于继续推进兴边富民行动的意见》；2009年中国的民族政策与各民族共同繁荣发展白皮书；国家民委、国家发展改革委等四部委《关于扶持人口较少民族发展规划（2011—2015年）》等。这其中有的政策文件也适用于武陵山民族地区，有的则是专门为武陵山民族地区量身定制的政策。2011年中央扶贫开发工作会议决定在武陵山片区率先开展区域发展与扶贫攻坚试点，10月《武陵山片区区域发展和扶贫攻坚规划（2011—2020）》获得国务院批复，国务院扶贫开发领导小组在吉首召开武陵山片区区域发展与扶贫攻坚试点启动会。2012年国务院出台了《关于进一步促进贵州经济社会又好又快发展的若干意见》，2016年国家民委、国家旅游局、全国工商联、国家开发银行联合下发《关于推进武陵山片区旅游减贫致富与协同发展的意见》，提出旅游业是武陵山片区重点培育的支柱产业，在扩内需、稳增长、增就业、减贫困、惠民生中发挥着独特作用。所有这些政策文件，极大地推进了片区内旅游减贫致富协同发展，破解了连片特困地区发展难题、厚植了

第二章 特色经济：武陵山民族地区产业振兴的优先选择

发展优势，对促进片区内区域经济一体化发展提供了有力支持。

3.地方政府制定的政策文件为特色经济发展提供了直接的支持

武陵山区地方党和政府关于乡村振兴的政策文件，对乡村振兴发挥着直接的指导作用。早在2006年中共湖北省委、湖北省人民政府就制定实施了《关于进一步加强民族工作加快少数民族和民族地区经济社会发展的若干意见》，2015年湖北省颁布实施了《农村扶贫条例》、《关于全力推进精准扶贫精准脱贫的决定》，在2020年又颁布实施了《湖北省乡村振兴促进条例》。在2021年《湖北省推进农业农村现代化"十四五"规划》、2022年湖北省委《关于做好2022年全面推进乡村振兴重点工作的意见》中都有关于扶持恩施州、长阳、五峰等民族地区发展的政策举措。2015年湖南省颁布实施了《农村扶贫开发条例》、中共湖南省委、湖南省人民政府还出台了《关于做好2022年"三农"工作扎实推进乡村振兴的意见》。此外，2022年贵州省委一号文件《全面推进贵州乡村振兴重点工作》、2022年重庆市巩固拓展脱贫攻坚成果同乡村振兴有效衔接"十四五"规划等地方党委和政府的文件中也都有支持域内民族地区乡村振兴，发展特色经济、特色产业的政策举措。地方政府的政策和举措，为武陵山民族地区特色经济发展提供了政策方向指导、资金、项目和人力等支持。

第二节 武陵山民族地区乡村特色经济发展状况

由于党和政府政策的支持，市场经济的发展，特别是新时代适用经济新常态的要求，民族地区把特色经济发展作为扶贫脱贫、增加农民收入、全面建成小康社会的重要手段，得到了广泛的认同和重视。党的十九大报告、近5年的中央一号文件中都要求，农村产业融合发展，构建农村一二三产业融合发展体系，把握城乡发展格局发生重要变化的机遇，培育农业农村新产业新业态，打造农村产业融合发展新载体新模式，推动要素跨界配置和产业有机融合，让农村一二三产业在融合发展中同步升级、同步增值、同步受益。武陵山民族地区，在脱贫攻坚过程中，结合各地资源禀赋、人文特色，在特色经济发展上进行了探索，初步取得了巨大成就，不仅助力了全面建成小康社会的实现，而且为实施乡村振兴战略提供了经验、机制和物质的基础。

一、乡村特色经济发展实践

1. 大力发展特色农业

农业是国民经济的基础，是人民的衣食之源，也是民族地区的主要产业，是农民收入的主要渠道。民族地区的特色经济，主要体现在农产品上。由于民族地区的自然地理和气候条件，依托农业生产而产生的特色经济发展十分迅速，形成了多个生产类型，初具生产规模，也推出了许多品牌。

特色农业生产，最基本的要素是土壤、气候、环境等自然条件，武陵山民族地区高山峡谷、林深茂密、物种丰富、空气好、无污染的自然条件，是特色农产品生产的绝好条件。在武陵山民族地区，就十分重视利用这种资源来发展绿色、有机农产品，注重发展果蔬、养殖、特色稻米、林上林下经济等。湖北宜昌长阳土家族自治县位于湖北省西南部、清江中下游，紧临长江。地形上属于典型山区，境内山峦起伏，1200米以上的高山面积107万亩，占境内总面积的20.9%。但是耕地面积少，仅有760115.9亩，占全县土地总面积的14.82%[①]。这样的地理位置、气候，使长阳把高山蔬菜作为特色经济发展的重点，其白萝卜、包菜、辣椒、结球甘蓝等高山蔬菜产业占全县农业板块30.7%。长阳高山蔬菜发展起步

---

① 王功平：《长阳县情概览》，中国文史出版社2006年版，第1—13页。

第二章　特色经济：武陵山民族地区产业振兴的优先选择

于1986年，属全国、全省率先利用高山立体气候探索发展高山蔬菜的县，火烧坪乡是我国高山蔬菜的发源地之一，被誉为"高山蔬菜之乡"。2004年，该县的高山蔬菜生产已经形成了以火烧坪乡为中心的覆盖5个乡镇，30个村，150个村民小组，近2.5万个农户在内的连片1万多公顷，产量30万吨，产值2亿元的蔬菜生产基地，全县高山蔬菜产区规模在安徽、云南、湖南、江西等4省17个同类种植地区名列首位，是名副其实的"全国高山蔬菜第一县"[①]。长阳蔬菜基地面积30万亩，蔬菜播种面积50万亩，年产量150万吨，产值20亿元，占据了全省30%、全国10%的市场份额。全县已建成高山蔬菜组装式预冷库68家，日预冷量达到2000吨，85%的高山蔬菜产品都通过冷链、贮藏、包装、检测、标识等处理后进行上市。全县有省级龙头蔬菜企业2家，培植发展蔬菜专业合作社336家，高山蔬菜农产品发往全国30多个地区。经过这些年的发展，有了规模、品牌、人才、市场，不仅带动当地人民脱贫致富，而且作为民族地区和农村发展特色经济的典型，在全省全国都有一定的影响。火烧坪乡在高山蔬菜良种繁育、精品菜园建设、露天标准化蔬菜基地建设、新型农业经营主体培育、品牌创建、绿色发展、产学研合作等方面均走在前列。2020年火烧坪乡农村居民人均可支配收入22362元，比全县农村居民人均可支配收入高86.57%。2018年被认定为"国家A类农业标准化示范区"，2020年被认定为全国一村一品示范村。

湖北省恩施州巴东县，也是一个民族地区县，地理位置、气候条件与长阳大体相当，地处长江巫峡和西陵峡之间，居恩施土家族苗族自治州东北部。巴东县是典型的山区县，全县海拔1200米以上的高山地区占全县面积的40.34%，海拔800—1200米的二高山地区占全县面积的31.55%，

---

① 韩定荣、孟胜远等：《长阳特色蔬菜产业发展现状与对策》，《中国农业信息》2004年第8期。

海拔800米以下的低山地区占全县面积的28.11%。该县最高处海拔3032米，最低处海拔66.8米。山高、坡陡、切割深是其地貌特征。该县水资源和生物资源丰富，条件得天独厚，有利于当地开发以柑橘为重点的特色经济。在巴东县，特色农产品在整个产业结构所占的比重仍然很大。巴东县把水果产业作为农村支柱产业来抓。2007年，该县的柑橘产业已经进入省级规划板块，柑橘板块基地11万亩，柑橘结果面积4万亩，年产量4万吨。主要特色柑橘产品是椪柑和脐橙，并且成功注册"雷家坪椪柑""雷家坪脐橙"商标，获得"两品一标"认证4个，成功申报"巴东椪柑"地理标志证明商标，成功续创全国绿色食品原料（柑橘）标准化生产基地3万亩。目前，巴东柑橘基地总面积达16万亩，丰产面积8.5万亩，总产量15万吨，总产值7.65亿元。巴东伦晚以果大形正、浓甜芳香、鲜嫩多汁等特点享誉省内外，在湖北省晚熟柑橘品质鉴评会上，巴东县远旺种植专业合作社、湖北铭梵农业有限公司选送的果品荣获"金奖"，恩施富硒橙有限公司选送的果品荣获"银奖"。[①]

恩施州恩施市的三岔镇，利用富硒含量高、气候干旱的特点，大力发展土豆、烟叶产业。近年来，三岔镇抓住马铃薯主粮化机遇，积极争创"中国南方马铃薯之乡"，着力提升品质、擦亮品牌，走"科技兴薯"之路，拓展延伸产业链条，推广"农机+农艺"种植经验，推动马铃薯标准化、机械化种植。马铃薯种植面积常年稳定在4万亩以上，拥有种植专业合作社4家、能人大户千余家；引进精深加工企业2家。马铃薯产业已成为总产值突破亿元、带动7000余户老百姓增收的富民产业。"三岔硒土豆"品牌日渐响亮，昔日的"土果果"变身今日的"金豆豆"，正迎来由"脱贫薯"向"振兴薯"的华丽转身。湖南吉首市高度重视茶产业发展，坚持把茶产业作为绿色产业、富民产业、支柱产业来重点打造。如今，吉首市黄金茶

---

① 焦国斌：《巴东县柑橘产业发展结硕果》，《恩施日报》2022年4月22日。

第二章 特色经济：武陵山民族地区产业振兴的优先选择

种植面积已达15.5万亩，其中可采茶园面积10.2万亩，2021年综合产值达10亿元以上，涉及全市10个乡镇、10条生态茶谷、100个行政村，惠及茶农6.5万人以上，"湘西黄金茶"俨然成为吉首市一张亮丽的"金色名片"。湘西州古丈县聚焦本地特色化发展，充分利用抛荒土地治理、水源和气候条件，推进烟叶基地一体化专业管理，打造高质量产业体系。一棵烟就是一棵摇钱树，一亩烟就是一座小金库。贵州铜仁思南香坝镇，双高红薯技术培训保障群众增收致富，发展德江肉羊养殖、印江生态茶产业、玉屏水稻种植等特色产业，带动了域内乡村发展、农民致富。贵州省扶贫办共下达至武陵山片区县的中央和省级财政扶贫资金9.1亿元，实施项目2017个，重点发展蔬菜、马铃薯、烤烟、油茶、核桃、中药材、茶叶、草地生态畜牧业、乡村旅游、农产品加工等10大特色产业。

2. 积极发展特色加工业

特色加工业的发展，是农产品产业链的延伸，也是由第一产业向第二产业的延伸。在产业分工上，传统的观点认为农业就是单一的物质产品生产的产业，农业农村所提供的就是农产品，农业远离二三产业。这样就导致了在产业分工价值链上的工农差别，农业总是上不去，农村怎么也好不起来。因此，党的十九大报告指出要着力构建农业与二三产业交叉融合的现代产业体系，形成城乡一体化的农村发展新格局，促进农业增效、农民增收和农村繁荣，为乡村振兴和全面建成小康社会提供重要支撑。《规划》中也提出推进农村一二三产业交叉融合，加快发展根植于农业农村、由当地农民主办、彰显地域特色和乡村价值的产业体系，推动乡村产业全面振兴。《规划》特别要求大力发展现代农产品加工业，以"粮头食尾""农头工尾"为抓手，支持主产区依托县域形成农产品加工产业集群，尽可能把产业链留在县域，改变农村卖原料、城市搞加工的格局。

实际上，武陵山民族地区这种单一农业结构已经向二三产业并举的局面转变，如果从第二产业发展的基础优势和实践经验来看，其特色加工业集中在农林产品和矿产资源加工业领域。农林产品加工业，是对传统初级农产品的再加工或工厂化生产，把初级农产品转变为工业农产品，这是当前民族地区农村第二产业发展的重点。主要有：对特色粮食产品、果蔬类产品、茶叶、药材、菌类、养殖等农产品和林上林下产品的深加工。武陵山民族地区茶厂、饮料厂、罐头厂、食品加工厂、淀粉厂、蔬菜加工厂、药厂等都是在对不同农产品加工的基础上形成的，而且形成了产业规模，创出了品牌。比如，湖北恩施州有茶园面积180万亩，2020年干毛茶总产量12.2万吨，有众多的茶叶加工厂，综合产值近200亿元，"一片叶子"带动了80多万茶农脱贫致富，茶产业成长为具有较强综合竞争力的支柱产业。[①]2021年中国茶业百强县榜单出炉，恩施州所辖的恩施市、利川市、鹤峰县、宣恩县、巴东县和咸丰县6县市榜上有名，"恩施玉露"、"利川红"成为闻名全国的茶叶品牌。特别指出的是，在武陵山民族地区带有普遍性的加工产品就是茶叶和药材加工，这是由域内茶叶和药材资源基础和可种植的地理气候条件决定的。在民族地区不仅有特殊物种资源，而且矿产资源丰富。对煤矿、铁矿、油田、采石场等矿产资源的开发和利用是许多地方在发展初期的选择。党的十八大以来，基于生态文明建设的需要，民族地区许多小型矿产生产企业关停转，工矿产品加工业数量减少，留下的规模大的企业，其技术条件和生产要求都符合环境保护的要求，实现高质量发展。此外，文化旅游也催生了文旅产品加工业的发展。民族地区特色加工业发展，不仅增加了农产品的附加值，而且带动当地农业生产结构、农产品结构的调整，催生了合作经济组织和农业企业的诞生，加速了地区油茶、茶叶、蚕茧、烤烟、高山蔬菜、柑橘、中药材、干果、肉类等具有区域性特色农林产品的基地建设，把

---

① 余康庭、胡兴明：《湖北恩施有6县市跻身2021"中国茶业百强县"》，2021年11月8日，见 http://news.cnhubei.com/content/2021-11/08/content_14233620.html。

农产品的经济价值留在当地，推动了当地经济社会的发展，带动了农民脱贫致富。

3.适时发展特色服务业

服务业就是通常讲的第三产业，涉及内容十分广泛，除去一二产业外的都是服务业。一般认为服务业指从事服务产品的生产部门和企业的集合，服务产品与其他产业产品相比，具有非实物性、不可储存性和生产与消费同时性等特征。服务也有多种划分法，有以增值为目的提供服务产品的生产部门和企业集合的服务产业；有以满足社会公共需要提供服务产品的政府行为集合的服务事业；有以现代科学技术特别是信息网络技术为主要支撑，建立在新的商业模式、服务方式和管理方法基础上的现代服务产业，有以住宿、餐饮、仓储、交通运输为代表的传统服务业，等等。从武陵山民族地区特色服务业存在的数量和形态来看，大多是服务产业和传统的服务业。长期以来农村就是农业生产领域，农民就是种地务农的，没有二三产业。乡村振兴不仅要稳定发展农业，而且也要发展二三产业，让农村一二三产业在融合发展中同步升级、同步增值、同步受益。所以，在脱贫攻坚和实施乡村振兴战略的实践过程中，大家都认识到了二三产业发展的重要性，更是把服务业作为乡村振兴的切入点和重要抓手。具体表现为，各地结合资源禀赋，充分挖掘和利用地域自然资源、经济资源、人文资源，深入发掘农业农村的生态涵养、休闲观光、文化体验、健康养老的多种功能和多重价值，大力发展文化旅游、民宿、康养、电商等服务业，发掘新功能新价值。具体包括，文化旅游服务、农业生产服务、服务事业等。

大力发展文化旅游业。在所有服务业类型中，文化旅游是民族地区的强项和优势，也是最主要的服务业形式。如前所述，武陵山民族地区是旅游资源富集区。美丽旖旎的自然景观、丰富多彩的民族文化、众多历史文化和革命遗迹等，都是发展文旅产业的资源和优势。正是如此，在武陵山区脱贫攻坚和乡村振兴的实践中，无一例外都选择了文化旅游作为发展的切入点和带动经济社会发展的"引信"。《武陵山片区区域发展和扶贫攻坚规划》中把旅游产业摆在第一节，凸显了旅游产业对片区发展的重要性。还提出，以中心城市为依托，构建渝东南山水生态旅游组团、渝东鄂西山水风情旅游组团、张家界湘西风情旅游组团、湘西南山水文化旅游组团、梵净山生态休闲文化旅游组团5大特色旅游组团，着力打造12条精品旅游线路。2016年国家民委、国家旅游局、全国工商联、国家开发银行《关于推进武陵山片区旅游减贫致富与协同发展的意见》，提出旅游业是武陵山片区重点培育的支柱产业。

在实践中，第一，发展以自然景观为内容的旅游。充分开发和利用好域内自然景观，打造了许多自然旅游区，推出许多旅游线路和项目。比如，以大武陵旅游金三角、长江三峡、张家界、梵净山为龙头的自然风光游。打造了武陵源、桃花源、大峡谷、腾龙洞、黄龙洞、宝峰湖、茅岩河、九天洞、天门山、江垭温泉度假村、万福温泉、天门山国家森林公园、张家界土家风情园、小南海等20多处5A、4A级旅游景区，以山水风光吸引大量的游客。

第二，开发以历史文化名胜为载体的旅游项目。在武陵山民族地区有50多处国家重点保护的文化遗址，这是历史的遗迹，记载了武陵山民族发展的历史。有古建筑群、有宗教圣地、有革命遗址，比如有湘鄂西黔革命根据地，贺龙、粟裕、向警予故居，有芷江侗族自治县抗日受降纪念碑，有怀化抗日战争最后一战"雪峰山战役"遗址等。有贵州五大佛教圣地之一梵净山。道观有真源观、桃川宫，佛寺有香积寺、药山寺、钦山寺等。有湘西凤凰古城，重庆市明清商业古建筑群"洪江古商城"，还有湖北恩施的土司城遗址、大水井古建筑群等。这些宗教文化和宗教庙堂楼宇，都成为旅游打卡之地，成为今天旅游的很好去处。

第三，发展民族文化类的旅游。武陵山民族地区有30多个少数民族

第二章 特色经济：武陵山民族地区产业振兴的优先选择

居住，武陵山区土家、苗、侗、汉等多个民族山同脉，水同源，民同俗，在这里繁衍生息。有丰富多彩的民族文化、民族风情、民俗节庆、宗教文化、民族体育竞技文化等，这些成为文化旅游重要的项目。比如，因传统的民族节日举办的文化旅游活动，把民族服饰、民居、饮食、言语、习俗和一些节日等元素融入其中而举办的文化活动节，有恩施土家族苗族自治州举办的一年一度的"女儿会"、有重庆黔江中国武陵山国际民俗文化旅游节、中国武陵山（贵州·铜仁）民族文化节暨梵净山文化旅游节、湘西州农耕民俗文化节等。这些民族文化节的举办，往往与当地经济社会发展、旅游招商和宣传结合在一起，不仅成为繁荣民族文化、增进民族团结、构筑产业的纽带，而且搭建了招商引资的有效平台，成为推动武陵山经济协作区建设的有效载体。

第四，发展民宿和康养业。以自然位置、气候特点和特色村落为载体的民宿、康养旅游业，是武陵山民族地区新出现且发展比较快的新业态。随着人们生活水平的提高，民族地区交通和通信条件的改善，民宿和康养、休闲观光农业等方兴未艾。在武陵山民族地区到处都是美丽的风光，宜人的气候，特色民居和饮食，每年特别是在暑期吸引了大量的游客。出名的有利川的苏马荡纳凉小镇、巴东的野山关避暑小镇等。

总之，武陵山民族地区特色旅游业的发展，也带动了文旅产品加工业、文旅村镇、美丽村寨的兴起、文旅企业兴办和龙头企业的产生，以及非物质文化遗产的保护和复兴及转化，催生了一批具有地域特色、自主品牌、市场需求的特色旅游商品、文旅人才、就业队伍的涌现。此外，在武陵山民族地区，也在积极开拓生产性服务业，支持供销、邮政、农业服务公司、农民合作社为农户提供农技服务、土地托管、代耕代种、统防统治、烘干收储等农业生产性服务。同时，诸如电商、物流、冷藏、"互联网+农业"等为依托的新业态、新的现代服务业也在蓬勃发展。

二、乡村特色经济发展的成效

武陵山民族地区特色经济发展的探索和实践,在打赢脱贫攻坚战和全面建成小康社会中已取得了显著的成就。特色经济的发展,不仅是对域内各种资源的有效利用,改变着乡村传统产业结构,增强农产品对市场的适应力,而且带动了民族群众增收脱贫,提高了农民生产经营素质,培养了农村人才队伍,为乡村振兴积累了经验,为实现共同富裕打下了坚实基础。

1.增加了农民的收入,促进了地域经济发展

武陵山民族地区是我国14个连片贫困区之一,在武陵山区,几乎都是贫困县,贫困人口占比大。作为扶贫攻坚的主战场,武陵山片区率先开启区域发展与扶贫攻坚试点。党的十八大以来的扶贫工作,就是要精准扶贫,解决少数民族的生活问题,让贫困的县摘帽,让贫困的农民脱贫。为此,围绕增收问题,民族地区千方百计来发展生产,增加收入,而发展特色经济则是一个共同的选择。事实上,民族地区通过发展特色经济,实现了农产品的增值,因特色经济而产生的农民合作经济组织和农业企业,又带动了农民增收,拉动了地区经济的发展。突出表现为:第一,发展特色经济让农民群众收入增加了。增加收入是民族地区特色经济发展的最初目的和最直接的表现。我们在调研时发现,农民群众对特色经济给他们带来的实惠有着深刻的认识,对发展特色经济有高度的认同感和参与的积极性。受访的农民群众都认为个人和家庭从特色经济中获益最大的是"收入增加",是经济收入增加而提高的生活水平。在特色经济发展比较早、比较好的地方,农民的收入的确增长很快,与不发展特色经济的地方有较大的差别。第二,发展特色经济带动当地经济水平显著提高。由于发展特色经济,个体农民脱贫致富了,也代表着地域整体经济的发展。地域内先富的农民,对地域经济发展起着头雁的作用,并对地方经济发展有着强力的

第二章 特色经济：武陵山民族地区产业振兴的优先选择

支持。在发展特色经济过程中，吸引、带动各类资金进入，开发更多的特色经济项目，让很多藏在武陵山腹地无人知晓的寨子，炫目亮相于世人面前，让更多特色产品得到开发，这又为民族群众拓展了新的收入渠道。

在调研中，有88.7%的农民群众认为发展特色经济能够促进本民族的经济水平提升，有59.7%的受访者认为经济水平影响最大，有15.9%的人认为发展特色经济对当地的生产方式影响最大。"高山蔬菜第一乡"火烧坪乡在1985年人均纯收入仅为54元，2020年火烧坪乡农村居民人均可支配收入22362元。恩施市芭蕉侗族乡高拱桥村在2007年人均纯收入是仅2000元的偏僻侗乡，依靠"枫香坡侗族生态旅游风情寨"的打造，能成为年人均纯收入达7500元的"富裕村"，在有关部门支持下，这个村近年来投入资金1000多万元，发展生态茶园300余亩，组建农民艺术团，高标准打造侗族风情寨，发展乡村休闲旅游，带动当地农民走上以旅助农的致富路，成为"全国农业旅游示范点"。贵州省松桃苗族自治县盘石镇位于典型喀斯特地形的荒山中，群众长期依靠种植水稻、玉米等传统作物维持生存，70%的农民靠种地解决不了温饱问题。松桃立足当地荒山荒地资源，整合扶贫资金和石漠化治理资金7000多万元，发展种草养畜。而今，3.2万亩高标准人工草场不仅成为贫困群众增收的"聚宝盆"，还成为城里人节假日青睐的"草海"。地处湘西北的桑植县苦竹坪乡是一个偏远、贫困小乡，按照"产业扶贫+绿色发展"的思路，种植油茶林6000余亩，通过发展油茶产业帮助老百姓致富奔小康。位于武陵山腹地的重庆市彭水苗族土家族自治县三义乡小坝村属于典型的高寒贫困山区，靠辣椒产业致富。重庆市酉阳县依靠发展辣椒、柚子、青花椒、蔬菜、茶叶、畜牧六大特色产业，累计建成了各类特色产业基地140万亩，推动了乡村产业振兴，助力农民增收。重庆市黔江区小南海镇的新建村发展古村落民宿，共带动40余户贫困户脱贫增收。他们把民族文化融入旅游之中，让旅游有了"魂"。打糍粑、跳傩戏、唱山歌……，小南海镇的特色民俗文化吸引了来自全国各地的游客。2016年，该村吸引游客达30余万人次，旅游综合收入3600余万元，农民人均纯收入9890元，实现了整村脱贫的目标。

2. 形成了特色产业，创出了名牌

从经济学的角度来讲，产业化的生产经营比起小型化、碎片化的生产经营，具有更多的资本聚集力、生产竞争力、资本放大力。过去，武陵山民族地区也发展特色经济，但就是一些传统的农产品、药材分散或简单的生产加工而已，不仅规模小，也没有形成上下关联的产业体系。经过多年的发展积累，特别是在脱贫攻坚和乡村振兴实践中得到快速成长，如今在茶叶、果蔬、养殖、特色稻米、药材等林上林下产品特色生产上形成了规模，有了名号和牌子，实现了产业、产业基地平台、产品品牌和销售等链条化的生产关系。具体表现为：

第一，特色经济产业化。在武陵山民族地区，几乎每个县都在利用本地的资源优势发展特色经济，主要是围绕特色农林产品生产、加工、文化旅游来发展的，而且是从早期的自发性、零散性、点状性的初级生产，向规模化、产业化、品牌化发展，其中产业化生产是特色经济的主要状态。在湖北省宜昌长阳县，发展具有纯天然、无公害、反季节的高山蔬菜，20世纪90年代在高山的地方由少数人种植高山蔬菜，无论是生产品种、规模、产品生产销售、品牌都是处于探索阶段。到了本世纪初，在火烧坪镇高山蔬菜就形成了规模生产，建立了相对完备的产业链。如今，高山蔬菜产业占全县农业板块30.7%，蔬菜基地面积30万亩，蔬菜播种面积50万亩，年产量150万吨，产值20亿元，占据了全省30%、全国10%的市场份额。全县已建成高山蔬菜组装式预冷库68家，日预冷量达到2000吨，85%的高山蔬菜产品都通过冷链、贮藏、包装、检测、标识等处理后进行上市。全县有省级龙头蔬菜企业2家，培植发展蔬菜专业合作社336家，高山蔬菜农产品发往全国30多个地区。2018年被认定为"国家A类农业标准化示范区"，2020年被认定为全国一村一品示范村。到今天，长阳县的特色经济，已经从高山蔬菜发展到高山果类、产品的加工、农业采摘、休闲农业等，实现了"一村一品"。在湖北省恩施市，成立了茶叶产业化建设领导小组办公室，统筹茶叶生产。2010年该市茶园面积达20.86万亩，总产量1.22万吨，实现产值6.36亿。到2021年恩施市全市茶叶种植面积共计38.05万亩，其中适制恩施玉露的基地达23万亩，茶产业综合产值70亿元。

第二，特色产品品牌化。特色经济的品牌是农业管理和农产品品质优势的标志，特色经济产业化与品牌化是密切联系的，品牌可以给产业带来溢出效益，也给当地带来了实惠。在武陵山民族地区发展特色经济过程中，单单在一二产业中，就创造出许多在全国乃至世界上叫得响、吃得开的品牌。从1996年"火烧坪"高山蔬菜经正式注册以来，球白菜、大白菜、白萝卜、西红柿、辣椒、莴苣、菜豆等7个蔬菜产品获得了国家A级绿色食品认证并连续获得"A级绿色食品证书""无公害农产品认证证书""湖北名牌产品"称号，"火烧坪"高山蔬菜品牌被评为湖北省著名商标。北京奥运会、上海世博会，长阳高山蔬菜均进入直供通道，目前出口日本、韩国等国。产品的品牌化，不仅给这里的人民带来了众多的荣誉，而且也因产品品质好使得价格高出同类产品，也给农民群众带来了巨大经济利益。火烧坪品牌的蔬菜直供上海世博园，其蔬菜市斤价比其他地区的无证蔬菜高出0.2—0.3元，高山菜农每天可以多收入100万元，农民成为最大的受益者。湖北恩施市位于湖北省西南部，地处武陵山区腹地，境内多属低山或二高山地区，土壤肥沃，植被丰富，四季分明，终年云雾缭绕，是出产名优茶之地，被农业部和湖北省政府确定为优势茶叶区域。恩施是世界硒都，土壤中富含硒元素，衍生了富硒茶叶品牌。恩施的茶叶，注重生产规模，更注重质量和品牌的打造及形象维护，以品牌效应的提高带动茶叶发展，恩施玉露与利川红成为恩施州两大品牌响彻中国。此外宜昌五峰县的茶叶、恩施州巴东县的柑橘龙晚、恩施市三岔镇富硒土豆马尔科、鹤峰县走马岭葛仙米，都是国家地理标志农产品。湖南湘西的特色产业和品牌更多，不仅表现在农林产品上，而且也延伸到农产品加工方面，形成了产业和创出了品牌。比如，在茶叶上，湖南古丈英妹子茶业科技有限公司就推出了"古丈毛尖""黄金茶""丈巴红""古丈红茶""红茯砖茶"等品牌。此外，吉首市隘口村茶叶专业合作社的"苗疆""苗疆隘口"，丹望黄金茶专业合作社的"湘西黄金茶"和"丹望黄金茶"都是知名茶叶品牌。而湘西黄金茶更是国家地理标志产品。其他的还有河溪香醋、榜爷腊味、邓记洗沙月饼、酝匠洞藏酒等都是湘西州加工产品的品牌。重庆市彭水注重融合互动，助推产业扶贫，以生态化、特色化、品牌化为引领，特色产业遍地开花，村村有品全覆盖。比如，聚焦特色薯业、中药材、经果林等特色产业，在品质提升和品牌引领上下功夫，注册商标累计达4254件，其中地理标志总量达23件，让更多的市场主体和贫困农户享受到地理标志的"红利"。铜仁市有生态茶、中药材、生态畜牧业、蔬果、食用菌、油茶六大主导产业，也打造了江口牛干巴，梵净山八大土特产等十大特产品牌，享誉全国。

3. 提高了农民的素质，培养了农业农村人才

特色经济的发展不仅是增收的问题，而且还在于能够提高农民素质，培育现代生产经营主体。农业的发展最终起决定作用的是人，是农民群众。村民的素质如何，农业人才的多少，直接影响着生产经营和生产效益。武陵山民族地区特色经济发展靠的是人，反过来特色经济发展又催生、培养和造就了一批人。在特色经济发展过程中，由于特色经济发展的需要，当地的科学研究所、技术推广站、农业经济合作组织、农业企业、农业产业园区，都会定期或不定期对农户进行农业生产技术培训、管理和销售等方面的培训。农民接受技术培训的机会越多，特色经济的品种门类就越多样化，产品更新的速度就越快，经济效益就越好。调查显示，就一般的农户而言，60.4%参加过农业技术培训。农民学习和掌握了科学的种

第二章 特色经济：武陵山民族地区产业振兴的优先选择

植技术和技能，先进的经营和管理知识，农民整体素质得到了提高，同时也打造出农业生产经营人才，培养了新型职业农民。实际上，许多农业经营者通过特色经济致富后，扩大了生产规模，拓展了生产领域，由原来单一的农业种植户，摇身一变成为集经营土地承包、商铺、冷库租赁等行业于一身的"致富能人"。比如，重庆酉阳县全国劳动模范杨向华是酉阳县电子商务协会会长，他通过电商让酉阳特色农产品走出了大山，并荣获2017年"重庆市劳动模范"称号。恩施州青年许群群、罗曲、胡燕平、秦娥4人被评为"全国农村青年致富带头人"和"2019年中国农村电商致富带头人"，这些人才在自身致富和带领当地农民致富方面发挥了重要的作用。

4.催生和壮大了现代农业生产经营主体

在现代农业生产经营中，有多元生产参与主体。农民是最重要的生产经营主体，进入农业领域的其他企业也是生产的主体，而在改革开放以后出现的家庭农场、农民合作经济组织，则是新兴的现代农业生产经营主体。在武陵山民族地区发展特色经济的过程中，鼓励、培育了一批适应市场需要的现代农业生产经营主体，有家庭农场、农民专业合作社、农业企业等。特别是农民合作经济组织成为特色经济发展主力和特色经济发展的最重要的主体，而这些生产经营主体在乡村振兴实践中也不断发展壮大，并形成模式以及发挥带头和牵引作用。湘西州永顺县石堤镇硕乐村唐四清与唐光军等7人创办了琦湘猕猴桃合作社，采取"合作社＋基地＋贫困户"的发展模式，提供技术指导和销售服务等，目前该社共发展猕猴桃面积400多亩，带动帮扶建档立卡贫困户69户，解决贫困户就业600余人，每年为贫困户人均增收4000元。恩施按"企业＋基地＋农户"的经营模式建立油茶基地，培植油茶龙头企业，引导农民加入油茶专业协会和专业合作社，发展油茶专业合作组织，发展油茶家庭农场，催生和壮大了以油茶经营为主业的新型农业经营主体。酉阳国企重庆市华茂投资有限责任公司，因地制宜，充分利用武陵山地域特征，蹚出了"将高标准农田建设与生态茶产业发展有机结合"的新路子。在生态优先、绿色发展，实现乡村振兴的大前提下，实现"生态美、产业兴、百姓富"的突破，并提出在2019年到2025年期间要形成30万亩的产业基地规模。如今，酉阳全县10万亩茶叶基地已经成形。

5.促进了生产方式变革，推动了农业生产升级

由于武陵山民族地区特色经济产业化、品牌化，以及一二三产业交融发展态势，这对农民群众传统的生产观念和生产方式形成强大的冲击，倒逼他们去改变生产方式，推进农业生产升级。这主要表现在以下几个方面：

第一，实现了生产的标准化。农作物的生产不同于工业产品的生产，要受到自然环境、气候、土地质量、农业技术等多方面的影响和制约。因此，要进行科学的耕作，做到农业劳动的精细管理、精确记录和精准指导就必须实行标准化的种植模式。在民族地区无论是发展农业特色经济，还是加工产品和服务业的特色经济，在生产过程中逐渐的规范化，实现管理的标准化。湖北长阳县的火烧坪乡推广蔬菜标准化生产的"五个规范"和"五个标准"，在运作模式上实行"十个一"，即：一条路、一片梗、一条沟、一盏灯、一口池、一张板、一个认证、一本档案、一份定单、一个合作社的做法，都是规范化、标准化生产经营的表现。

第二，在生产上实现了规模化经营，管理上形成农业协作与分工。在武陵山民族地区茶叶、柑橘、高山蔬菜等生产上，尽管还有小型的家庭生产，但先进农业机械和技术得到应用，过去小规模的生产虽然还存在，但局部实现了规模化生产，公司化和农民专业合作社为主体的规模性生产经营模式正在运行和发挥作用。在长阳县和巴东县，果蔬业已经形成了生产、清洗、冷藏的加工体系。

第三，促进了农业生产技术的革新。科技是第一生产力，农业科技对

农业的贡献率超过了50%。特色经济的发展只靠资源的特色还不行，还必须得到科技的支持，在育种、栽培、管理、收获、保存、营销等全过程全链条中要有科技的参与。特色经济发展，最大的一个收获就是推进农业生产技术的革命。先进的农业技术、农业生产机械、农业管理应用到农业生产中去了，促使生产方式的变革。比如，现代农业生产基地或示范园的建设，给农业发展提供新的平台。湖北省恩施州着力创建绿色有机基地，积极支持恩施市0.5万亩茶叶创建全国有机农业示范基地，支持来凤县5.2万亩藤茶创建全国绿色食品原料基地，支持利川市10万亩茶叶和宣恩县22万亩茶叶创建湖北省绿色食品原料标准化生产基地。建立了恩施州农业高新技术示范园、来凤县农园果蔬专业合作社国家现代农业产业示范园、鹤峰县盛泰旅游农业科技示范园。湖南省在湘西州建立了花垣县省级现代农业产业园，现代农业特色产业园，凤凰县民瑞水果种植专业合作社打造了"民瑞果源"猕猴桃特色产业园，保靖县怡品茶叶产销专业合作社打造了阿俏稻茶叶产业园、古丈县古阳河茶业有限责任公司开发了古丈毛尖特色产业园、龙山县湘西果园社农业科技有限责任公司开发了"湘优鲜"中药材特色产业园等。此外，重庆的黔江、酉阳、彭水，贵州铜仁的县都有不同类型的农业生产基地和产业园。

第四，加强了与科研单位的联合。许多生产基地、合作社在生产规模化之后，纷纷与大学和科研单位合作共同促进特色经济的发展。长阳县火烧坪乡分别与湖北省农科院、华中农业大学、县农业技术监督局等部门建立联系，共同克服高山蔬菜生产过程中的技术难关，走发展新品种、推广新技术的道路，使该地的高山蔬菜产业品种扩展到10余种，取得了更大的经济效应。秭归县、巴东县为发展柑橘产业，主动与华中农业大学、湖北省农业科学院合作。特色经济的发展与科研机构和农业技术部门的联合，促进了产品质量和生产效率的提高。以长阳县高山蔬菜为例，以往单一的球白菜品种并不能满足当地发展蔬菜产业的生产需求，在当地县农科所、湖北省农科院和华中农业大学等相关部门的技术支持下，走发展新品种、推广新技术的道路，使该地的高山蔬菜产业品种扩展到10余种，从而取得了更大的经济效益。

6.积累了资本，促进了乡村全面发展

武陵山民族地区特色经济的发展，为乡村全面发展积累了资本，提供了支持。为了支持特色经济的发展，地方政府和企业、合作社都为当地投入道路、水电等基础设施建设，而特色经济发展主体，在经过一个时期发展之后，也有一定的规模，积累了一定资本。除了把资本的一部分继续追加投资用于生产之外，也拿出一部分用于参与所在地的经济社会发展，改变了当地人民群众的生产、生活环境，推动了乡村全面繁荣与发展。民族地区特色经济的发展，产生了许多积极的效果，在农民的生产、生活、居住环境、思想观念等方面都产生了积极的影响。

改变了农民群众的生活消费方式，提高了生活水平。生活消费方式，是指维护个体生命存在、延续、发展所需要的基本生活资料的消费行为模式，这是个人、群体和社会生活方式中的核心内容。生活性消费是指为了维持最基础的生命而进行的消费，包括食物、服饰、住房等。在武陵山民族地区，农民群众传统的生活消费中，物质生活消费，即食物、住房、衣物消费占比大，精神文化消费能力差，投入少。低水平的生活消费及方式，与地区经济发展水平、人们收入状况、社会供应力和交通状况是紧密联系的。特色经济的发展，农民收入增加了，加之交通条件改善，市场供应的多样化，通讯和信息的发展，以及外出务工的影响，人们的生活消费观念变了，消费方式多样化了，消费水平提高了。从过去单纯物质消费向物质、文化、网络、交往等多样化消费的转变，从节约性消费向享受发展性消费变换。现在有装修的楼房，美化的庭院，家电一应俱全，电脑网络、智能手机、电动车等成为生活的必需品，甚至汽车也成为许多农民家庭消费的对象。

第二章 特色经济：武陵山民族地区产业振兴的优先选择

基础设施得到极大的改善。发展特色经济，道路、水电、交通通讯等基础设施最为重要。武陵山民族地区在发展特色经济的过程中，不仅有政府出资修建的乡村道路和电力通信设施，而且也有生产者为了生产而投资修建的村级基础设施，那些大型的农业企业和合作社，更是愿意改善所在地的乡村道路和乡村环境。以修路为例，长阳火烧坪乡的农民共斥资1500万元，全乡4000余劳动力发扬愚公移山精神，投入义务工100多万个，兴修乡村公路490余华里，村以下公路里程达到了280公里，实现了村村通、组组通、户户通，并且将公路修到了田间地头。长阳县和火烧坪乡两级政府还投资250万元，进一步完善以火烧坪乡为主的产地批发市场，对集镇道路、供电等方面的设施进行改善，并引资300万元建起了日供水达1000吨的自来水厂，这些措施和建设成果为投资者创造良好的生产经营环境，也为当地的农户生产生活带来了很大的方便。

第三，带动了当地文化的发展。民族地区特色经济的发展，带动了当地文化的发展，当地的民族文化和风俗传统反过来又推动农村特色经济的发展。在调查中，受访者中有58.5%的人认为本民族的文化传统对发展特色经济有直接的推动作用，24.5%的人认为民族文化传统有间接的推动作用。总的来说，有83%的农民群众对民族文化传统在发展特色经济中的作用是认可的。把产业与文旅结合，借助文化推介农产品，赋能产品，这是武陵山民族地区产业主体们喜欢做的事情。长阳县"高山蔬菜文化节"办了20多年，"生吃蔬菜比赛"成为受欢迎项目。恩施市盛家坝乡当地村民自办"生态宝典，人文盛家"乡村旅游文化节，恩施市三岔镇举办的"土豆花儿开"文化旅游节。此外还有湘西秘境神秘湘西文化节、贵州（铜仁）国际抹茶文化节、酉阳桃花源国际休闲旅游文化节等。这些把民族文化与特色经济融合的活动，不仅宣传了本地企业的形象，推销了企业的产品，吸引了客商投资，促进了资本的流通，而且也保护和传承了优秀的民族传统文化，丰富了人民文化生活，促进社会主义精神文明建设。

此外，在武陵山民族地区特色经济发展过程中，经济实力增强的农业企业和经济合作组织，先富的企业主和农民，也纷纷参与乡村社会建设和生态文明建设之中，在乡村治理、乡村组织振兴、和美乡村建设中发挥作用。这些问题，本书在后面有专门论述。

三、乡村特色经济发展中的问题

武陵山民族地区发展特色经济取得了很大的成就，也总结出"利用地域特色资源，用好政策，发挥带头人、合作社和企业的牵引带头作用，调动群众积极性，激发内生动力，发挥科技的作用，因地制宜发展"等好经验。但是，在发展过程中，也遇到了许多困难，尚存在着不少问题，这些困难和问题又成为影响和制约域内特色经济规模发展、高质量发展的瓶颈因素。

1. 特色产业发展的可持续性和生产经营者素质的提高

武陵山民族地区特色经济发展已经有多年了，党的十八大以来，随着脱贫攻坚和乡村振兴战略的实施，特色经济发展更是突飞猛进，如雨后春笋。但是，这里也存在一个问题，即在脱贫攻坚中催生的"一村一品"的特色产业，如何在后脱贫时代，在没有更多外部扶持的情况下，能够靠内生力量来保持可持续发展。对于那些为了解决贫困问题而扶上马的家庭或小型的特色经济项目，不仅受规模、资金、技术、个人素质的限制，而且在产品同质化、市场竞争激烈的情况下，如何生存和发展，这已经成为一个现实问题。

在市场、资源约束的同时，生产经营者的素质也成为制约特色经济可持续发展的重要因素。特色经济发展不同于一般的农产品生产，这是需要一定的经验和技术，同时随着市场竞争日益激烈，还需要经营之道，以及新的观念、新的眼界、新的技术和生产手段。民族地区从事特色经济的农民，一般文化程度较低，从业年龄大，靠经验生产经营者还占很大比例。这就成为制约特色产业发展，做大做好做强特色产业的桎梏。在现有的企业、合作社、生产基地中，除了管理人员比较年轻，真正从事生产的几乎都是"三留"中的老人和妇女。据调查数据显示，教育层次是初中以下的比例在95%以上，其中小学文化的从业者的占比在60%以上，从业者平均年龄超过51岁，青年从业者的比例低于20%。文化水平低，限制了他们的视野，以及对农业新技术的掌握，对市场开拓的能力。结果导致特色经济只是在一个低水平上循环，做不大，走不出去。在与长阳县一些蔬菜生产大户和农民的交谈过程中，听到了他们对农业技术的渴望和对人才的渴求。在回答"您认为高学历人才从事特色经济生产劳动值得吗"的问题时，有81.1%的人认为值得，认为浪费资源的仅有4%，无所谓的占2%。由此可见，在当前特色经济特色产业生产经营的实践中，从业主体对劳动者素质的提高和对有素质的农业人才需求是多么迫切和现实！

2. 特色经济生产的组织化水平低

组织化的农业生产，聚居了各种生产要素和力量，是从地头到餐桌的产业产品链条的串联。这需要一定生产规模、先进生产技术和手段、市场的畅通，以及有完善的生产组织架构、规章制度、运行机制等。在武陵山民族地区，尽管有许多农业企业、农民合作经济组织等组织化的生产单位，但占比有限，大量的还是农户生产，这谈不上组织化生产。即便是农业公司、农民合作经济组织之类的组织化的生产单位，也仍然不够成熟，还存在着这样或那样的问题。具体说：第一，具有组织化的生产企业或合作社少，许多还处于成长发育期，往往带有家庭作坊式的生产特点，有的没有机构和规章制度。有的农民合作社只有理事长，没有组织活动。第二，劳动分工简单。分工是一个制度性因素，亚当·斯密把分工的广度和深度看作是提高劳动生产率的决定因素[1]。当前在特色经济发展中，更多

---

[1] 尹莲英、高晓红：《〈资本论〉与中国社会主义经济发展》，东南大学出版社2004年版，第229页。

的还是以家庭为单位从事农业特色产品的生产，即便有合作社或"农户+公司"，还是"农户+合作组织+公司"之类的生产组织，大多也处于简单分工和松散参与的形式，并没有科学的、专业化的分工合作，没有制度的约束和管理。第三，专业生产组织少。大多数农村经济合作组织以农业生产和销售为其职能，几乎没有涉及对特色产品的开发、保护和维权等问题。而且这种合作组织的数量也非常少。以长阳县火烧坪乡为例，该县从事高山蔬菜生产、经营、销售、开发和雇工的人员在2万人以上，而与高山蔬菜有关的农业合作组织曾经只有10家。发展特色经济是以劳动密集型为特征，特色经济的经营者经济基础差，总体上实力还比较弱，基础不牢，这是通病，这严重限制了特色产业的持续发展、规模发展和高质量发展。

3.生产经营方式的转变问题

特色经济的发展，需要建立现代生产经营方式。要转变以往粗放的生产经营方式，走集约化的生产经营之路，把依托自然资源优势转变为依托科技生产，提高产品的质量和品牌竞争力，进行集约生产。以往只依靠扩大种植面积来提高经济收入的粗放经营模式必须退出，取而代之的是依托提高单产数量和质量的集约化经营模式。从目前特色经济的发展状况来看，还存在着发展方式粗放，科技含量较低，管理缺乏科学统筹，经营者层次较低，资金投入不够，主要依靠自然优势，集约化程度低等问题。从特色经济的可持续发展和提高产品竞争力的角度看，特色经济要由粗放型经营向集约型经营转变。民族地区发展特色经济在前期取得了一定的成就，但是随着经济规模和经济容量的饱和，受到越来越多因素的制约，遇到了发展瓶颈，经营者的收入水平徘徊不前。由于受市场价格波动的影响，初级产品的生产销售抵抗风险的能力减弱，不利于经济的可持续发展。具体讲：

第一，生产力水平低。现代化农业意味着农业生产的机械化程度高和从业者的组织化程度高。由于民族地区的地理位置特点，相应的生产机械使用量却比较低,统计显示:每亩地机械投入量在50马力的农户占到39.62%,在100马力以下的农户则高达84.91%。可见,民族地区发展特色经济主要依靠自然资源和人力投入,属于粗放型的发展。机械化程度低说明特色经济的经营者投入的体力过多,是完全的劳动密集型农业生产,经济效率低下。生产和开发上的技术投入不够限制特色经济发展。特别是民族地区条件恶劣,限制了大规模的机械作业,导致生产率低。

第二,科技含量和科技占有率低。据发达国家经验,蔬菜采后商品化处理可增值40%—60%,精(深)加工可增值2—3倍。发达国家的蔬菜商品化处理包装率几乎100%,精(深)加工率大多在40%以上,在农业部《全国蔬菜重点区域发展规划(2009—2015)》中,我国蔬菜商品化处理包装率仅为25%,精(深)加工率不足10%,当然近几年这个比例又有了很大的提高。在长阳和巴东县,高山蔬菜的后期加工行业才处于起步阶段,柑橘产业的深加工行业更是没有。在柑橘行业的发展上,深加工产品和品牌还比较少,民族地区更是贫乏。如果要提高产品的国际竞争力,相关地区应该在农产品的深加工行业方面有所作为,改变以原材料的销售为主的经营体系。

第三,农业管理水平低下,缺乏科学统筹与规划。就县域而言,特色经济的发展不能够满足于特色产业的生产和原材料销售。在长阳县和巴东县,相关的特色产品以生产为主,当地的加工企业和产品深度开发项目还不足。从可持续发展的眼光来看,对产品进行纵深开发是民族地区发展特色经济必走之路。

第四,缺乏品牌管理,管理的可持续性不强。在品牌建设的问题上,既要避免公共品牌的滥用,又要避免品牌管理的无序性。目前民族地区的特色经济产品的品牌基本上是公共品牌,这会导致品牌的滥用,形成品牌泛化,无人对品牌负责,不利于发挥品牌经济效应。长远的看,既需要政府投入资金和技术,加强管理和支持,而不是放手不管,又需要企业和经济合作组织申请品牌，实行自我管理。在特色经济发展中，政府或农民的管理往往是注重前期，忽视或轻视后期的投入和管理，导致一些示范区设施陈旧、技术落后、管理松懈，这不利于保证特色经济发展的可持续性。因此，发展特色经济体系需要筹划和系统管理，因为特色产品本身还有很多资源都可以变废为宝，循环利用。长阳县每年有至少数万吨的萝卜叶子和包白菜被当作牲口饲料或者扔在路边烂掉，而这些材料经过加工可以作为精细食品流入市场。如果原材料粗放输出，使这些成为死角，既造成资源浪费，又形成环境污染。这既是经济问题，是生态问题，也是生产经营方式粗管粗放问题所带来的新问题。

4.发展面临着生态和资源的瓶颈

民族地区发展特色经济，特别是特色农业和采矿业，最直接的一个问题，就是对环境的保护，资源的节约问题，也就是生态问题。从实践来看，在民族地区发展特色经济的时候，已经出现了比较严重的生态环境问题。具体说：第一，生态环境遭到破坏。武陵山民族地区多山少田，发展特色经济，必然要向上向地向林要东西，所以在生产中人地矛盾紧张。比如对高山蔬菜产业来讲，生态问题是目前面临的最严峻问题。土地的过度开发已经导致许多地方水土流失严重，可以利用的耕地减少。对化肥、农药、塑料薄的使用，以及养殖业的无序发展，导致了严重的农业面源污染，土壤元素失衡，病虫害加剧，从而降低了特色产品产量、品质和价格。有些地方盲目地开发、掠夺资源，导致了山洪泥石流等各种生态事件的发生。

第二，资源瓶颈。对柑橘产业和高山蔬菜产业来说，种植面积已经趋于最大化，没有更多的土地可供开发，特别是退耕还林政策实施以来，坡度25°以上的土地必须还林还草。同时，全国同类型地区的增多，使原本的资源"绝对优势"转化为相对优势或没有优势。因此，必须要树立资源节约和生态保护的观念，靠科学技术和生产经营方式的转变多角度地解决特色经济发展中的生态问题。

第二章 特色经济：武陵山民族地区产业振兴的优先选择

第三节 促进武陵山民族地区特色经济的高质量发展

武陵山民族地区在特色农业、特色加工业、特色文化旅游业的发展历程和实践过程中，已经有了积极的探索，成功的做法，也取得了许多成就，积累了很多经验。在特色经济的种类、生产技术手段、经营规模、品牌效应、带动群众致富等方面都有了显著的效果，有的品牌走出了山区，走进了博览会，甚至进入了世界市场。但是，如上所述，武陵山民族地区特色经济发展也存在着许多困难和不足。因此，在新时代新阶段，武陵山民族地区特色经济发展一定要坚持贯彻落实新发展理念，适应新发展格局，实现地区特色经济的高质量发展，促进产业振兴。

一、坚持新发展理念，因地制宜发展特色经济

"创新、协调、绿色、开放、共享"的新发展理念，不仅是我国整个经济社会发展要遵循的思想指导，也是新时代武陵山民族地区发展特色经济要坚持的理念和行动指南。武陵山民族地区依据当地的自然资源和人文资源优势及区位地理条件，来决定特色经济的发展。在发展特色经济时，就必须尊重客观条件、客观经济规律，因地制宜选择发展特色经济的项目。

1.依据自然和历史条件选择合适的生产项目和产品

武陵山民族地区发展特色经济依据本地的高山地形和气候，形成了自然禀赋优势。这种自然禀赋具有一定的不可复制性，但是对同类型地方来讲，特色经济产品具有可移植性，生产方法和管理经验具有可普及推广性，种植技术和品种具有可创新性。因此，发展特色经济首先是依据本地的自然优势。从实操层面来讲，生产什么样的特色产品，打造什么样的品牌，必须根据当地的自然条件、历史文化资源进行选择。当前存在一个地

方的特色产业形成了规模,打出了品牌,有了好的经济效益,其他地方也趋之若鹜地简单复制和雷同化生产的现象。事实上,同样的产品,但因自然条件的不同导致其品质也是不同的,"橘生淮南则为橘,生于淮北则为枳",道理如此。因而,各地要依托自身特色资源,发挥自身优势进行差异化选择,要体现当地的特色和个性,展示自己的特点和亮点,千万要避免特色产品的趋同化、同质化。

2. 充分利用自然资源优势,解决瓶颈问题

民族地区特色经济,特别是特色农产品生产,从某种意义上讲也是生态经济,所以在发展中既要有效利用资源优势,又要保护生态环境,体现产业产品的绿色特点,贯彻践行绿色发展理念。武陵山民族地区发展特色经济是对自身资源优势的挖掘,也是在我国改革开放不断深入的历史背景下所开展的市场经济行为。依托自然资源禀赋发展特色经济,的确增加了群众的收入,提高了当地的经济社会发展水平,但仅仅依靠民族地区的自然禀赋来发展特色经济只能是走向竭泽而渔,不可能是永续发展的道路,更严重的是,那种不坚持新发展理念,仅靠扩大种植面积的粗放经营模式,不仅是消耗多,效益低,而且还会带来严重的生态危机,造成人与自然的不和谐,影响着我国生态文明建设。

二、加强学习培训,提高生产经营队伍的素质

进入新时代,随着我国社会主要矛盾的变化,对农产品的品质和农业生产质量安全的要求也在提高,农业新技术新工具新手段的采用,网络信息、电商的兴起,我国传统农业正向现代农业转变。现代农业发展,需要具有较高科技素质、掌握先进农业科技知识、懂技术会经营的新型职业农民。特色经济是一种由传统农业向现代农业转型发展的一种表现,是一种科技农业、技术农业、管理农业,因此对生产经营者的素质要求也高。如前所述,当前武陵山民族地区特色经济从业者还普遍存在着教育程度低、

知识技术少、年龄大、视野窄、靠传统的经验种地的问题。因此，加强从业人员的学习培训，提高生产经营队伍的整体素质，是武陵山民族地区特色经济做大做好做强的条件和保证。

1. 加强从业农民的技术培训

随着特色经济范围和规模的扩大，从业生产和经营者人数也在增加，其中一定要对缺乏技术和经验的新从业者进行技术培训，督促他们自觉学习相关的农业技术，掌握技能。政府要组织科技人员和相关专家开展经常性的"三下乡"活动，围绕增强农民增收致富本领举办科普知识讲座。在产品选定、育苗、田间管理等生产技术方面加强培训，教管用的技术知识。积极培养农村科技骨干和实用人才，努力使每个农民都掌握一两门农业先进适用技术，每个村都有一批科技示范户。重庆黔江市采取"点餐式"培训职业农民，围绕农民点题的蔬菜、脆红李、猕猴桃、枇杷等种植业和野鸡、豪猪、肉牛、山羊等养殖业，采取"技术员＋生产基地""技术员＋科技示范户＋农户"方式，组织相关技术专家和农技协"土专家"，开展"点餐式"培训、"零距离"服务。黔江区还派遣65名农技指导员对口帮扶贫困村，以进基地方式，传授、普及最新的种养技术，帮助农户解决实际生产技术难题。2015年黔江区成功培育出农业科技示范户1200户、新型职业农民1000人、现代青年农场主14名，建成19所农民田间学校、5个农业科技试验示范基地。湖北恩施市铁场坝村是有名的高山蔬菜基地之一，该村被纳入农业科技入户示范村、新型农民科技培训项目村以及实用技术培训村。恩施市农业局、扶贫开发办决定整合培训资源，将铁场坝村小学作为培训学校，并组织教师到该村开展科技知识培训。

2. 开展返乡农民创业培训，培养新型职业农民

自实施乡村振兴战略以来，由于党和政府对农村实行了一系列支持政策，大批的在外务工人员开始返乡创业。对热情很高但不会务农的返乡新

一代农民工，就必须进行相关的农业技术技能的培训。特别是要培养有知识、懂技术、会经营的新型职业农民。返乡创业农民许多是向职业化方向发展的，不再是传统的小农生产。培养新型职业农民，要提高农民现代科技素质，增强其致富能力、创业能力和市场竞争能力，培训旨在通过科学合理的培训内容，充分调动学员的学习积极性。培训要包括相关政策、农业生产技术、财务、经营管理、市场营销等方面的内容，帮助农民增强科技意识、掌握科技知识。在培训方式上，要加大农民科技培训投入，动员社会力量，整合培训资源，兴办农村职业技术学校，并运用田园学校、农民课堂、网络培训、科技党课等途径培训农民，形成政府扶助、面向市场、多元办学的农民科技培训机制。在实践上，已经有许多成功的做法可借鉴。比如，湘西州保靖县为推动黄金茶产业的发展，为了引导返乡农民工自主创业，实现"打工经济"向"创业经济"的转变，结合保靖县黄金茶基地产业带动效应明显、创业空间较大的特点，县委组织部、县人社局和县茶叶办"量体裁衣"，对来自全县16个乡镇的120多名返乡农民工开展了为期9天的围绕黄金茶产业创业的培训学习。具体到相关政策、市场营销、财务、管理方面的基本知识，以及黄金茶栽培、管理技术、黄金茶产业现状及前景、高标准茶园规划及种植技术规范以及无公害茶叶栽培技术规范等方面的内容，为创业培训活动进农村提供了新思路。铜仁市开办为期15天的"2020年返乡入乡创新创业者培训班"，对象主要是返乡入乡高等院校毕业生、返乡农民工和退役军人，采取理论培训、实训操作、现场观摩相结合的方式进行。重庆市酉阳自治县举办新型农民培育技能型（牛、羊养殖技术）的培训班，等等。通过对返乡入乡创新创业者综合素质和生产经营能力的培训，着力打造一支创业创新能力强、技能水平高、带动作用大的创新创业队伍，在发展当地现代农业、引领农民致富上充分发挥示范带头作用，助推巩固拓展脱贫攻坚成果同乡村振兴有效衔接。

3. 开展经营能手和致富带头人的培训

为适应农业产业化发展需要，有重点地加强对农村企业经营管理者、农民合作经济组织的负责人和骨干的培训。培训内容要专而丰富，针对工作范围和职责，加强经营管理、市场营销、协调规划等方面的学习培训，要让他们了解市场、掌握生产经营管理的过程，市场营销的技巧和方法，市场信息和价格等。培训方式要有针对性和多样化，采取自我培训和联合培训的方式、就地培训和异地培训、理论培训和实践培训、综合培训等方式。比如，武汉对口帮扶恩施，就在武汉市黄陂区杜堂村联合开办了"武汉市·恩施州农业产业经营管理人才培训班"，恩施州的100位农业龙头企业代表参加了学习培训。培训通过专题报告、理论讲授、现场教学、企业参观考察等多种形式，帮助学员"充电"。恩施州就地开办"恩施州特色产业致富带头人培训班""恩施州东西部扶贫协作特色产业致富带头人培训班"，全州茶叶产业致富带头人有90余人参训，2021年开办了"恩施州高素质农民新型农业经营主体培训班"。恩施市也举办了多种培训班，召开农民合作社培训会，对该市各级示范农民合作社理事长进行培训，2018年对农民合作社理事长等140多人进行农民合作社业务、产业扶贫政策等培训。重庆秀山县在彭水自治县远宏职业培训学校开办"2019年农村创业致富带头人培训班"，围绕中药材产业发展现状、果蔬种植、油茶和茶叶培育、创新产业扶贫模式、合作社经营和管理，以及农产品"三品一标"等内容进行授课，同时结合彭水县、黔江区乡村旅游示范点和中药材以及果蔬种植示范基地进行现场教学。秀山县开办两期培训班，有贫困村致富带头人204人参训。贵州铜仁市电子商务协会承办的"2020年度贫困村创业致富带头人培训班"，来自全市的130余名创业致富带头人参加培训。通过这些培训，旨在让农村经营能手和致富带头人开阔眼界视野，学习先进经验，开拓创业思路，提高带贫致富本领，充分发挥创业致富"领头雁"作用。

三、提高特色经济发展的组织化程度

生产组织管理水平是特色经济生产的关键。针对当前民族地区特色经济生产分散化、同质化、不规范的问题，就必须推进组织化的生产管理，在生产经营主体、市场环境、规定制度、管理手段等方面形成合力，共同推动特色经济的发展。

1. 大力培育现代生产经营主体

对任何生产经营活动来讲，生产主体是关键、核心的力量。多元竞争有序的市场主体的存在，不仅有利于外部的竞争，也有利于内部的力量整合。当前个体生产、简单分工这样的生产经营模式在民族地区特色经济发展过程中还大量存在，这不仅不能推进特色经济的做大做强，相反是效率低、效益差，浪费了农业资源。诸如农业企业、农民合作经济组织等带有组织性、制度化的生产经营主体，其生产经营管理更科学、更规范，资本更多，技术手段更先进，生产效率更高，效益更好，竞争力更强。因此，大力发展农业企业、农民专业合作社、家庭农场这些组织化的生产经营主体是方向和重点，发展壮大村集体经济，重振集体经济在乡村经济发展中的地位和作用，以及让农村供销合作社回归乡村经济发展的舞台，都十分必要。事实也证明这些组织化的生产经营主体在脱贫攻坚和乡村振兴过程中所发挥的牵引带动者的作用。

2. 明确特色经济的制度标准

特色经济发展，有许多具体产品、服务项目和内容。特色农业有许多农产品，特色加工业有许多农产品加工产品，特色服务业有许多的旅游文化产品，等等。但无论什么样的产品和服务，标准制度是这些产品的名号名分，也是产品质量的保证。有了统一标准规格和规定，就等于为这些产品取得了社会身份、市场位置的资格。就使生产有了标准和目标，使消费者有了明确放心的消费选择对象，就有利于推进特色产品生产的组织化、

规模化、品牌化。从当前的特色经济发展的实际来看,已经产生了一些特色产品的标准制度。比如恩施市三岔镇的马尔科土豆、长阳的高山蔬菜、巴东的柑橘等。但是还有很多特色产品还处于初步阶段,没名没号的,当然在市场和消费者心中也没有名分。因此,发展特色经济,就应该在已有的基础上总结制定标准,或者吸收借鉴他人的经验先行制定标准,对照标准进行生产和评价。当然,在这些特色产品标准制定方面,要发挥合作经济组织,特别是政府的组织申报、宣传推广的作用。

四、完善政府对特色经济发展的支持政策

武陵山民族地区发展特色经济是一个系统工程,从实践中的经验来看,政府对特色经济发展的各种政策指导和支持是非常重要的。特色经济发展具有特殊性和偶然性,但是政府部门的大力扶植发挥了关键作用,使这种生产行为由"星星之火"发展成"燎原之势"。政府参与进来的,对县域内的农业特色经济进行产业规划,资金投入,给予财政、金融和保险体系政策支持、资金支持、技术支持、市场支持,成为特色经济发展的有力杠杆和保证。

1. 做好产业规划,发挥示范引导作用

产业政策调整为特色经济发展带来新的生机。政府要调整产业政策,适时推进特色经济的整体升级。近年来,随着国内外市场的变化,竞争压力和进出口情况的变化,虽然柑橘、蔬菜、茶叶产业发展趋向区域品牌化、精品化,但竞争的白热化又对特色经济的发展提出了更高更新的要求。在千变万化的国内国际市场面前,单个的生产经营主体难以用宏观的眼光看到市场供求变化的趋势,政府部门要在宏观上当好政策调整的舵手,进行政策规划、政策引领、政策支持、检查监督,引导产业健康发展,发挥对典型特色经济发展的示范引领作用。比如,长阳县火烧坪乡成功发展以高山反季节蔬菜为特色的农业经济的一个重要原因,就是政府把

握时机，进行产业政策的调整，推进了蔬菜产业的发展。火烧坪乡的蔬菜产业经历了起步阶段、发展阶段、升级阶段和品牌阶段四个时期。特别是品牌阶段，当地政府准确地把握了时机，进行产业政策调整，大力发展蔬菜冷藏，建设蔬菜冷库一条街，创建火烧坪乡的蔬菜品牌，为蔬菜产业的发展提供了好的机会。

2.加大投入，提供好的服务

对武陵山民族地区而言，乡村发展的主要问题是交通、人才、技术、资金和社会服务问题。而发展特色经济比传统的个体农业生产更需要注重资金的投入、人才技术和社会化的服务。如果没有好的交通运输条件、资金和人才技术的投入，那么就很难解决果蔬业发展对运输、包装、贮藏和技术加工产业的要求，也会制约特色经济的规模发展。因此，针对当下存在的特色经济有但规模不大，发展资金、技术、人才等条件制约的问题，应该加大投入，提供全方位的、高水平的服务，提高特色经济的集约化规模。

第一，加大资金投入。要通过金融创新和财政帮扶为农村特色经济发展保驾护航，解决不同类型的经营者资金链短缺的问题。要完善财政金融政策，为特色经济发展提供保证。重点是在产业链建设的投入上，政府应在税收减免和财政补贴等方面鼓励深加工行业的发展。在大力发展二三产业，增加财政收入的同时，加大对农村的投入力度，改善农村基础设施，支持提高农业生产能力，确保农民增收、农业增效。积极争取各种支农资金，改善农民生产、生活条件，认真落实各项惠农政策，积极做好财政惠农补贴资金的监督发放工作。

第二，提供技术服务。科学技术是第一生产力。武陵山民族地区乡村的全面振兴使得农民迫切需要更多科技的下乡，需要科技人员的指导。据问卷调查结果显示，在技术需求方面，受访者主要集中在市场营销技术、农产品加工技术以及生态农业技术等方面，依次是58.5%、56.6%和

第二章　特色经济：武陵山民族地区产业振兴的优先选择

50.2%，栽培、育种技术和养殖技术分别占 34.90% 和 33.02%，其他电子商务技术等占 10.38%。即使现在湘、鄂西民族地区仍以传统的农耕经济为主，但越来越多的人开始走向了"有机农业""生态农业"的生产方式，向二三产业进军，更有人抓住电商平台兴起的机会走向探索智慧农业的阶段。同时，即使在互联网平台发达的年代，科技人员下乡仍是农民获取科学技术不可或缺的一环。民族地区的农民普遍年龄相对较大，学习能力和年轻人相比较差，通过网络、发放资料等方式学习科学技术难度较高，很容易造成"眼睛学会了，手没学会"的尴尬局面，从而导致农民的积极性不高。而科技人员下乡和其他途径不同，科技人员来到农村后大多采取来到田间地头为农民进行现场指导或选取典型案例开展专业讲座的形式。在实践中，湘西州农科院组织农技专家到龙山县茅坪乡竹柯村开展"我为群众办实事"农业科技下乡活动，专家亲临指导油茶种植基地建设，分享技术和经营之道，破解了农民的技术难题，推进了科研成果的落地，扩大了科技兴农的影响，为当地农民实现乡村振兴打上了一针"强心剂"。由此可以看出，新型技术在农村生产生活中的兴起已经势不可当，广大农民逐渐意识到仅仅依靠单个的农业生产技术是不够的，开始重视对农产品加工、销售的技术学习，这就为促进农村一二三产业融合打下了坚实的基础，也为推进更多科技人员下乡创造了良好的社会条件。因此，做好科技人员队伍建设，完善科技人员下乡平台建设，为科技人员下乡提供制度保障，营造尊重科技人员、重视科技人员的社会氛围至关重要。

3. 搞好基础设施建设，做好公共服务

搞好基础设施建设，是特色经济发展的基础性工程。特色经济产业化生产，离不开交通通讯、水电、冷库、仓储等基础性的建设，而这往往是高投入的公共产品。对特色经济生产主体而言，一无实力，二无意愿投入。因此，在调动生产主体参与分内投入之外，还是要依靠政府和社会其他力量的投入。具体来说：

第一,地方政府要修建连接高速公路的道路,更要建设连接乡村和田间地头的路,要加强水电设施和通信设施的建设,解决生产生活用水用电问题,在生产智能化、销售电商化的情况下网络通信更为重要。

第二,政府提供标准化生产、专业采收、冷藏、加工、运输为一体的全链条服务。比如,在冷库仓储的建设上,对规模大的生产主体来讲有自有的冷库设备,对小的生产者来讲,就没有可能建自己的冷库,这样投入大,成本高。因此,政府要建设或者支持专门的人投入冷库建设。

第三,市场培育和拓展,品牌拳头产品的打造和推广。在社会主要矛盾发生改变,人民对美好生活需求日益增长的背景下,农业供给侧结构性改革是农业农村改革发展的主线。市场竞争日趋激烈,市场约束趋紧,在整个生产处于买方市场的情况下,特色经济的发展对市场的拓展,对品牌的要求就更高了。占有有利的市场,打出自己的品牌,成为竞争制胜的法宝。但是,由于现有特色经济发展的规模不大,专业化、规模化程度不高,因而对市场的适应性,自身的竞争力、品牌的培育和打造,都还是任重道远。因此,这不仅需要生产者有竞争意识和品牌概念,而且也需要政府帮助生产者营造良好的竞争环境,帮助农民设计品牌、打造品牌。当地政府应在自然条件较具有集中优势的地方建立"规模化、标准化、设施化、品牌化的现代农业产业示范区",要提高产品的整体竞争力,加强品牌管理,打造特色产品示范基地。

第四,完善生产生活配套服务。产业化的生产,除了需要生产资料之外,生产经营者还有生产性和生活性消费的需要,需要金融、邮电、教育、医疗、商业等服务的配套,政府需要建立产业园或发展小城镇,以此解决生产生活服务的问题。

第三章

农民专业合作社：武陵山民族地区乡村振兴的重要主体

党的十九大报告和《规划》中，要求乡村振兴必须构建现代农业产业体系、生产体系、经营体系，发展多种形式适度规模经营，培育新型农业经营主体，健全农业社会化服务体系，实现小农户和现代农业发展的有机衔接，不断提高农业创新力、竞争力和全要素生产率，加快实现由农业大国向农业强国转变。其中大力发展"公司+农户""公司+合作社"的农业产业化经营，加强产地市场体系建设，支持发展直销、配送、电子商务等农产品流通业态，引领种养业品牌培育与产业升级。因此，无论是在理论上还是在实践中，农民专业合作社都是乡村振兴中最重要的生产经营主体，在武陵山民族地区的乡村振兴中，发挥了经济发展的示范、牵引和带动作用。

第一节 农民专业合作社的类型和功能

一、农民专业合作社含义

什么是农民专业合作社，《中华人民共和国农民专业合作社法》中明确地界定为，是在农村家庭承包经营基础上，同类农产品的生产经营者或者同类农业生产经营服务的提供者、利用者，自愿联合、民主管理的互助性经济组织。农民专业合作社是农民自愿参加的，以农户经营为基础，以某一产业或产品为纽带，以增加成员收入为目的，实行资金、技术、生产、购销、加工等互助合作经济组织。由于研究的视角不同，国内外对农民合作经济组织的称谓不一致，或叫农民专业协会，或叫农民专业合作社，或叫农业合作经济组织，或叫农村合作经济组织。农业合作经济组织强调的是产业范畴，农民合作经济组织强调的是主体范畴，农村合作经济组织强调的是地域范畴，农民专业合作社强调的是组织紧密程度，新型农民合作经济组织强调的是时间范畴。在农民合作经济组织族群中，既存在符合法人资格的社团合作经济组织，也存在股份制性质的合作经济组织，同时还有许多不具有法人资格条件，甚至没有注册登记的合作经济组织。到 2019 年 10 月底，我国依法登记的农民专业合作社达 220.3 万家，还有大量尚未登记的农民专业合作社。这些农民专业合作社，广泛分布于种植业、畜牧业、水产业、林业、运输业、加工业以及销售服务行业等各领域，成为实施农业产业化经营的一支新生的力量。无论对农民专业合作社有怎样的称谓，但究其本质都是相同的，都是合作经济组织，都包含了自愿、联合、团结互助、对内不以营利为目的、为社员谋利益以及以某项专业服务为基础的合作经济组织的基本原则和精神。

二、农民专业合作社类型

1. 按兴办方式分类

农民专业合作社依据不同的发起人或牵头者可分为四种类型：一是政府和村组织牵头型的农民专业合作社。这一般是由乡镇政府下属的农业技术推广服务部门和村组织引导或组织兴办的。这类农民专业合作社一般是在经济不太发达的地区或者缺少经济能人牵头的地区。二是由准政府组织牵头的农民专业合作社。这里的准政府组织，主要是指在计划经济条件下

第三章　农民专业合作社：武陵山民族地区乡村振兴的重要主体

产生的具有合作组织性质和半官方性质的农村供销社、农村信用社。虽说农村供销社和农村信用社从性质上讲是合作组织，但在实际运作中带有准政府职能的性质，比如其机构、领导人等都是政府设置和任命的，不是组织成员选举产生的。在市场经济条件下，这些准政府组织，特别是农村供销社通过参与和牵头在农民专业合作社中发挥影响力。三是大户牵头型的农民专业合作社。主要是指在农村农业生产经营中，由从事同类农产品生产的大户牵头兴办，由大户发起，吸纳个体农户参加，在生产、销售、技术服务等方面进行合作。四是由龙头企业牵头的农民专业合作社。主要指涉农工商企业，在农业产业化经营中，这些农业生产或服务性龙头企业，为了稳定生产原料的供应、保证货源质量，开拓市场，就组织发起农民专业合作社，实行"农户+公司"或"公司+合作社+农户"的生产经营模式。此外，在实践中还存在农产品经纪人牵头的农民专业合作社，其他社会力量组织如国际组织、社会机构等引导农户兴办的农民专业合作社，等等。

2. 按生产经营内容分类

一是农业生产性合作社，即从事种植、采集、养殖、渔猎、牧养、加工、建筑等生产活动的合作社，如农业生产合作社、手工业生产合作社、建筑合作社等。二是农产品流通性合作社，从事推销、购买、运输等流通领域服务业务的合作社，如供销合作社、运输合作社、消费合作社、购买合作社等。三是技术服务性合作社，即对农民提供农机、信息、育种、技术指导和推广等服务的合作组织。四是信用合作社，即接受社员存款和贷款给社员的合作社。如农村信用合作社、城市信用合作社等。五是社会服务性合作社，即通过各种劳务、服务等方式，提供给社员生产生活一定便利条件的合作社。如租赁合作社、劳务合作社、医疗合作社、保险合作社、利用合作社等。在上述五种合作社中，前三者可以由农民自由兴办，具有新型农民合作经济组织的特征，而后二者更多带有公共产品和服务的性质，因此兴办要求严格，一般要由政府批准，有严格的审批成立程序的要求。

3. 按组织程度分类

有农民专业协会和农民专业合作社。农民专业协会，是一种较为松散的合作形式，包括农业服务协会和专业协会等。农业服务协会为农民提供综合性系列化服务。农民专业协会则是从事专项农产品生产、销售、加工的农民，按照自愿互利的原则，以产品和技术为纽带，组建的社团型合作经济组织。着重为会员提供技术服务和运销服务，并在民政部门登记的社团组织，其前途是向着具有实体的合作社方向发展。农民专业合作社是农民合作组织的典型形式，也可以认为是农民联合自助组织的目标模式。其基本特征是从事专业生产的农民自愿入社，退社自由，平等持股，自我服务，民主管理，合作经营。这类合作组织一般是实体性的，内部制度比较健全，管理比较规范，与农民利益联系紧密。农民入社需要缴纳一定股金，合作社除按股付息外，主要按购销产品数量向社员返还利润，实行"按惠顾额分配盈余"。这类专业合作组织在东部地区较多。以上两种形式，都具有合作社的基本原则，但农民专业合作社较之农民专业协会在合作的紧密程度、盈余的分配，以及集体行为的整体性方面更优于后者。

4. 按资产组织形式分类

依据合作社是否发行股票分类，可分为股份合作社和非股份合作社。股份合作社是国外一种发行股票的合作社，它与非股份合作社相对应。股票的持有人就是合作社的股东和所有者，股票是股东股份所有权的证明，可以买卖、转让或继承。股份合作社成员不能退出合作社，只能通过出售其所有的股票的办法与合作社脱离关系。实质上，股份合作社只不过是以发行股票的办法筹集资金，其他方面仍与一般合作社无异。非股份合作社是指不发行股票，而是通过发给社员入股证书以证明他们在合作社中权利的合作社的总称。

第三章 农民专业合作社：武陵山民族地区乡村振兴的重要主体

三、农民专业合作社的功能和作用

随着农村经济的发展和农业产业化的推进，在小生产与大市场矛盾的撞击下，各地相继组建了一批农民专业合作社，有效地缓解了农户的产销矛盾，在小农户和大市场之间发挥了桥梁和纽带作用。农民专业合作社在提高市场驾驭能力，推进农业产业化发展，增加农民收入，保护农民合法权益，优化农村政府职能，实现乡村社会善治等方面发挥了重要的作用。

1. 市场服务功能

生产服务功能是农民专业合作社的传统功能，为组织成员提供生产资料、技术、资金等服务，这是任何农民专业合作社都应有的功能。第一，农民专业合作社也具有传统的生产服务功能，并且在市场竞争中把这一传统的生产服务功能发挥得淋漓尽致。它除了提供基本的生产服务项目之外，还重视为成员提供现代市场竞争中所需要的市场信息、先进技术推广、农业人才培养、市场销售网络建设等方面的服务，使生产服务功能延伸到市场领域。第二，农民专业合作社更加重视市场服务和增值性的功能。农民专业合作社是农民自愿参加的，以农户经营为基础，以某一产业或产品为纽带，以增加成员收入为目的，实行资金、技术、生产、购销、加工等互助合作的经济组织。从这一定义的本身就可以明确看到，农民加入合作经济组织的动机和要求同农民专业合作社本身应该具备的服务功能是吻合的。

众所周知，农业是个弱质产业，农业生产的自然性、周期性、分散性等自然特点，决定了单个农户生产规模扩大的局限性、市场竞争的乏力性。因此，市场服务功能是农民专业合作社的首要功能，其作用在于增强农户的市场适应力和竞争力。这正是新型农民合作经济组织存在和发展的条件和理由。农民专业合作社能够通过组织市场网络作用，对社员提供生产资料、信息、技术、销售、资金、培训等方面的服务与指导，并借助农民专业合作社的力量面向市场组织生产、建立基地、拓展市场、打造品牌、规范农户市场行为、提供市场预测，从而满足了农户的购销需求，保证农民专业合作社的有效运行，增强了社员面向生产的自信和实效。

2. 增收功能

增加农户收入，帮助带动贫困农户致富，这是农民专业合作社自身应有的功能。由于农民合作经济组织与农户之间的关系，都是以产品为纽带，以利益为核心，以利益联结机制来驱动的。农户的利益无非经济利益、政治和社会利益，其中经济利益是核心。农户经济利益直接的反映就是收入的增加。因此，只有在农民专业合作社和农户之间建立一个正常的利益联结机制，才能保证农户相对稳定的利益，才是激发农户加入农民专业合作社，增强合作经济组织凝聚力，实现农民专业合作社和农户之间关系的良性发展。

如何保护好农户的利益，增加农户的收入？从生产理论的角度讲，必须提高农业劳动生产率，降低生产成本，实现生产与市场的无缝对接，增加有效产品。这种目的的实现，单靠个体农户的力量是很难的。由于在分散的个体生产条件下，农户对市场的认识和驾驭能力有限，农产品生产量和交易价格不稳定，交易成本高，农民获得农业生产服务和各种农业信息渠道狭窄，这些就极大地制约了农民收入的增长。从实践上讲，随着我国农产品市场买卖的换位，农产品市场由卖方市场转向买方市场，加上消费者需求的变化和自然因素的作用，部分农产品出现了结构性的供需失衡，生产与市场错位，农产品卖难和难卖，交易成本增加，农民增产不增收，农民收入增长缓慢等一系列问题，特别是收入增长缓慢和不稳定性已成了农民致富路上的阻碍和一个长期难愈的痼疾。因此，只有走合作道路，借助组织的力量和集体行动，才能维护农民自身利益，提高在市场交易中的话语地位和抵御自然灾害、化解市场风险的能力。

不仅如此，农民专业合作社根据市场经济利益最大化原则，通过一体化、规模化的经营和一体化的加工增值模式，有效防止同业恶性竞争，协调了价格，节约了费用，降低了农产品的生产成本和销售成本。通过建立稳固的产销联系，为农民最大限度地减少中间环节，节约成本，减少浪费，确保农副产品保值增值。通过提供农用产品售后服务和产品质量检测服务，实现合作社经营利润最大化的目的，从根本上大幅度地增加村民的收入，解决收入增长缓慢和不稳定的问题。①

3. 权益维护

从维护农民权益的理论视角来看，农民利益是多方面的，有经济利益、政治利益和社会利益等，共同构成农户的总体权益。农民是一个弱势群体，农民的各种经济、政治、社会利益都可能因为弱势而被侵犯或湮没。新型农民合作经济组织的出现，正是把单个、分散的农民组织联合起来，通过组织的力量和集体行动来争取和维护自身利益。

实际上，农民专业合作社对社员的经济、政治和社会权益的保护，也是他们加入农民专业合作社的动机和目的之一，对农民专业合作社的信任和从中能够得到收入的增加、权益的保护，是农户加入农民专业合作社最直接的动因。农户对农民专业合作社的参加和依靠程度，归结于他们对农民专业合作社的信任程度，这种信任度又来自于农民专业合作社对其社员所提供的帮助和利益的满足与保护程度。

4. 农业产业化推进

农业产业化是现代农业发展的途径，也是解决中国人地供求矛盾，有效利用农业资源，提高农业效率的最佳选择。农业产业化，从学理上讲，就是在农产品种、养、加工、商业化并达到适度规模化的过程中产业链节

---

① 史啸虎：《我看合作社的作用》，《光明观察》2010年6月24日。

点上形成的组织形式及其组织间的相互关系。[①] 具体讲，就是以市场为导向，以提高经济效益为中心，以农业龙头企业带动，将生产、加工、销售有机结合，实现一体化经营的农业。农业产业化是依靠主导产业，以产品为重点，优化组合各种生产要素，实行区域化布局，进行专业化生产、规模化建设、系列化加工、社会化服务、企业化管理的产供销、贸工农、农工商、农科教一体化的现代化经营方式和产业组织形式。从国内外农业发展的一般规律来看，农业（农民）专业合作社就是一个很重要的产业组织形式。新型农民合作经济组织正是以某一项农产品生产或服务经营为核心，连接农业企业、农户等相关生产主体，聚合各种生产要素，形成了产业生产链。因此，农民专业合作社在当今来讲，其本身不仅是农业产业化的一种存在形式，而且也是农业产业化发展的推手和有效实现途径。

农民专业合作社如何实现其推进农业产业化的功能？这除了自身的组织结构和制度优势之外，重要的还在于农民专业合作社具有推进农业产业化的物质条件和优势。农业生产的基础是农业资源，这也是农业产业化的物质基础。单个农户的生产，不具备农业产业化所需要的核心产业和产品，也没有足够的土地、资金、技术、人才、管理、市场、信心、设备等产业化所需要的要素和条件。农民专业合作社却不同，它以组织的力量，以核心产品和项目的带动力，经济利益的吸纳力，产品加工和品牌的影响力，市场的开拓力，乡村资源的掌控力，以及众多社员和带动农户的参与力，足以使农业生产形成规模，构成链条，实现产业化的生产经营。比如，农民专业合作社的诞生，改变了乡村农业资源的分配格局，正成为乡村农业资源实际的、主要的所有者和使用者。那些农业生产大户或龙头企业牵头成立的新型农民合作经济组织，其本身就占有了更多的农业资源，

---

① 黄蕾：《农民专业合作经济组织发展研究——基于农业产业化经营组织的比较》，江西人民出版社 2007 年版。

第三章 农民专业合作社：武陵山民族地区乡村振兴的重要主体

加上其组织成员和带动农户所拥有的农业资源，新型农民合作经济组织实际操纵和支配的农业资源的数量和规模更是庞大，在乡村社会中具有绝对的优势，这就使农业的产业化生产成为必要和可能。

5. 治理参与功能

乡村政治参与，是农民专业合作社的功能之一，民主政治监督则是农民专业合作社乡村政治参与的主要方式和基本途径。农民专业合作社的建立，不仅发挥经济上的作用，而且也有助于乡村民主政治建设。在"乡政村治"的结构中，乡镇政府和农民专业合作社尽管为一个是"官"、一个是"民"的关系，表面上没有行政上的隶属关系，但实际上，由于农民专业合作社存在于乡村社会，从事的是与农业相关的生产经营活动，而且许多农民专业合作社还是由乡镇政府下属的机构发起或乡镇政府支持成立的，其存在的政治政策环境、经济环境和社会环境，都离不开乡镇政府的支持，超脱不了政治的影响，因此，农民专业合作社的民主政治监督功能就显得十分必要。

农民专业合作社这种监督职能集中表现在对乡镇政府（有时也包括村组织）行为和工作的监督。第一，它监督政府及其工作人员的行政行为是否符合有关法律的规定，在其职责范围内依法行政、科学行政，保证不损害农户和农民合作经济组织的权益，反促政府职能面向市场取向的转变，从传统的管理到现实的提供服务的转变，为农民专业合作社创造一个比较宽松的经济政治社会环境。第二，它监督村组织活动的合法性和公平性。农民专业合作社处在农村，因此村组织村干部的行为也受其监督。比如，乡村民主选举、村务公开、村干部活动等，都受到了农民专业合作社的监督和制约。此外，农民专业合作社的民主监督作用还体现在对农民专业合作社内部的管理人员决策、行为选择科学性的监督。正是农民专业合作社在履行经济职能的同时还发挥着乡村民主职责政治的监督作用，才推进了乡村民主政治的发展，实现了农民专业合作社组织内部的民主化建设。综上所述，从农民专业合作社的功能和作用来看，与乡村振兴战略的基本要求和要实现的目标有高度的契合度。农民专业合作社的增收功能、产业化推进作用、权益维护、社会治理的参与功能等，正是实现乡村产业振兴、人才振兴、文化振兴、组织振兴要求的迫切需要。

第二节 武陵山民族地区农民专业合作社发展状况分析

农民专业合作社作为新时代乡村经济发展的重要主体，不仅深受广大农民欢迎，而且也得到了政府政策的扶持，发展十分迅猛，对乡村振兴产生了极大的影响。特别是在武陵山民族地区脱贫攻坚、全面建成小康社会的过程中，有着不俗的表现，发挥着积极的作用，而且农民专业合作社也在这个实践过程中，得到了发展和成长。

一、武陵山民族地区农民专业合作社蓬勃发展

1. 发展态势

改革开放以来，尤其是进入21世纪之后，农民专业合作社随着社会主义市场经济的发展，如雨后春笋般蓬勃兴起。到2008年底我国新出现的，运行比较规范的，有一定规模的各类农民专业合作经济组织超过15万个，参加合作组织的成员有3878万人，其中农民成员有3486户，占全国农户总数的13.8%。[1] 山东、河南、河北、山西、四川、安徽、江苏、甘肃、吉林等9省纳入调查的合作社数占比超过全国50%。进入新时代，在脱贫攻坚和实施乡村振兴战略过程中，农民专业合作社又出现了一个新的发展高潮，进入了新的发展阶段。据农业农村部发布的农民合作社发展

---

[1] 孔祥智主编：《2009中国"三农"前景报告》，中国时代经济出版社2009年版，第183页。

情况，到 2019 年 10 月底，我国依法登记的农民专业合作社达到 220.3 万家，通过共同出资、共创品牌，成立的联合社有 1 万多家。农民合作社辐射带动全国近一半的农户，其中普通农户占成员总数的 80.7%。在武陵山民族地区，农民专业合作社发展也十分迅速，2016 年恩施州实有农民专业合作社 7746 户，统一销售农产品 33 亿元，实现盈余 7.5 亿元，向社员返利分红 5.27 亿元。2017 年 5 月底，恩施州共有 9824 个农民专业合作社①，带动农户 44 万余户，入社及带动农户占农户总数的 77%，到 2018 年 9 月底，全州登记注册 12221 户，总量居全省第一。其中国家级示范社 20 家，省级示范社 93 家，州级示范社 279 家，县级示范社 916 家。② 恩施州农民专业合作社已覆盖烟叶、茶叶、蔬菜、干鲜果、药材、畜牧六大支柱产业，成为引领全州"三农"发展，带动农民脱贫致富的重要组织载体。2014 年湘西州农民专业合作社总数达到 1105 个，成员 6.6 万户，占全州农户数的 11.87%，带动农户 11.3 万户。到 2017 年，一个龙山县就有各类农民合作社 491 个，而重庆的黔江市就有 572 家专业合作社。

2. 发展特点

武陵山民族地区由于自然条件的优势，地方政府的政策导向，农民专业合作社也呈现了自己的发展特点：第一，发展速度快。2017 年恩施全州共有 9824 个农民专业合作社，到 2018 年 9 月底全州登记注册 12221 户，总量居全省第一。以恩施州恩施市为例，2014 年底，全市注册农民专业合作社 625 家，到 2018 年 6 月，注册的农民专业合作社已达 1647 家，增加了 1022 家，平均每个月就有 25 家农民专业合作社在工商部门登记注册。全市各级示范社达 120 家，其中国家级示范社 2 家，省级示范社 13 家，州级示范社 22 家，市级示范社 83 家。

---

① 彭信琼：《恩施州农民专业合作社达 9824 个》，《恩施日报》2017 年 7 月 5 日。
② 孙国华、孟敬雯：《恩施州农民专业合作社总量全省第一》，《恩施日报》2018 年 11 月 9 日。

第二，创办形式多样。从主体上划分，有大户、企业、能人、村组织牵头领办的专业合作社；从行业上划分，有生产、加工、流通、服务合作社；从生产环节上划分，有产前、产中、产后等环节的合作社；从利益分配上划分，有紧密型和松散型合作社；从区域上划分，有跨地区、跨行业的合作社。在武陵山民族地区以生产、加工类合作社为多。

第三，覆盖范围广泛。农民专业合作社涉及种植、养殖、加工、供销服务等众多领域。从恩施市注册农民专业合作社分布来看，有畜牧专业合作社535家，蔬菜专业合作社314家，茶叶专业合作社205家，林业专业合作社82家，药材专业合作社156家，果品专业合作社90家，农机专业合作社19家，烟叶专业合作社15家，水产专业合作社26家，粮食专业合作社25家，魔芋专业合作社3家，其他专业合作社177家。这些农民专业合作社的建立，大力推进了该地区农业产业发展，如三岔惠生马铃薯专业合作社等对当地现代农业的发展，实现小农户和大市场的有效对接产生了巨大的推动作用。[①]

二、农民专业合作社主要类型

从理论和实践上讲，农民专业合作社有多种类型，可以从产业类型、发起者、组织紧密程度、生产环节、流通环节、自身的功能等方面划分。但通常是按行业结构划分的，主要分种养业合作社、服务专业合作社、加工类型专业合作社。从全国总体来看，种养业合作社占比近八成，其中实行产加销一体化服务的合作社超过半数。在武陵山民族地区，由于自然历史条件、产业发展特点，其农民专业合作社大多也集中在种养业、农产品加工业和文旅服务业，具体有以下几种类型。

[①] 恩施市政协调研组：《关于恩施市农民专业合作社发展现状的调研报告》，2019年4月2日，见http://www.eszx.gov.cn/html/2019/diaoyanbaogao_0402/1736.html。

第三章　农民专业合作社：武陵山民族地区乡村振兴的重要主体

1. 果蔬类农民专业合作社

这类合作社是一种以种植蔬菜和水果为主业的农民专业合作社。在民族地区由于自然、环境、地形和气候等自然条件的影响，种植水果和发展无污染的有机特色蔬菜，有着天然的优势，这成为域内农民专业合作社最为普遍的类型，几乎所有地方都有这类合作社。2018年恩施州农经局评选2018年农民合作社州级示范社，在申报参与评选的48家农民专业合作社中蔬菜类农民专业合作社就有12家，比如恩施市绿农蔬果农民专业合作社、来凤县金豆瓜蒌专业合作社、利川市板料溪北原莼菜种植专业合作社、利川市南坪凌云蔬菜专业合作社、建始县晓姚妈妈菜种植专业合作社、鹤峰县福润佳蔬菜种植专业合作社。林果类合作社有8家，主要有巴东县武权柑橘专业合作社、恩施市白杨坪银杏种植专业合作社、宣恩县硒柚季贡柚专业合作社、来凤县土家寨花果山水果种植专业合作社。[①]

2. 茶叶类专业合作社

武陵山民族地区的自然条件，最适合种植茶叶，茶叶也是传统的产业，因而茶叶生产和加工成为许多县区的农业特色支柱产业，也因此带动了茶叶类专业合作社的蓬勃发展。在湖南省湘西州保靖、古丈、吉首等县市，湖北省恩施州的恩施市、宣恩、咸丰、巴东、鹤峰、利川等地，茶叶产业都成为了县域农业支柱产业。仅湘西花垣县就建成万亩茶园1个、千亩茶园28个、百亩茶园109个。茶叶的生产和加工催生了茶叶企业和茶叶专业合作社的兴起。2020年湘西州有茶叶生产龙头企业29家（省级龙头企业3家、州级龙头企业26家），其中规模以上茶企12家，农民专业合作社450多家，各类茶叶经营主体700余家。古丈县茶叶种植、加工实

---

① 恩施州农经局：《关于2018年度恩施州农民专业合作社示范社评选结果的公示》，2018年12月24日，见 http://nyj.enshi.gov.cn/2018/1224/690105.shtml。

体 327 户，年销售额 2000 万元以上的规模茶叶企业达 14 家，茶叶专业合作社 150 个，茶叶产业从业人员达 5.1 万人，近 60% 村寨种植茶叶、70% 的农业产值来自茶业。2016 年恩施州茶叶合作社有 300 多家，示范茶叶类专业合作社有 6 家，有鹤峰县正兴油茶种植专业合作社、咸丰县茗薇茶叶专业合作社、建始县官店镇汇丰茶叶专业合作社、利川市华鑫茶叶种植专业合作社、恩施市立早有机茶叶专业合作社。

3. 药材类专业合作社

武陵山民族地区的自然条件，不仅适合种植茶叶，也适宜种植药材，因而药材类生产和加工的农民专业合作社也很普遍。2018 年进入中国客户网企业名录的中药材种植专业合作社中，恩施州有 1175 家，比如有鹤峰县青营富硒林药专业合作社、鹤峰县祝英特色中药材专业合作社、巴东县水布垭镇百草灵药材专业合作社、建始县茅田乡玉香中药材种植专业合作社等。湘西州有 123 家，比如凤凰县卓悦药材种植农民专业合作社，保靖县湘禾药材种植专业合作社等，贵州铜仁有 698 家，至于武陵山民族地区其他县区也都有一定量的药材种植专业合作社。这些专业合作社为社员在中药材的苗木培育、种植加工、生产材料采购、收购销售、引进推广与中药材种植有关的新技术、新品种，提供相关的技术信息和咨询服务等方面发挥了组织引领作用。

4. 养殖类专业合作社

养殖也是山区主要产业，是与果蔬、茶类、药材类同样重要的产业。武陵山民族地区地形地貌、自然物种、生态环境等，为养殖业特别是绿色养殖发展提供了丰富资源和条件。尤其是在人们重视和对生态绿色产品需求增加的情况下，山区环境美、无污染、放养的优势就充分彰显出来。与此相伴的养殖专业合作社也应运而生，而这些养殖专业合作社，能够为成员提供生态养殖技术、生产资料供应、产品销售等方面的服务。2016 年恩施州有养猪专业合作社 620 家，主要有恩施市金欣农牧专业合作社、恩施市朋艺畜牧养殖专业合作社、利川市大康生态畜禽养殖专业合作社、巴东县范鸡公养殖专业合作社。铜仁市养鸡专业合作社就有390家，至于武陵山民族地区其他地方也大抵如此。

5. 文旅类专业合作社

此类专业合作社，依法为社会成员提供观光农业、民宿服务、乡村旅游、资源开放、农家乐、休闲采摘、康养服务、文旅产品销售等经营服务内容。实际上，在乡村振兴过程中，许多地方把旅游作为乡村振兴的切入点。民族地区有得天独厚的旅游文化资源，发展文化旅游、康养等文旅产业是必然的选择，而相伴的是文旅类专业合作社也得到了进一步发展。在有自然旅游资源、历史文化资源的地方，能够利用本地的资源和文化优势来发展旅游业。在这些地方，几乎家家干旅游事，吃旅游饭，所成立的文旅类专业合作社，旨在更好地规范、协调，有效利用旅游资源，开拓市场，避免无序竞争。文旅类在武陵山民族地区格外得多，发展也比较好。比如，湖南花垣县九黎部落文旅专业合作社、泸溪新寨坪文化旅游专业合作社；恩施市龙赶湖农旅产业专业合作社、恩施市李八姑乡村旅游专业合作社、恩施市祥民乡村旅游资源开发专业合作社、恩施市神堂生态农业旅游专业合作社、恩施市览鄂旅游服务专业合作社；铜仁市碧江区生态农旅专业合作社、铜仁市碧江区桃花源乡村旅游专业合作社；重庆市黔江区老盖乡村旅游专业合作社、重庆黔江区社建立乡村旅游新型股份合作社等。这些文旅合作社都能够为游客提供餐饮、住宿服务、旅游接待、导游服务、休闲观光农业和农事体验，在乡村振兴中发挥了带动引领作用。比如，重庆市黔江区供销合作社充分依托高山移民新区建设，利用武陵山区旅游名胜资源，大力开展乡村旅游新型股份合作社建设。合作社以新兴网络游戏QQ农场现实版为主导，集"休闲垂钓、特色养殖、四季果园、开心农场、乡村旅游、餐饮住宿"于一体，集中打造休闲旅游观光、绿色环保、原生态农家乐。①

此外，在武陵山民族地区还有农村农机农技服务类专业合作社，农业生产托管性的专业合作社，但由于环境和生产条件的制约，这些合作社也仅仅是初露端倪，发展还达不到火候，还没有成熟。

第三节　农民专业合作社在武陵山民族地区乡村振兴中的作用和成效

乡村振兴是"五位一体"的全面振兴，武陵山民族地区各类农民专业合作社的出现，在脱贫攻坚和乡村振兴中的作用越发明显，成效越发显著。各类农民专业合作社不仅带动了乡村的产业振兴，而且从不同方面、不同程度上影响着乡村的社会、文化和生态建设，极大地推动了乡村的文化振兴、人才振兴、生态振兴和组织振兴，成为推动乡村全面振兴的一支重要力量。

一、带动经济发展，推动乡村产业振兴

经济带动作用，是农民专业合作社的首要功能和第一作用。从理论上讲，各类农民专业合作社属性主要是经济属性，它属于经济合作组织，而不是社会组织。因而，各类农民专业合作社，应生产而产生，也必将服务生产和经济发展。在推动乡村产业发展、产业振兴、农民脱贫致富方面发挥了重要的作用。

1. 产业牵引带动作用

产业兴旺是乡村振兴的核心和基础，产业兴旺的寓意在于乡村不仅是

---

① 杨耀文、董仕成：《重庆黔江区社建立乡村旅游新型股份合作社》，2011年12月1日，见 http://www.chinacoop.gov.cn/HTML/2011/12/01/71205.html。

第三章　农民专业合作社：武陵山民族地区乡村振兴的重要主体

第一产业发展，而且第二第三产业也要协同发展。发展产业，就要培育新型农业经营主体、培育农业农村新产业新业态，打造农村产业融合发展新载体新模式，推动要素跨界配置和产业有机融合，让农村一二三产业在融合发展中同步升级、同步增值、同步受益。各类农民专业合作社，正是改变过去乡村就是农产品生产的认识，是乡村一二三产业融合发展的体现。无论是种养合作社、还是服务性的合作社，都是一个个具体的新型农业经营主体和形态的呈现，并且是让一个产业能够形成良性发展的链条和品牌。湖北省恩施市水布垭镇农民专业合作社已达87家，涵盖全镇种植、养殖、旅游、林业、农产品加工、农资服务等领域，昔日的"泥腿子"摇身一变成为今日的市场"弄潮人"。"办一个组织，撑一个产业，带一个市场，创一个品牌，富一方百姓"，激活了农业产业这池春水。全镇87家大小合作社入社社员达到1.8万人，带动非成员农户1200多户，辐射农户5800多户。全镇农业产值从2010年的2.17亿元增加到上年的3.54亿元，农民人均纯收入也从3164元增加到4810元。① 恩施市龙凤镇大转拐村2017年底成立专业合作社，带动村民发展猕猴桃产业，全村共发展猕猴桃近400亩。新亮种植专业合作社的绿心猕猴桃二十天左右就可采摘，培育了新品种，也打造了新品牌。湖北省长阳县火烧坪乡在高山蔬菜良种繁育、精品菜园建设、露天标准化蔬菜基地建设、新型农业经营主体培育、品牌创建、绿色发展、产学研合作等方面均走在全县的前列。2020年火烧坪乡农村居民人均可支配收入22362元，比全县农村居民人均可支配收入高86.57%。2018年被认定为"国家A类农业标准化示范区"，2020年被认定为全国一村一品示范村。贵州省铜仁市德江县茗贡专业合作社，探索出产业引领，"一片茶叶，一个产业"，"产业带

---

① 饶自爱、邓书宝：《抱团致富路更宽：水布垭镇农民专业合作社发展纪实》，《恩施日报》2013年12月19日。

动就业，丰收带动增收"的新路径，推行了"公司+合作社+农户"运营模式，通过土地流转、贫困户就近务工、扶贫资金参与入股分红等多种方式与当地农户建立了利益联结机制，合作社提供1700个就业岗位，让群众能从土地流转中获得固定收益，在家门口就业，真正实现"种植一片，带动一方"，实现了产业带动就业，丰收带动增收。该合作社拥有生产厂房2400平方米，节能型机械低温冷库400立方米，自动化茶叶生产流水线2条，日加工鲜叶可达1万斤以上，2020年，合作社被评为"农业产业化省级重点龙头企业"，2021年荣获"全省脱贫攻坚先进集体"。

2. 带动社员脱贫致富

武陵山区是少数民族聚居区，经济发展相对落后，贫困人口多，村民收入不高。究其原因，不仅仅是经济基础和地理位置的限制，而且农民自身素质和生产能力也是制约因素。因此，通过成立或参加农民专业合作社，社员能够借助合作社的资金、技术、市场能力等力量，实现自己的发展致富。农民专业合作社促进了入社农户增加收入，入社农户的增收又壮大了合作社，增强了吸引力。实际上，增收致富是合作社经营成效的表现之一，也是广大农户加入合作组织的主要目的。农民专业合作社的建立顺应了农业现代化的发展趋势，有利于农业生产的规模经营，可以实现市场信息的共享、生产成本的降低、销售渠道的拓展，以及农业产业链的延长。只要合作社运营规范、组织合理，通过努力，应该可以改善入社农户的收入状况。

从全国来看，2017年，全国各类农民专业合作社经营收入5889.6亿元，平均每个合作社33.4万元；当年合作社可分配盈余1116.8亿元，平均每个合作社6.4万元，为每个社员平均分配1643.8元。2018年，从全国来看，合作社经营服务总值超万亿，平均为每个成员分配盈余近

1650元。① 具体到武陵山民族地区来看,各类农民专业合作社的牵引带动作用都十分明显。2016年恩施市农民合作社总数已达929家,涉及全市17个乡镇和办事处,入社普通农户数38181户,入社率达21%,带动非成员农户数64622户,覆盖率达35.6%。2017年恩施州9824个农民合作社带动农户44余万户,入社及带动农户占农户总数的77%。农民合作社统一销售农产品33亿元,实现盈余7.5亿元,向社员返利分红5.27亿元。②2018年底,湘西州农民专业合作社注册登记的有7232个,总资产694044.8万元,成员128019户,联系贫困户135307个,年经营收入135958.6万元。从我们抽样调查的413份问卷分析,关于"农民专业合作社对农户收入的影响"的问题,回答"增加不多"与"有一定增加"两项之和为98%,这有力地说明了农民专业合作社在增加农户收入的过程中所发挥的作用,同时也让我们看到了农民专业合作社光明的发展前景。

3. 扶贫帮扶作用

益贫性是农民专业合作社鲜明的特征。产业扶贫、提供就业岗位、技术帮扶、资金支持等。实际上,农民专业合作社在"发展优势特色产业,多渠道参与精准扶贫,推进多元参股入股方式,确保社员分红盈利,提供多种就业岗位,解决贫困户就业问题,真情帮扶困难群众,解决生产生活实际问题"③等方面在当地脱贫攻坚中普遍发挥着作用。2017年恩施州已有5000家农民合作社主动参与精准扶贫工作,有的合作社帮扶贫困户达数百户,全州农民合作社总计帮扶贫困户5万户以上,农民合作社已经成

---

① 中国农村网:《2017年农民专业合作社发展情况》,2018年11月6日,见http://journal.crnews.net/ncjygl/2018n/d10q/bqch/107635_20181106111347.html。

② 《恩施州已注册农民合作社9824个成为农民增收主渠道》,《恩施晚报》2017年6月30日。

③ 柏振忠、李亮:《武陵山片区农民合作社助力精准扶贫研究——以恩施苗族土家族自治州为例》,《中南民族大学学报》2017年第5期。

为全州脱贫攻坚产业扶贫的主力军。①恩施市经管局对全市1647家农民专业合作社的运行情况进行了全面摸排,发现农民专业合作社在扶贫中的带动作用十分明显。全市所有的村都组建了农民专业合作社,农民专业合作社成员总数达6.4万户,其中建档立卡贫困户2.43万户,带动农户9.5万户,占全市总农户数的51%。农民专业合作社通过转包、租赁、转让、入股、互换等方式,流转农民承包土地面积达7.5万亩,增加了外出务工人员或家庭缺劳力的人员的收入。恩施市白杨乡九珠茶叶合作社,带动贫困户100户等,农民专业合作社通过产品的回收,支付土地流转收益,支付农民务工收入,收益分红等形式促进了农民增收、农业增效,在助力精准扶贫中发挥了重要作用。②2019年,铜仁市德江县茗贡合作社,实现覆盖尖台村81户,384名贫困户参与入股分红。每年按照入股资金的7%提取分红资金,并按照8∶1∶1的比例实行分红,且连续三年都会获得分红。湘西州花垣县有各种养殖合作社386家,入社成员已达2.2万人,入社家庭比未入社家庭人均纯收入高出1600元,该县养殖合作社已成为当地农民增收脱贫的"引擎"。该县动员村民成立养殖合作社,采取"企业+合作社+养殖户""合作社+建档立卡户""合作社+农户"的发展模式,让合作社的"大手"牵起建档立卡户或农户的"小手",大家一起抱团发展致富。③

二、政治参与监督作用,推动乡村组织振兴

乡村组织振兴是乡村"五个振兴"之一,如何实现乡村组织振兴,就

---

① 恩施市政协调研组:《关于恩施市农民专业合作社发展现状的调研报告》,2019年4月2日,见 http://www.eszx.gov.cn/html/2019/diaoyanbaogao_0402/1736.html。
② 恩施市政协调研组:《关于恩施市农民专业合作社发展现状的调研报告》,2019年4月2日,见 http://www.eszx.gov.cn/html/2019/diaoyanbaogao_0402/1736.html。
③ 石兴伦、刘建云:《花垣养殖合作社成为农民增收脱贫"引擎"》,《团结报》2019年7月25日。

需要加强乡村基层组织建设,发挥乡村民主,健全乡村组织,加强乡村基层党组织建设。农民专业合作社是实现农民自我组织、自我管理、自我发展的群众性组织,这在性质上与村民委员会有一定契合性。鼓励和支持农民专业合作社发展,有组织地带领社员参与农村的民主选举、民主管理、民主决策和民主监督,做到村民的自我管理、自我教育和自我服务,有利于促进基层组织建设,提高基层组织治理能力的现代化程度。

1. 参与基层组织民主选举、民主监督,促进基层组织制度化建设

农民专业合作社虽然是经济组织,主要在经济发展中发挥作用。但农民专业合作社本地化,其经济利益是与政治关联在一起的,因而对基层组织的建设不是置身事外,相反是积极参与,并发挥一定的影响力。主要表现为:一是农民专业合作社的理事长、理事和社员参与乡村基层组织的选举,有的亲自参选村干部,甚至兼任村主要干部。二是发挥对乡村政务活动民主监督。村务公开是村民自治的重要体现,农民专业合作社领导或社员,能够就乡村的经济社会发展、村财务、政务等事项要求基层组织公开信息,发挥监督作用。

2. 输入干部人才,提升干部队伍的整体素质

当前乡村基层组织存在着干部队伍老龄化、知识技能空白化、治理水平能力弱等问题。让有责任心的人、有技术、会管理的人,尤其年轻人充实到乡村基层组织队伍之中,则是十分必要和迫切的。农民专业合作社的负责人是基层组织建设考虑吸纳的人才。在实践中,农民专业合作社的负责人加入基层组织更有利于基层组织的建设。毕竟合作社的负责人,大多是生产经营的大户,作为致富带头者,有着一般农户所不具备的社会关系网络,处理关系和应对问题的能力,在带领村民共同致富的过程中积累了社会资源,树立了威信威望,颇得村民的拥戴。因此,很多地方在村委会改选时,村民们会把选票投向农民专业合作社的负责人。农民专业合作社负责人兼职村干部,在为农民专业合作社争取公共资源、信息,扩大农民

专业合作社影响力的同时,也能增强他们的责任感和村集体荣誉感,带领村民们一起走向共同富裕。在调查的413人中,许多农户希望合作社领导、经济能人在村委会换届时担任村干部,使"有能者居之",带领大家共同致富。对农民专业合作社负责人兼村干部的支持者占了71.2%,希望下一届村委会由"经济能人"担任的有284人,占68.8%,由"合作社领导"担任的有64人,占15.5%,两项合计总数占84.3%,而希望原村干部留任的仅有12.3%。这反映了"经济能人"、农民专业合作社负责人对乡村政治的参与和影响。

3. 发挥农民专业合作社在党建中的影响力

习近平总书记指出,"基层党组织是贯彻落实党中央决策部署的'最后一公里',不能出现'断头路',要坚持大抓基层的鲜明导向,持续整顿软弱涣散基层党组织,有效实现党的组织和党的工作全覆盖,抓紧补齐基层党组织领导基层治理的各种短板,把各领域基层党组织建设成为实现党的领导的坚强战斗堡垒。"[①]农民专业合作社内部党组织的建立,为农村基层党组织注入了新鲜血液,增添了生机活力,也提出更高要求,从而推动了基层党组织的建设。一方面,农民专业合作社建立党支部,不仅弥补了基层党组织领导的空白,扩大了党领导的覆盖面、影响力和辐射力,解决了因跨区域跨界合作社的出现,导致党员的流动性和交叉性加大,党组织活动难以参加的问题,有效地发挥了党组织的战斗堡垒作用和党员的先锋模范带头作用,更好地动员广大入社农户开展生产经营,实现尽快致富。同时,通过在农民专业合作社中发展党员,尤其是一批有能力的、先进的年轻党员,这改善了一定区域范围内党员的年龄结构,优化了人力资源,更好地发挥出了党的先进性作用。另一方面,农民专业合作社党组织的成立,对村建制性党支部提出了挑战,形成了压力,有力推动村级党组织的

---

① 《习近平谈治国理政》第四卷,外文出版社2022年版,第504页。

建设。农民专业合作社党组织与村党组织相互促进,共同推进乡村基层党组织建设,解决了村支部党组织不健全、软涣散的问题。

当然武陵山民族地区农民专业合作社党组织建设还存在着数量偏少、组织规模不大、领头人匮乏、运行不规范等问题。针对上述问题,农民合作经济组织内部党组织建设应重视结构优化,加强党员的培养,提升党员的素质。第一,要对其党员进行政策和法律知识的教育培训,学习一些党建知识、法律知识、市场经济知识,培养一批懂经济、会经营、能管理的高素质的党员人才;第二,要大力培养和发展新党员,围绕当地主导产业发展,增强党员发展生产经营的能力;第三,要发挥党组织及党员的传帮带作用,以此增强农民合作经济组织内部党组织的威信,提高合作经济组织的凝聚力和竞争力;第四,上级党和政府还应该加大对农民合作经济组织党组织建设的支持力度,通过设立党建工作专项经费,帮助其开展形式多样的党组织活动,丰富党员生活,从而使党组织能够正常运行和健康发展。

三、参与社会建设,促进社会稳定

乡村振兴,必须要有一个良好的社会生态,治理有效是乡村振兴战略的基本要求之一。自党的十八届三中全会提出治理概念之后,党的十九大及历次全会,都强调了社会治理,其中对乡村治理也提出了打造党委领导、政府组织、社会参与的德治、法治、自治的社会治理体系,构建共建共治共享的社会制度格局和制度体系。其中农民专业合作社,是积极参与乡村社会建设,维护社会治理的参与者,在社会矛盾化解、保稳定等方面起着重要作用。

1. 化解社会矛盾,维护乡村社会稳定

武陵山民族地区经济社会全面转型,各种矛盾的出现难以避免,维护稳定是一切工作的根本大局,提高农民的组织化程度,实现不同主体共同参与的农村基层治理，不断优化乡村治理结构，有利于不断夯实党在农村的执政基础和维护农村社会的和谐稳定。改革开放以来，我国农村发生了翻天覆地的变化。农村的社会结构，也在随着物质生活的丰富而发生着变化，利益要求的多样性已经成为了现实，不同的利益要求之间，势必会发生矛盾。近些年来，农村中因为利益纠纷而引发的事件层出不穷，正是这一矛盾的表现。如何妥当处理这一问题，不仅考验着党的执政能力，也在向政府、向村民自治提出了新的要求。农民专业合作社是能够有效联系广大农户的组织形式，对外理性地表达村民的利益，对内有效地化解成员之间的纠纷。农民专业合作社是"生在农民中间，长在农民中间"的，参与者是农民，管理者是农民，受益者还是农民，是农民们自己的事业。因此，农民专业合作社天生具有"亲民性"，可以以经济利益为纽带，很方便地联系和组织广大农户，并在此基础上一方面可以作为一个集体，同其他集体、同相关部门进行利益协调，另一方面在合作组织内部也可以在利益上达成共识。这就避免了个体村民在处理利益纠纷时不理性的思考和行为，大大减少了发生冲突的可能性。当村民有困难如何解决时，有49.6%的受访者倾向于合作社，在众多解决利益纠纷的途径中，有68.5%的受访者选择合作社，在日常生产经营和生活中，有70.5%的受访者认为合作社对自己最有帮助。实践也证明，农民专业合作社已经在协调村民利益矛盾、解决纠纷、稳定社会秩序方面开始发挥着作用了。

2. 参与保供稳价，为市场和社会稳定做贡献

农产品的供应，物价稳定，关乎千家万户和社会的稳定。各类农民专业合作社做的就是事关人民舌尖上和餐桌上的事情，保证优质、安全、绿色农产品的供应，特别是在特殊时期，就是在为社会建设作出的贡献。事实上，这种作用在新冠疫情期间就凸显出来了。在疫情期间，农民专业合作社参与保供稳价，为抗疫和社会稳定作出了贡献。比如，自新冠疫情发

生以来，恩施州供销合作社、农民专业合作社联合社发挥积极主动性和社会化服务作用，迅速组织志愿者复工。农民专业合作社负责组织社员和大户采摘、打包、调运生鲜蔬菜，和电商公司合作将涵盖生鲜蔬菜、水果、牛奶、方便面等 200 多种生活物资上线社区电商平台，在保证质量的前提下，价格与以往持平。据统计，疫情防控期间恩施州供销合作社系统为各类市场主体配送各类生活物资价值达 1681 万余元，遍及城区及乡镇各网点，以实际行动践行了保供稳价的使命。①

3. 参与乡村基础设施建设

乡村基础设施建设，是乡村振兴的基础性条件。农民专业合作社的产生和发展，在一定程度上实现了"将小农户变成大组织"的目标。农户个体在农村社会、在市场竞争中，都是处在一个相对弱势的地位，但是通过合作经济组织，他们就可以集中力量办大事。在调查中，我们发现，一些规模比较大的农民专业合作社已经在为当地的基础设施建设添油加力了，如集资修建水库、发电站、修路等。并且随着合作经济组织力量的壮大，在满足合作社发展需要的基础设施建设之外，农民专业合作社也会把田间地头的路向外延伸。

四、参与乡村文化和生态建设，促进乡村文化生态振兴

1. 参与乡村文化建设，助力乡村文化振兴

乡村文化建设是乡村治理的重要内容，乡村文化振兴是乡村全面振兴的要求。乡村文化建设内容和活动也是农民专业合作社存在的环境条件。随着农民专业合作社对乡村经济、政治、社会建设参与的深入，其必然会参与到乡村文化建设之中，在乡村文化建设中发挥作用，并优化自身生存发展的环境。农民专业合作社的发展，从早期重视自身经济发展，到现在

---

① 湖北恩施州社：《组织农民合作社参与保供稳价》，《中华合作时报》2020 年 3 月 16 日。

重视乡村文化转变。一方面，农民合作经济组织有自身的企业文化建设，在合作社章程、办公室、生产基地等有许多介绍合作组织建设的文化宣传栏、宣传册、宣传画，介绍合作组织的生产项目、经验业绩，合作组织的党的建设、文化活动的内容。另一方面，积极组织和参与当地的文化活动，助力乡村文化振兴。通过文化拉动经济，各类文化节背后是经济的逻辑。武陵山民族地区有深厚的文化底蕴和文化资源，有丰富的文化活动。除了以文化为内容的文化旅游类的农民专业合作组织之外，还有其他各类合作社，他们都通过自身的企业文化建设和参与各类文化节、文化会或活动，来践行文化振兴战略。

2.参与乡村生态建设，助力乡村生态振兴

生态环境建设，是建设生态宜居，实现乡村生态振兴的要求。农民专业合作社是乡村生态建设和振兴的重要主体，并发挥作用。主要表现为：农民专业合作社的生产方式不同于一般的个体生产，从生产的对象和方式看，一般都突出乡村的绿色资源，采取绿色生产模式。农民专业合作社，重视生产项目的绿色生产和环境保护，重视生产和办公环境的美化。同时，发展壮大起来的农民专业合作社，格外重视对所在乡村生态环境的保护和参与，对其成员生态意识的培养和教育。湖北省长阳县高山蔬菜产业以绿色发展为主线，贯穿全产业链。在生产端，开展绿色食品生产技术的培训，推广绿色高效种植模式和技术，落实好土地换茬轮作制度，减少化肥农药使用，产出生态安全的优质蔬菜；在加工端，通过尾菜综合利用项目，降低环境污染，经过菜根菜帮粉碎、脱水、发酵等环节，制作成有机肥施用到菜地形成良性循环；在流通端，加强产后处理初加工、冷链运输流通，降低产品损耗，提升产业综合效益。贵州省铜仁德江县茗贡专业合作社结合实际，因地制宜引进安吉白茶，大力发展茶产业，坚持绿色引领，以生态催红利。把茶产业融入生态环境，依托茶园，大力发展生态旅游业，以白茶延伸产业链条转型升级为茶旅一体化的构思和规划。实现发展现代化农业，建设宜居宜业和美乡村，让农民富裕富足，激发乡村振兴活力，做到生态与农业、农村、农民效益相统一。

第四节　武陵山民族地区农民专业合作社要高质量发展

武陵山民族地区农民专业合作社的蓬勃发展，在带动农民脱贫致富，在脱贫攻坚中和推进乡村"五个振兴"中发挥了积极重要的作用，妥妥成为民族地区乡村经济社会发展的排头兵和发动机。农民专业合作社在服务经济社会发展和乡村振兴的过程中，不仅规模扩大了，影响力增强了，市场竞争力和抗风险能力也大为提高。同时也摸索和总结出地域资源是基础，特色发展是出路，领头人是核心，各类人才是关键，项目是纽带，效益是凝聚力，市场销售是手段，品牌是续航力，规范建设是前提，政府政策支持是保证等宝贵经验。但是，由于主客观等因素，也导致了农民专业合作社在发展中还存在着这样那样的问题，为了更好地发挥农民专业合作社在乡村振兴和实现民族地区共同富裕中的作用，就必须瞄准问题，更好地建设农民专业合作社，保证其健康、规范、良性发展和运行。针对武陵山民族地区农民专业合作社虽然数量众多，但存在规模不大，同质化严重等普遍问题，要综合施策，坚持质量和效益的统一，实现高质量发展。

一、解决同质化发展问题，实现适度规模发展

生产规模太小，同质化严重，品牌化程度低是武陵山民族地区农民专业合作社的普遍问题。在现代市场竞争中，规模经济能够产生一定的规模效益。农民专业合作社具有一定的规模，能够在激烈的竞争中占有资本、技术、价格、服务、人才、品牌、效益等方面的优势，其吸引力、凝聚力也就强，虹吸功能就凸显，辐射面就广，从而吸纳更多社员，扩大生产经

营的范围，获得更大的效益。反之，生产规模太小，就导致了很多农民专业合作社在保证入社农户能够获得正常的利益分配之外，就很少有资金投入到合作社的再发展中，难以保证可持续发展和盈余分配。在实践中，有许多专业合作社之所以寿命很短，或者空壳运转，表面上是缺乏资金、技术、管理，是社员凝聚力不强，但实质在于规模太小，难以在竞争中获得比较优势，产生好的效益。

由于武陵山民族地区的自然资源特点，其专业合作社的雷同性和同质化也是一个突出且必然的问题。如果同质化做得好的话可以形成聚集效应和扎堆效果，但因缺乏统一的组织和规划，并没有形成这种优势。相反，同质化的发展，使得竞争激烈，导致了各专业合作社规模不大，不规范，也很难推出品牌产品，产生品牌效应，因此，要优化结构，适度规模发展，通过合作社联社扩大合作规模，形成发展规模或产业集群，在主导产业基础上，不断优化产业结构，推进一二三产业融合发展。或者把合作社业务延伸到建立农业产业园上，解决分散、零星存在的问题。在实践中，武陵山民族地区出现的高山精品蔬菜、精品花卉、高山道地药材等方面的合作社，以及积极挖掘地方文化特色、资源优势来发展农旅融合产业，打造精品避暑民宿、康养园区，建设现代农业产业园、精品菜园、高山蔬菜示范园等，就是解决同质化问题，实现适度发展的重要举措。

二、加大人才的储存和培养培训，解决农民专业合作社人才短缺问题

专业合作社经营管理和技术人才缺乏，是许多农民专业合作社发展的瓶颈，尤其是具有一定规模的农民专业合作社。人才是第一资源，人才就是生产力，在任何时候都是真理。农民专业合作社是新时代乡村重要的生

产经营组织,但这个组织是由负责人、生产经营管理人员、技术人员和众多的社员构成的,其中前三者是关键,是组织者、指导者。随着市场经济的发展,农民专业合作社存在生产技术瓶颈,市场环境也发生了变化。一个合作社的生存、发展与壮大,关键在于人才。生态农业、科技农业、信息农业等先进农业的发展,就需要先进的技术来支持,先进的管理来协调,先进的人才来推动,并在市场竞争中来实现。只有人才方能为农民专业合作社的发展带来更多的机遇,但人才也成为发展的瓶颈因素。可以预见的是,在未来的发展过程中,那些缺乏生产经营人才、技术和服务人才的合作社势必会被市场经济的大潮所淘汰。

武陵山民族地区现实的众多的中小农民专业合作社,面对市场和政府政策要求,规范化的生产和技术的要求,需要的不是资金而是大量的专业技术和管理人才。现有的农民专业合作社的发起者、参与者,绝大部分都是村民,他们文化水平相对不高,其经营理念、管理能力、技术水平还不适应规模化、标准化、科学化的经营和市场的需求,也不能满足生产经营中产业对品种引进、技术规范、市场对接、利益衔接等方面的要求,从而出现了一些问题。事实上,对于规模性的农民专业合作社来讲,由于负责人都有一定的组织经营能力,其缺乏的是技术人才和经营人才团队,对小规模合作社来讲,缺少的是好的带头人和技术人员,虽然少数农民专业合作社能够有条件聘请到专业的、精通营销的经营管理人才为合作社的发展出谋划策,但大多数合作社的情况是理事长兼任经理,负责具体的生产和经营。因此,要深刻认识到解决好人才问题,就要重视合作社人才的培训和培养,特别是培养三类人才,这是农民专业合作社长期制胜发展的根本保证。要统筹涉农的培训资金和培训资源,依托农业局、农校,对合作社的经理、管理人员、技术人员和社员就社会、经济、技术、管理、市场、电子商务等方面的知识进行培训,打造出一只"永久牌"的"懂农业、爱农村、爱农民"农民专业合作社的建设队伍。

三、重视规范建设，提高农民专业合作社的组织化程度

建设不规范，组织化程度低是许多农民专业合作社的通病，也成为制约其发展壮大的瓶颈因素。农民专业合作社的组织化，是指组织主体依据一定的原则，遵守一定的规章制度，采取不同的方式，按照一定的运行机制进行组织运行的。专业合作社的组织化，首先是要按照一定规定依法设立，建立严格组织机构。农民专业合作社的规范化、组织化程度，意味着它的运行的水平和效率。这种规范化和组织化程度，主要的标志就是有程序、组织机构、章程和运行机制等。武陵山民族地区农民专业合作社，就其数量来讲，已经具有一定的规模，单湘西州到2018年底就有注册登记的农民专业合作社7232家，涉及以茶叶、药材、烟叶为主的特色经济作业，以牛、羊为主的畜牧业，以鸡、竹鼠、鱼、虾为主的养殖业，以椪柑、猕猴桃为主的水果业，以水稻为主的种植业，基本覆盖了农村各类产业。但规范成立和运行的比例较低，其中规范运行的只有1226个，占合作社总量的16.95%；欠规范的3938个，占合作社总量的54.45%；空壳社2039个，占合作社总量的28.19%。恩施市农民专业合作社1647家，如今有经营较好的农民专业合作社464家，仅占总数的28%；一般的农民专业合作社643家，占总数的39%；差的即基本没正常经营的"空壳社""僵尸社"的农民专业合作社540家，占了总数的33%。

要推动农民专业合作社规范化、法治化建设，提升其运行的质量，就要苦练内功，这是农民专业合作经济组织发展、壮大的根本法器。合作社内部组织完善，方能让入社农户有安全感，才可对广大村民产生吸引力，相关职能部门、社会各界才会对农民专业合作社给予关注和支持。农民专业合作社能够加强自身的组织、制度建设，明确社员的身份、权利和义务，规范社员大会的地位和职责，有效发挥理事会、监事会的能力，统筹规划、统一协调、集中力量、集思广益，方能在激烈的市场竞争中做大做

强，占有一席之地。要恪守依法运行的准则，对于合作社实际运行中涉及的经济利益关系、经济合同纠纷、侵犯合法权益等涉及法律的问题。要广泛宣传法律法规，特别是合作社法和经济合同法、产品质量法，提高合作社负责人和社员的法律意识，了解相关的基本法律常识，让广大合作社及社员能够在法律的庇护下大胆发展。

四、加大扶持力度，落实各项扶持政策

支持政策乏力，融资艰难，这是农民专业合作社在发展过程中都遇到过的难题，需要跨过的火焰山，特别是农民专业合作社的用地问题。政策规定农产品初级加工用地可以作为农业设施用地，然而在调研中许多合作社反映，其用地审批难，且时间长，影响了他们的生产经营。比如品牌创建。农民专业合作社要发展，创建自己的品牌很重要，但目前农民专业合作社在品牌创建上存在政策障碍，如合作社不能在有关部门办理SC证等，但公司和个体工商户却能办，而SC证等又是目前合作社走向融合发展的必备条件，如网上销售产品就必须有此类证件及标识。农民专业合作社改变了农民在市场竞争中单打独斗的不利地位，增加了农民的收入，推进了农业的产业化和现代化，遵循了农业发展的一般规律，顺应了时代的要求，因此各方面尤其是政府部门应该加强对农民专业合作社的扶持。从实践上看，农民专业合作社有一个从小到大、由弱变强的过程，这个过程需要扶持。特别是武陵山这些偏远、闭塞、基础设施薄弱、人力资源匮乏的地区，这里的专业合作社格外需要外力的支持。

政府要认真落实对农民专业合作社的扶持政策，加大投入和支持。在实践中，对农民专业合作社扶持的途径、方式、内容有很多，可以减免合作社上交的费用，可以将"三下乡"深入到农民专业合作社中，可以加大农村的基础设施建设，可以鼓励和刺激人才投身农民专业合作社的事业等。具体讲：

第一，加大金融支持力度，强化政策资金支持。全面落实精准扶贫金融扶持政策，建立多元化的农村金融服务体系，拓宽融资渠道，有效解决发展中的合理资金需求，破解融资难题。合作经济组织不是社团，它在市场上是法人的身份，既然是法人的身份，就应当有申请贷款的资格。所以政府作为公共职能部门，应该出台相应的实际措施，保障合作经济组织有款可贷、及时还贷。湘西州政府每年安排合作社发展专项资金60万元，各县市也积极整合资金支持合作社的发展。

第二，加大财政资金扶持力度。政府要合理简化涉农项目资金审批程序，降低项目资金使用成本。建议依法设立扶持农民专业合作社发展的专项资金，并建立逐年递增机制。对于经营状况好、带动能力强的农民专业合作社，实行奖励制度，予以重点扶持，使其真正发挥引领示范作用。[1]

第三，政策性融资支持。农民专业合作社的成员绝大多数是农民，本身资金准备不足，农业又是投资大收效慢的弱势产业，虽然每年政府投入了一定扶持资金，但这些投入对合作社整体发展而言，犹如杯水车薪，往往是合作社才运行不久就开始出现资金短缺的情况；由于合作社法人与公司企业法人资格存在差异，国家对合作社法人性质没有相应的文件规定，金融机构不予承认，而又因合作社缺乏必要的抵押物，银行一般都不愿给合作社贷款；争取项目资金的程序太过繁复，非生产性支出费用大。如恩施市麒麟禽类养殖专业合作社2016年申报项目资金140万元，除税金外，其他非生产性支出达22.1万元，占15.8%。

第四，优化服务环境。各级各部门在培植发展壮大农民专业合作社方面要主动作为，勇于担当，对合作社申请要求办理的事项，只要政策法律没有明文禁止的，都要积极快速办理。乡村还应建立土地流转服务体系及

---

[1] 恩施市政协调研组：《关于恩施市农民专业合作社发展现状的调研报告》，2019年4月2日，见 http://www.eszx.gov.cn/html/2019/diaoyanbaogao_0402/1736.html。

相关平台,开展土地流转供求信息、合同签订、价格协调、纠纷调处等服务。支持举办和参加博览会,打造品牌。

第五,落实基础设施配套政策。基础设施的投入,本该地方政府去做,却让专业合作社承担,一些农民专业合作社基础设施建设基本上都是自己想办法,这加重了合作社的负担,削弱了对生产经营的投入。

第 四 章

文化振兴：武陵山民族地区乡村振兴的智力支撑

文化是民族的血脉，是人民的精神家园。乡风习俗是一个地域的生活文化，是农村精神家园的底色。加强乡村文化建设，实现乡村文化振兴，是实施乡村振兴战略的重要一环，也是实现乡村振兴战略的重要保障。武陵山民族地区多民族文化，汇集成为地区内丰富的文化资源。这些文化资源不仅是乡村文化振兴的条件，而且为地区乡村振兴提供了强大的精神动力和智力支持。

第一节　文化和民族地区乡村文化

一、关于文化概述

1. 文化的含义

文化，是一定社会的经济和政治在观念形态上的反映，是人类社会历史发展的积淀和产物，它既是一种社会生活方式，也是一种精神价值体系。广义的文化，是一个涵盖面非常广泛的概念。衣食住行、视听言动，无不是文化。凡物质自然以外的一切均为文化。狭义的文化，是相对于政治、经济而言，人类全部精神活动及活动产品。因此文化就内容来讲，可分为思想道德和教育科技层面的内容，前者决定文化的性质，解决的是一个国家人民理想、信念、精神支柱和精神动力问题,后者解决的是智力支持问题。

2.文化的功能和作用

文化有"熏陶、教化、激励""凝聚、润滑、整合"等多种功能和作用。在化解人与自然、人与人、人与社会的各种矛盾时,必须依靠文化的熏陶、教化、激励作用,发挥先进文化的凝聚、润滑、整合作用。文化的这种作用的展现就是文化的力量,我们称之为构成综合竞争力的文化软实力。文化总是"润物细无声"地融入经济力量、政治力量、社会力量之中,成为经济发展的"助推器"、政治文明的"导航灯"、社会和谐的"黏合剂"。文化是民族生存和发展的重要力量。正由于文化是一个国家综合实力最核心的、最高层的体现,事关一个民族精气神的凝聚。文化自信,是更基础、更广泛、更深厚的自信,是走好中国道路的精神支撑,在树立方向引导、凝聚民族精神、提供思想资源、倡领道德新风、激发向上力量等方面发挥作用。

二、武陵山民族地区的乡村文化

中华文化是我们文化的元和根,中华文化是整体性的文化。民族地区的特色文化,具有一般文化的内容和样态,也有其个性内容和表现形式。第二章所述,武陵山民族地区历史文化资源丰富,有以民族艺术、礼仪习俗、民族医药、民族工艺为代表的民族传统文化,有以英雄人物、革命先烈、革命遗迹遗存、革命历史故事、历史事件和革命精神为标示的革命文化,也有以马克思主义为指导,社会主义核心价值观的践行为代表的社会主义先进文化等。由于"中国特色社会主义文化积淀着中华民族最深层的精神追求,代表着中华民族独特的精神标识,是中国人民胜利前行的强大精神力量"[1]。习近平总书记所指出的,"在五千多年文明发展中孕育的中

---

[1] 习近平:《在纪念红军长征胜利八十周年大会上的讲话》,人民出版社2016年版,第13—14页。

华优秀传统文化,在党和人民伟大斗争中孕育的革命文化和社会主义先进文化,积淀着中华民族最深层的精神追求,代表着中华民族独特的精神标识。我们要大力弘扬以爱国主义为核心的民族精神和以改革创新为核心的时代精神,大力弘扬中华优秀传统文化,大力发展社会主义先进文化,不断增强全党全国各族人民的精神力量"。[①] 武陵山民族地区的优秀传统文化资源最为丰富,这不仅成为发展乡村旅游和社会治理的资源,而且也是乡村文化振兴的条件。

1. 乡风文明建设是基础

乡风文明是乡村振兴的紧迫任务,乡风文明建设是乡村文化振兴的基础。武陵山民族地区乡村文化是中国特色社会主义文化的重要组成部分,实现乡村文化振兴,既要坚持中国特色社会主义文化的大方向大原则,又要体现民族和地域特色的具体文化建设。就是说,要在坚持马克思主义在意识形态的指导地位、社会主义核心价值观的基础上,从武陵山民族地区的乡村区位、人民生产生活状况、历史文化传统等实际出发建设具有民族性和时代性的文化内容及具体的形态。从现实态来看,直接制约乡村文化振兴的因素主要是传统的风俗习惯,所要重点建设的内容主要是围绕乡风文明而展开的思想道德建设、优秀传统习俗的建设,以及社会主义核心价值观的培育和践行。具体是要倡导尊老爱幼、邻里团结、遵纪守法的良好乡风民俗,用文明言行来抵制各种歪风邪气,抓好农村移风易俗工作。反对铺张浪费、婚宴大操大办等陈规陋习,消除各种丑恶现象,树立文明新风。全面提升农民素质,提高乡村社会的文明程度,形成团结、互助、平等、友爱的人际关系,构建和谐家庭、和谐村组、和谐村镇,打造农民的精神家园。按照《规划》的要求,要坚持以社会主义核心价值观为引领,

---

[①] 中共中央文献研究室:《习近平关于社会主义文化建设论述摘编》,中央文献出版社2017年版,第13页。

以传承发展中华优秀传统文化为核心,以乡村公共文化服务体系建设为载体,培育文明乡风、良好家风、淳朴民风,推动乡村文化振兴,建设邻里守望、诚信重礼、勤俭节约的文明乡村。

2.乡村公共文化和乡土文化建设是重点

上述乡风文明建设的内容是所有乡村建设的内容,民族地区也应遵循。但是,考虑到武陵山民族地区地理位置、经济社会发展基础和文化资源的优势和条件,在区域内开展文化建设的重点有两个:一个是乡村公共文化建设,这是乡村文化振兴的基础和条件。在我国农村普遍存在着公共文化基础设施落后的问题,民族地区尤其严重。因此,要实现民族地区乡村文化振兴,就必须打好公共文化建设的基础,发挥公共文化在乡村整个文化建设和文化振兴中的作用。另一个是充分挖掘和凸显乡土民族文化的优势。武陵山民族地区乡村文化振兴有丰富的资源和优势。民族地区的乡村文化除了具备上述文化的要素和内容,还有更加显著的民族特色和地域特色。由于多民族聚居,有着更为丰富多彩的文化习俗,并且表现在生产生活的方方面面。比如,武陵山民族地区有丰富饮食文化、服饰文化,有多彩的民俗文化、节日文化等,这正是乡村文化建设的独特资源,是实现乡村文化振兴必备的滋养。

第二节 武陵山民族地区乡村文化振兴的重要意义

一、文化振兴是乡村振兴的应有之义

文化振兴是乡村振兴的应有之义。文化是一个国家、一个民族的灵魂,一个国家、一个民族的强盛,总是以文化兴盛为支撑,中华民族伟大复兴需要以中华文化发展繁荣为条件。一个民族的复兴需要强大的物质

力量，也需要强大的精神力量。没有先进文化的积极引领，没有人民精神世界的极大丰富，没有民族精神力量的不断增强，一个国家、一个民族不可能屹立于世界民族之林。党的十九大报告中指出，"文化是一个国家、一个民族的灵魂。文化兴国运兴，文化强民族强。没有高度的文化自信，没有文化的繁荣兴盛，就没有中华民族伟大复兴。要坚持中国特色社会主义文化发展道路，激发全民族文化创新创造活力，建设社会主义文化强国。"① 在乡村"五个振兴"中，文化建设特别重要。毛泽东曾指出，"一定的文化（当作观念形态的文化）是一定社会的政治和经济的反映，又给予伟大影响和作用于一定社会的政治和经济。"② 如果说经济、环境等要素是和美乡村建设的"硬实力"，那么文化则是和美乡村建设的"软实力"。同时，在百年未有之大变局的背景下，现代文化、网络文化、市场文化、西方文化等多元文化也渗入到武陵山民族地区，与区域内传统的思想观念、价值取向、风俗习惯发生了冲击和相互碰撞，此时文化的特质显示的"硬实力"不可替代，并发挥着特殊的作用。因此，要实现民族地区乡村振兴的各项要求和目标，必须在大力发展经济的同时，要充分利用和依靠文化、教育和科技等力量，切实加强乡村文化建设，充分发掘和运用民族地区的文化资源，激发其活力，实现乡村文化振兴，并用文化振兴推动乡村的全面振兴。

二、解决乡村文化"空心化"问题的需要

文化兴国运兴，文化强国运强。在乡村发展的过程中，普遍存在着乡村文化空心化，以及文化建设和精神文明滞后于经济建设的现象和问题。

---

① 习近平：《决胜全面建成小康社会 夺取新时代中国特色社会主义伟大胜利——在中国共产党第十九次全国代表大会上的报告》，人民出版社2017年版，第40—41页。
② 《毛泽东选集》第二卷，人民出版社1991年版，第663—664页。

第四章 文化振兴：武陵山民族地区乡村振兴的智力支撑

武陵山民族地区乡村文化建设与我国其他乡村文化建设有着相同的问题，就是文化"空心化"的问题。在武陵山民族地区也存在着这种现象：一方面是红色文化、优秀的民族文化和传统文化资源十分丰富，另一方面则是文化建设十分滞后，许多优秀的传统文化和少数民族文化得不到发展，相反有的在逐渐消失。地方政府和村民对经济建设十分重视，但对乡村文化建设认识不够，从工作层面看，"一手硬一手软"的现象长期存在。突出的问题是，农村公共文化基础设施的建设力度不够，农村文化建设的资金投入渠道单一和不稳定，农村文化队伍规模小且素质不高，以及基层文化管理体制等方面的问题。从社会层面来看，受多元文化的影响和冲击，广大的农民群众对文化的作用重视不够，乡村普遍存在着文化"空心化"的现象。在调查中，农村思想政治教育力度不够，社会主义主流文化影响力还不大，马克思主义理论宣传教育阵地薄弱。这就致使一些人的理想信念缺失、诚信出现危机、宗教和封建迷信抬头，封建宗法势力和宗教传播在民族地区仍有相当市场，黄赌毒等颓废文化沉渣泛起，因各种利益问题引起的民事纠纷、斗殴、危害乡里等现象并未根绝等，这些现象都严重冲击社会主义文化思想的传播，妨害了社会主义文化建设。因此，要重视乡村文化建设，落实社会主义文化建设的方针政策，保护优秀传统文化，实现乡村文化振兴，这已经成了武陵山民族地区乡村文化振兴所要解决的难题，所要跨过的坎，必须高度重视，坚决行动。总之，武陵山民族地区实现了物质脱贫，但精神文化脱贫和实现精神生活富裕还需要继续努力。如果没有精神生活的富裕，那么共同富裕和现代化都不是完整的，不是高质量的。因此，必须充分发挥文化资源丰富的优势，加强文化建设，通过实现乡村文化振兴来推进乡村全面振兴，实现物质和精神双富裕。

第三节　武陵山民族地区推动乡村文化振兴的实践和成效

党的十八大以来，武陵山民族地区在面对乡村经济发展，乡村产业振兴同乡村"文化空心化"日趋严重，以及乡村文化建设力度不够的矛盾背景下，逐步认识到了乡村文化振兴的必要和重大意义，也采取许多重要举措，取得了丰硕的成就，积累了丰富的经验。近年来，武陵山民族地区各项文化事业健康发展，公共文化服务体系日趋完善，文艺精品力作层出不穷，特色艺术活动发展迅速，广播电视"村村通"、农家书屋、基层文化馆站建设列入地区民生工程，文化信息资源共享、农村电影数字化放映等重点项目有序推进，农民的文化消费意识和消费水平逐步提高，这些实践举措有力地推动乡村的文化振兴，也极大地推进乡村的全面振兴。

一、加强乡村公共文化设施建设，改善乡村文化条件

乡村公共文化设施，是乡村文化建设的前提条件，是实现乡村文化振兴的基础性工程，也是保障乡村居民文化生活和文化权益的重要手段。在武陵山民族地区乡村，地方党和政府都十分重视公共文化服务体系建设，广泛开展文化服务，让人民群众共享文化发展成果。因此，绝大部分乡村都建立了以政府为主导，各个乡镇为依托的公共文化服务中心。政府对于公共文化的投入都在逐年增加，新建了许多公共文化的设施，推出很多具有当地特色的公益性文化活动，而且都取得了较大的成功。恩施州利川市成立了公共文化服务体系建设工作领导小组，负责统筹、指导、协调、督办公共文化服务体系建设和示范区创建工作，出台了《关于加快推进现代公共文化服务体系建设实施方案》《关于向社会力量购买公共文化服务实施方案》以及《创建规划》等20多个政策文件，为全市公共文化服务体系建设工作持续推进、健康发展提供了强有力的政策保障。

利川市还把公共文化服务体系建设和示范区创建作为重点，不断加大文化建设投入，2017年本级财政预算500万元用于公共文化服务体系建设和示范区创建工作。现在利川市初步形成了市、乡、村三级公共文化设施网络，建成村级综合文化服务中心260多个，其中省级示范中心29个；广播电视"户户通"安装、开通12万户；建成文化广场280多个，百姓大舞台50多个；建成农家书屋、文化活动室565个，实现了行政村全覆盖。

乡村公共文化设施投入和建设，不仅使乡村公共文化基础设施落后的问题得到不断解决，文化设施得到不断改善，而且为域内人民精神文化生活提供了硬件支持，为乡村文化振兴打下了坚实的基础。现在的武陵山民族地区每个乡镇都有文化站，村村有农家书屋，绝大部分村有文体健身设施、文化广场等，文化活动更是丰富多彩。乡村公共文化建设也为打造文化品牌提供了可能。许多地方通过文化基地建设，争取文化项目来支持特色文化建设，打造文化品牌。湖北省恩施州通过对恩施市白杨坪镇洞下槽恩施灯戏传承基地、恩施土家女儿城民族文化传承基地、恩施市三岔镇傩戏传承基地、利川市肉连响传承基地、咸丰县蛇盘溪村民族文化传承基地、来凤县舍米湖村原生态摆手舞传承基地、宣恩县三棒鼓传承基地等26个民族文化传承基地的建设，来推动民族文化创造性保护、创新性发展。

二、开展丰富多彩的文化活动，满足人民精神生活的需要

1. 文化活动是乡村文化建设的重要内容

文化活动是乡村文化建设的重要内容，也是乡村文化建设的重要载体和实现方式。丰富多彩的文化活动，不仅丰富了人们的业余生活，抵御了不良的生活风气，传播了正能量，而且能够通过活动传承优秀传统文化，弘扬革命文化，宣传先进文化，有的则转化为特色经济资源和社会治理的

条件。在武陵山民族地区，随着公共文化硬件的投入，开展活动的方式也在不断丰富。有文娱活动、体育活动、读书、上网、歌咏、文艺汇演，以及多种文化节等。从活动的组织和发起来看，有政府组织的、有民间自发的、有群众社团组织的，但无论哪种途径，都有参与和支持者。2017年，恩施利川市有业余文艺（健身）队伍1000余支，2万余人，成为活跃在城市、农村的文艺中坚力量。招募文化志愿者1000余人，广泛开展文化志愿服务。市图书馆、文化馆、乡镇综合文化站全面实现免费开放，常年开设的培训、演出、展览、视听、书刊借阅、流动服务，深受欢迎，年均服务群众20万人次。上半年，已完成"送戏下乡"演出150多场次，送电影下乡3500场次，极大地丰富了群众的文化生活。重庆市黔江区政府2011年春节在各地开展文化乡下活动，演出内容主要有歌舞、小品、快板、乐器独奏等，在各街道、镇、村演出16场，其中区文广新局文艺小分队演出7场，涪陵歌舞团演出9场。恩施州宣恩县文化体育局组织的2012年文化惠民送戏下乡活动，4月在万寨乡拉开帷幕。宣恩县文化体育局先后投资近50万元购置音响、服装、道具等，从土家族、苗族、侗族民间文化中取材，精心组织排练当地群众喜闻乐见、本地气息浓厚的文艺节目，在全县各乡镇进行巡回义务演出，每年计划开展文化惠民送戏下乡义务演出150场，以丰富乡村人民群众的文化生活，让人民群众共享文化发展的成果。

2.丰富多彩的文化活动满足了人民群众对精神消费的需求

乡村文化振兴旨在通过发展和振兴乡村文化，用来满足人民群众对精神文化生活的需求。人民群众对文化产品需求力旺，说明了他们的生活品质在改善在提高。在武陵山民族地区，多民族共存，多民族文化和多样文化方式，构成了当下农民文化生活消费的实际内容。

在民族地区农民文化消费的内容主要有几类：第一类是传统的民族歌舞、民间曲艺、民族体育等，这些是民族地区文化资源优势，也是人民群众文化消费的主要内容和方式。在就"民族地区农村文化建设需要的活动内容种类"问题调查中，在村民欢迎的文化内容中，有39.3%的村民认为文艺演出受欢迎，25.3%的村民认为现代流行文化受欢迎，35.4%的村民认为地方传统戏曲受欢迎。第二类是网络电子信息消费，这是人民群众新的消费观念和方式。比如，现代的广播、影视、网络等文化方式也深入到农户家庭，成为新的文化消费内容。第三类是农业科技学习成为文化生活消费中的最重要内容。由于生产发展的需要，民族地区村民对农业科技的需求愿望十分强烈，在调查的229人中，回答文化消费情况的问题时，回答学习农业科技的有137人，占59.8%，回答看电影、看戏的分别占20.1%和30.1%。

3.丰富多彩的文化活动保存传承了优秀传统文化，弘扬了革命文化和先进文化

党的十八大以来，以习近平同志为核心的党中央高度重视中华优秀传统文化创造性转化、创新性发展，重视弘扬革命文化，传承红色基因。一方面，随着市场经济发展、人员的流动，各民族交流交往的增多，以及青年人的流失导致的"文化的空心化"，武陵山民族地区一些优秀的传统文化面临断代消失的问题。一些富有当地民族特色的文化甚至是非遗文化都没有从老一辈那里传承下来，如土家族的"撒尔嗬"舞，苗族的芦笙舞，侗族的"哆耶"舞等，除了老人很少有人会跳。另一方面，在乡村文化活动中，有许多活动是把当地的红色文化，党和政府在脱贫攻坚战和乡村振兴中的政策，涌现出的模范典型等融入到文化活动中，通过丰富的文化活动内容，多彩的文化活动方式呈现出来。这不仅把这些优秀的传统文化保护传承下来了，实现优秀传统文化的创造性转化、创新性发展，而且使域内的革命故事、革命先烈、革命遗存，以及社会主义核心价值观，新时代的先进文化也得到弘扬传播。比如，湖北宜昌长阳土家族自治县就在土家族的摆手舞中取其精华，简化了很多步骤，使其演变为一种健身操，并且

组织了各地的文化专干学习培训，发展成为一种大众化的文化娱乐和健身方式。

三、重视乡村文化队伍建设，发挥文化人才的作用

人才是第一资源，文化建设也需要文化人才，这是硬道理。武陵山民族地区乡村文化振兴，文化队伍建设和文化人才培养是关键。实际上，这种现象在过去的武陵山民族地区也很普遍。为了加强乡村文化建设，域内各县市在加强公共文化硬件建设投入，积极开展文化活动的同时，也特别重视乡村文化队伍建设，文化人才的培养。

恩施州利川市在构建多层次公共文化人才队伍上就有许多好思路好办法。第一，壮大专业人才队伍。通过招考、选调等方式解决文化体育专业人才15名。第二，充实基层队伍。采取"市聘乡用"的办法，解决了14名财政编制，确保每个乡镇综合文化站有1名编制人员。全市14个综合文化站有在岗人员46人，平均每个站达到3人。每个村（社区）配备1名文化管理员或志愿者，其考核与待遇纳入村级年度奖励资金。该市还选聘280名文化专干，专门负责行政村（社区）的文体工作。第三，广泛动员社会参与。全市现有业余文艺（健身）队伍1000余支，20000余人，他们成为活跃在城市、农村的文艺中坚力量。同时，招募文化志愿者1000余人，广泛开展文化志愿服务。第四，强化培训和提升素质。该市将文化干部教育培训和文化建设有关内容纳入了全市年度干部培训计划体系中。积极与大学紧密合作，探索公共文化服务"种文化"模式，建立"文化种子孵化园"，实现市、乡、村层层种文化，梯次孵化，梯次服务，层层渗透深入，孵化培育出更多的优秀文艺人才，创作生产出更多的民族文化种子，让优秀的民族文化种子在乡村古寨生根发芽。比如，全市完成文化种子孵化培训30多期，2000多人接受了孵化培训。在武陵山其他地区也都有创新性举措，比如成立文艺宣传队，增加乡镇文化干部，培训提高

农村文化专干和业余文艺骨干的整体素质等。现在武陵山民族地区活跃着上百支乡村文化队伍，涌现出了许多文化人才，在乡村文化振兴中发挥引领和骨干作用。

此外，武陵山民族地区乡村文化振兴助力乡村的产业发展和社会建设，主要表现为：第一，优秀传统文化的产业化。传统的手工编织、蜡染等文化，形成了特色产业，让传统文化向产业化、经济化发展，不仅增加了地区产值、农民收入，而且推动了乡村的产业振兴。第二，非物质文化遗产成为文旅业的支柱。民族地区有许多非物质文化遗产，它不仅是文化的一部分，而且还转化文旅产业并带来经济效益。民族地区依据传统节日、民俗、饮食等打造的文化节、美食节、旅游节等，都很好地把文化与经济对接，形成了新的文化产业、文旅产业。第三，文化赋能产业发展。在民族地区许多农产品被冠以具有民族文化、地区文化符号的商标，形成了地域文化标识的特色农产品，让老的农产品有响亮的和历史文化底蕴的名字，不仅有了牌子，有了故事，而且增加了产品销路、产品的附加值和影响力。第四，网络文化成为乡村电商的核心，带动乡村产业发展、经济流通。通过科技文化，带动当地养殖发展，形成了电商产业并带动特色产业的升级。第五，乡村农耕文化得到了保存和发展。乡村各类文化活动的开展，不仅丰富了人们的闲暇生活，更重要的是培育践行了社会主义核心价值观，打造了和谐和美乡村，保护了乡村农耕文明，为乡村文化振兴营造了好的环境，提供了有力支持。

第四节　武陵山民族地区大力推进乡村文化振兴

武陵山民族地区乡村文化建设工作取得的成绩有目共睹，也积累了一些成功经验，但仍存在着许多的问题需要解决，与全面建设社会主义现代化国家，实现共同富裕的目标要求还不相适应，与经济社会的协调发展还不相适应，与农民群众的精神文化需求还不相适应。因此，要适应社会主要矛盾的变化和新时代新征程新目标的要求，针对问题，多措并举，大力发展乡村文化，推进乡村文化振兴，助力乡村全面振兴。因此，要根据2019年中央宣传部、中央文明办、农业农村部、文化和旅游部等17个单位联合印发的《推进乡村文化振兴工作方案》中部署"深化乡村思想道德建设、保护传承发展乡村优秀传统文化、提升乡村公共文化服务效能、丰富乡村文化生活、繁荣乡村文化经济"[1]五个方面的重点任务，武陵山民族地区乡村文化建设只有着力做好这些方面工作，才能加快实现乡村文化振兴。

一、加大宣传，提高对乡村文化建设的认识

武陵山民族地区群众对文化的认识未及对经济发展的重视，因而无论是地方政府，还是个人对文化的投入和文化的消费都处于低水平的状态，对农村公共文化的认识和建设都还是不够的。在调查中，对农村文化的建设，知道并且非常了解的受调者仅占到了29.3%。村镇文化活动开展方面总体来说是不够的。有一部分村镇干部对于农村文化建设政策的落实仅仅是为了应付上级调查，还有一部分村镇干部虽然积极落实农村文化建设的政策，但是由于缺乏文体活动的专业人才和经费，并不能很好地开展组织文体娱乐活动。对于村镇文化娱乐活动组织的状况，仅有占调查总数14.5%的农民表示其所在村镇经常组织文化娱乐活动，有43.0%的农民表示其所在村镇偶尔组织文化娱乐活动，还有39.7%的农民表示其所在村镇几乎没有组织过文化娱乐活动。从文化消费支出可以看到农民文化生活

---

[1] 规划实施协调推进机制办公室：《乡村振兴战略规划实施报告（2018—2022）》，中国农业出版社2022年版，第270页。

的状况，民族地区农民每年用于文化生活的支出还是偏少。每年用于文化生活的支出在200元以下的农民占到了总量的45.9%，每年用于文化生活的支出在200—400元之间的农民占26.6%，每年用于文化生活的支出在400—800元的农民占13.54%，而每年用于文化生活的支出在800元以上的只占到了14.0%。

因此，要加大宣传，着力营造乡村文化振兴的氛围。第一，要从民族地区全面发展高度认识思想理论宣传教育工作的重要性。农村思想宣传工作是党的农村工作的生命线，要充分认识到党的思想宣传工作是民族地区农村文化建设的需要，是培育和践行社会主义核心价值观的要求，是当前加强民族地区思想理论宣传教育工作的需要，是农民群众对美好生活内在需求。因而要从数量、质量、能力统一角度来加强思想宣传队伍建设，要拓展思想宣传教育的内容，创新思想宣传教育的方式。第二，要通过宣传提高域内干部群众对乡村文化建设的认识，真正能够把乡村文化振兴与其他"四个振兴"统一起来，同等对待。第三，要充分利用多种广播电视、网络、宣传栏、宣传队、展览展示等多种平台，持续宣传本地文化特色、亮点，不断扩大宣传工作的影响，营造政府主导、全民参与的文化建设氛围。第四，要从宣传内容、手段、队伍、经费等方面整体性、系统性进行宣传，让群众真正了解乡村文化振兴与国家、地区、个人之间的密切关系，要把文化活动做实，让人民群众真正从乡村文化建设中得到实惠，从而自觉认同参与文化建设。

二、重视乡村文化振兴的硬件建设

乡村文化建设，文化设施是基础性条件。从武陵山民族地区乡村文化建设突出问题来看，主要是硬件不硬，文化基础性建设不完善，现有的文化设施利用率不高，效益没有充分发挥。因此，补齐硬件设施不足的短板，提高使用效率则是今后工作的着力点。

1. 乡村公共文化基础设施相对薄弱

文化建设需要的是人力、物力和财力的投入，投入的主体主要是政府。武陵山民族地区对文化基础设施建设的投入相对不足，导致部分历史文化名村等项目因无法进入正常的保护程序而得不到保护；送戏下乡设施设备老化、送书下乡无交通工具、农家书屋管理经费未纳入本级财政预算。已有乡镇文化站利用率呈衰减趋势。总而言之，武陵山民族地区农村文化基础设施仍然很薄弱。

文化站和农家书屋少而不达标。乡镇文化站（村文化室）是广大农村群众开展文化活动、传播先进文化的载体，但是目前乡镇文化站建站率低且发展不均衡，不能达到全覆盖。目前武陵山民族地区许多文化站因资金缺乏，村镇的文化站一般只有人头经费，基本上没有工作经费，很多村镇文化站仅有"一枚章子、一块牌子、一张桌子"，形同虚设。部分村镇文化站运转困难，投入少，甚至有年度投入为零的情况。许多文化站无设施，有的文化站的面积不足50平方米，多是一间小屋，活动场地异常简陋，文化设施陈旧，除近年来新修的文化站外，还有很大一部分文化站已相当老化，有的已经是危房，不能使用。大部分文化站不能专职专用，没有真正组织群众开展文化活动。已经有的农家书屋，按照国家每一个农家书屋可供借阅的实用图书不少于1000册，报刊不少于30种，电子音像制品不少于100种（张）的标准衡量，有绝大部分农家书屋是不合格的，不仅是藏书量远远不够，而且资料种类少且陈旧，不能适应农村社区生产发展和群众阅读的需要。

使用效率低的问题。乡村文化站，特别是村文化室和农家书屋，管理不善，没有发挥应有的作用。由于经费等原因也没有很好地利用，有的图书室、农家书屋几年不购一册新书，大多数农村虽订阅了报刊，但绝大部分滞留在村镇办公室或者干部手中，一般农民很难看到，并且很多农家书屋由于没有专人负责管理，不能保证每天开放从而大大降低了阅读率。调查中，民族地区农民对农家书屋的了解，只有26.6%的农民听说过并非常了解，听说过但没有去过的农民占到了32.8%，而对农家书屋不清楚的农民更是占到了调查总量的40.6%。为什么3/4的人没去过或者根本不清楚农家书屋，究其原因是除了农民工作忙和"三留"人员多之外，农家书屋一直是由村干部负责管理，并没有专职的图书管理员，所以大部分村镇的农家书屋并不能保证每天开放；村镇对于农家书屋的宣传力度还不够，虽然村里或者镇里建有农家书屋，但是大部分农民并不知道有这个地方，所以也就不会去关心农家书屋的建设。

2. 加强硬件建设

要不断加大农村公共文化设施的建设，补齐短板，着力解决一些难题，从硬件设施、信息化网络平台、组织管理、体制机制等方面，做好乡村文化振兴的基础性工程建设。

第一，不断加大农村公共文化设施的建设。广泛建设基层文化活动场所。完善建设乡村文化基础设施，继续加大投入，推进乡镇文化站、农村文化广场、农家书屋、农民体育健身工程、广播电视户户通等一系列惠民工程的建设，同时也不断增强其他农村文化供给，比如举办农民书画展、摄影展、文艺汇演、体育赛事以及乡村地区节庆活动等，为农民群众搭建展示自我的平台。在调研中发现一些地区公共文化活动场所已经相对落后，已无法满足当今农民群众的需求，这也是造成一些场所利用率不高的主要原因。乡镇政府应该根据需要，建立乡镇文化中心，要设有乒乓球室、体育健身室、教育培训室、信息共享点、综合展示厅、书刊阅览室、老年少儿活动室等一些最基本的文化活动场所。要扩建一些文化活动场所，也可以对于非公共文化活动场所例如一些办公场所进行改造，开发其综合功能，充分利用一切可以利用的资源。要结合地区特点，创造条件，例如可以对闲置的旧寺庙、旧校舍或者其他一些废弃的房子等进行翻新改造，重新整合资源，翻修、建造古戏台，或将废弃祠堂改建成村文化活动室、农家书屋等，让群众共享。

第二，加强农村信息网络设施建设。要升级农村广播电视基础设施，加快网络通信设施建设。要提高农村广播电视网络的覆盖面积，实现数字电视网络的全面建设，大力推进网络进村入户，提高网络传输速度和信号质量。要健全农村公共文化资源共享网络。村级文化主管部门要以政府文化活动室或农村党员干部电教室为依托，不断完善各种设备，积极发展农村文化信息资源共享工程。在此基础上，大力开展电子图书、远程知识讲座等数字文化活动，以数字资源建设为核心，以基层服务网点建设为重点，以多种传播方式为手段，以共建共享为基本途径，加快文化信息资源共享工程建设。使农民群众能够方便地享受和利用各种网上的公共文化资源。

第三，加强对农村公共文化设施的管理。民族地区农村很多公共文化设施不能充分发挥其作用，归结于最重要的一点就是缺乏管理人员。一些地区虽然有农家书屋，但是由于缺乏管理，不能定期并且长时间开放。调研中发现解决基层文化设施管理者的身份和待遇问题是重中之重。同时形成对基层文化设施管理人员的定期岗位培训制度，还可以在热心文化工作群众中选择一批责任心强的人员参与到基层公共文化设施的管理中来，充分发挥这些志愿者在组织和协调方面的作用。另外建立健全的公共文化设施管理使用的各类规章制度，不能随便地挪用、拆除、变卖公共文化设施。对于公共文化建设的资金投入使用，要有明确的记录，上级政府也要对其进行评估和监督。

第四，完善公共文化建设的相关制度机制。建立健全政府财政投入的各项制度。政府是农村公共文化建设的主要投入者，无论是物质资源还是人力资源，政府的主导作用都是不可替代的。政府的投入计划是否可行、是否持续，都是影响农村公共文化建设的主要因素。要解决政府财政投入中的诸多问题可以从以下几点入手：一是要建立专项的财政资金。政府要对针对本村的具体情况，拿出专门的资金，重点建设公共文化设施以及公共文化服务网络。二是要有公共文化建设的长期规划。很多村镇政府对于公共文化的建设没有长期的规划，甚至没有纳入政府的财政预算，这就造成了每次活动都要重新筹集资金的局面。因此政府对农村公共文化建设要有长期的规划，否则公共文化活动很难长久的开展进行下去。三是要逐步加大财政对于公共文化建设的投入，如何让公共文化设施更加符合当地的民族风俗也是需要考虑的一个问题。以上各问题的解决都离不开政府对公共文化设施的经费投入，各级政府应该按照国家规定的"各级财政对文化事业经费的投入增长不低于当年财政收入的增长幅度"的要求，逐步加大对农村公共文化建设的各项投入力度。四是建立科学完善的政绩考核制度。各级政府要完善对于公共文化建设方面的各项考核指标，使之与政绩考核相关联，从而使各级政府重视农村公共文化建设。随着政府对考核的重视，这样就能使公共文化建设可持续性的发展，也可以从根本上解决领导依靠兴趣和看法来建设公共文化的弊端。

三、加强文化软件建设，加大文化惠民工程建设

实现中华民族伟大复兴，迫切要求我国由一个文化大国转变成为一个文化强国，也迫切需要乡村文化得到振兴。随着我国城镇化步伐的加快，在农民大量进城、农村土地被大片征用、第一产业从业比例迅速降低的现实境况下，亟待通过重构乡村文化，提高农民文化意识，增强农民文化自觉和自信，保护和创新农耕文化，实现乡村文化的振兴。武陵山民族地区作为我国多民族文化的汇集地，有丰富的优秀传统文化和农耕文化资源，是文化的宝库，因而迫切需要保护、传承和建设。

1. 重塑乡村文化生态，复兴乡村文化

第一，重视乡村传统文化。中华优秀传统文化是中华民族的精神命脉，中华传统美德是中华文化精髓，蕴含着丰富的思想道德资源。优秀传

统文化是一个国家、一个民族传承和发展的根本，是不能丢的，如果丢掉了，就割断了精神命脉。乡村农耕文化是我国优秀传统文化的一分子，也是乡村文化建设和社会治理的内容和手段。

第二，重塑乡村社会规范。伦理、道德、村规民约、风俗习惯、家风家训等是乡村社会的规范，也是乡村农耕文化的具体内容。同时，这些规范也都是乡村治理的重要载体，也是乡村文化建设的重要手段。在农村文化中，充满了网络、影视、歌舞、电子游戏之类的现代化文化，乡村传统的文化在消失。在乡村文化建设工作中，又普遍重视文艺体育娱乐类的活动而忽视文化伦理、道德、村规民约、风俗习惯、家风家训的力量。实际上，在封建中国，长期是皇权不下县，对乡村治理靠的就是乡村文化，即伦理、道德、乡村民约、家风家训的力量。因此，习近平总书记指出，"要按照社会主义核心价值观的基本要求，健全各行各业的规章制度，完善市民公约、乡规民约"[1]，"不论时代发生多大变化，不论生活格局发生多大变化，我们都要重视家庭建设，注重家庭、注重家教、注重家风，紧密结合培育和弘扬社会主义核心价值观，发扬光大中华民族传统家庭美德"[2]。为此，我们要直面中国乡村社会和乡村文化发展的现实，强化乡村社会道德规范的作用，引导人们向往和追求讲道德、尊道德、守道德的生活，形成向上的力量、向善的力量。

第三，发展乡村农耕文化。农耕，顾名思义就是耕种土地的意思。晋陶潜的《桃花源诗》中有：相命肆农耕，日入从所憩。农耕文化是中国优秀传统文化的主干成分，也是构建中华民族核心价值观的重要组成部分。广义的农耕文化，是指由农民在长期农业生产中形成的为适应农业生产、

---

[1] 中共中央文献研究室：《习近平关于社会主义文化建设论述摘编》，中央文献出版社2017年版，第110页。

[2] 中共中央党史和文献研究院：《习近平关于注重家庭家教家风建设论述摘编》，中央文献出版社2021年版，第3页。

生活需要形成的国家制度、礼俗制度、文化教育等文化的集合。狭义的农耕文化是与农业生产直接相关的知识、技术、伦理与信念的综合。[①] 因此，农耕文化的内涵要求，农业生产联系最直接的是时间与节气，因而要应时；传统农业强调的因时、因地、因物制宜，因而要取宜；农业生产要遵守"三宜"原则，它是人与自然长期互动形成的实践原则，因而要守则；农业是一个相互依存、相互制约的生态系统和经济系统，这是农业的本质，因而要和谐。中国一直以来都是一个农耕为主的国家，虽然没有畜牧民族的豪迈，但我们特有的应时、取宜、守则、和谐的农耕文化，影响中国几千年的经济社会发展，并且在世界历史上独领风骚两千多年。农耕文化是通过农业耕种所创造和积累的财富，与农业社会有关的物质和精神文化的总和，直到今天，农耕文化仍然渗透在我们的生活中，特别是乡村生活的方方面面，也是乡村文化振兴的重要组成部分，对我国的发展具有深远的历史意义和现实意义。因此，我们要通过大力弘扬农耕文化，助推乡村振兴。

2. 巩固非物质文化遗产保护的工作成果

在我国农村存在着大量中华民族的非物质文化遗产，农村优秀传统文化是中华民族历史文化和精神情感之根，其本质是追求人与自然、人与人、人与社会的和谐，这些文化内核是建设社会主义新农村得天独厚的根基，是农村文化建设的重要组成部分，是民族最重要的精神文化财富之一。所以保护和发展非物质文化遗产，有利于避免新农村建设中的千篇一律，有利于塑造村庄特色形象，更有利于传承特色农村文化。武陵山民族地区是我国文化的交汇地，存在着大量的优秀文化遗产，对于这些文化遗产，特别是非物质文化遗产，因为挖掘、保护和传承不当的因素，就会导致非物质文化遗产的流失和破坏。因此，在挖掘这些文化遗产的同时，更

[①] 张孝德：《乡村振兴 专家深度解读》，东方出版社2021年版，第161页。

要保护传承。恩施市的做法值得推广借鉴。第一，以傩戏项目为龙头，夯实"中国民间文化艺术之乡"金字招牌。恩施市三岔镇加强傩文化品牌建设，加大对民族文化的挖掘整理力度，大力争取文化遗产保护区项目，打造傩文化系列节目精品，探索开发傩文化旅游产品，打造"三岔傩文化"品牌。第二，规划建设傩文化一条街，将民族戏剧元素融入和美乡村经济发展之中。通过傩文化一条街建设，融入旅游市场要素，拓展城郊休闲旅游内容，将莲花池生态走廊建设成为傩文化集中展示带。第三，打造集党建、党风廉政建设、综治、计生、安全生产等于一体的25公里综合宣传长廊，拍摄三岔形象宣传片和创作三岔乡歌，改版升级三岔公众信息网，提升三岔的知名度和影响力。第四，通过实施"寻访老物件"工程，在全市范围内通过无偿捐赠、有偿征集等方式搜集各类具有历史和文化价值的"非遗"实物，全面展示恩施市"非遗"资源的门类和分布情况。第五，加大对国家级"非遗"项目——"恩施扬琴"、"恩施灯戏"的传承、利用和发展，恢复排练出一批具有代表性的传统剧目，融入丰富多彩的群众文化活动中，让非物质文化遗产焕发生机，融入生活。

3. 弘扬和传承革命文化和先进文化

社会主义核心价值观与中国传统文化有着相对紧密的联系，培育和弘扬社会主义核心价值观必须立足中华优秀传统文化。牢固的核心价值观，都有其固有的根本。抛弃传统、丢掉根本，就等于割断了自己的精神命脉。博大精深的中华优秀传统文化是我们在世界文化激荡中站稳脚跟的根基。中华文化源远流长，积淀着中华民族最深层的精神追求，代表着中华民族独特的精神标识，为中华民族生生不息、发展壮大提供了丰厚滋养。认真汲取中华优秀传统文化的思想精华和道德精髓，大力弘扬以爱国主义为核心的民族精神和以改革创新为核心的时代精神，深入挖掘和阐发中华优秀传统文化讲仁爱、重民本、守诚信、崇正义、尚和合、求大同的时代价值，使中华优秀传统文化成为涵养社会主义核心价值观的重要源泉。

4. 加大文化惠民工程建设

文化惠民工程是地方政府经常开展的活动，各级政府应该设立专门的经费，要加大文化的购买力，要积极开展送文化下乡活动，从各个方面入手来满足群众的文化需求。第一，送演出下乡，政府要精心挑选精品文艺节目以及优秀的电影作品，根据本地的自身情况，要确定每年、每月演出的数量，以解决民族地区农民群众看演出难的问题。第二，要送书下乡。根据国家的要求村镇必须有农家书屋，书屋中的书籍要求政府统一配送，在配送的过程中要满足不同民族群众的需要，书籍也要有计划的更新，只有这样才能防止资源不合群众胃口、书籍跟不上时代的现象发生。第三，要送科学技术下乡。在调研的过程中发现，农民群众对于农业技术以及科普活动，有着浓厚的兴趣。政府可以根据农民的需要，适时邀请一些专家分赴不同的地区，进行一系列巡回讲座。要根据武陵山民族地区公共文化的特点，送来与民族文化相适应的文化活动，以满足不同民族的文化需求。第四，推动群众性公共文化活动的开展。缺乏有效的组织是无法活跃公共文化的主要原因。政府要主动组织群众性的文化娱乐活动，丰富农民群众的文化生活。允分发挥现有文化设施作用，积极开展公益性文化活动，推动创新性的全面文化活动。目前基层文化资源匮乏，活动形式单一，无法满足人民群众对多元化的精神文化需求，这可以说是农村公共文化体系建设面临的重要问题。为此我们必须强化基层文化工作的组织管理职能，充分发挥文化阵地的宣传教育、辅导、娱乐的功能，积极开展丰富多彩的文化活动项目。政府要精心安排一些村民感兴趣的活动，例如举办体育比赛、书画交流展等活动，充分调动农民参与文化建设的积极性，广泛组织开展群众性文体活动，推动群众自办文化活动创新。结合武陵山区为少数民族聚集地的情况，政府可以开办一些具有本民族文化民俗的演出，进一步弘扬传统文化。这样的活动不仅促进了广大农民群众的业余文化生活，也促进了农村之间的沟通交流，有助于和美农村的建设。第五，鼓励和支持农民自办文化。大力培育乡村文化建设的主体，鼓励外出务工人员返乡创业，吸引城市居民选择乡村居住，尤其是文化教育行业人士选择乡居生活，可以催生新型乡贤文化，激活传统乡村文化中的活性因子。

四、加强乡村文化队伍建设

文化队伍建设是乡村文化振兴的关键。武陵山民族地区在文化建设方面，短板在于文化队伍不大不强，缺乏的是文化人才，特别是文体专业人才和从事项目工作的人才。由于大中专毕业生不愿进入乡镇队伍，受过高等教育的人员由于农村文化专干工资低等原因，不愿意回到或留到农村从事文化工作，所以村镇两级文化建设就缺乏专业人才和管理人才。在调查访谈时发现，武陵山民族地区各地的农村基层文化队伍年龄结构偏大、文化层次偏低，初中、高中学历者甚至小学学历人员还很多，空编缺员较为严重，文化专干多是兼职。以2011年为例，武陵山区各市、县、区各类文化活动队伍总量为892支，其中只有215支有文体活动的骨干和指导教师，仅占总量的24.10%；从事文化活动人数81071人，占全武陵山区总人口（以2010年人口普查数据为准）的0.002%。农村文化建设严重缺少文体活动的专干和指导老师，农村基层文化人才青黄不接现象严重、队伍不稳，已经成为制约乡村文化建设和实现乡村文化振兴的瓶颈因素，因此，乡村文化人才队伍建设极端重要，十分迫切。

1.建立一支稳定的专兼职相结合的乡村文化人才队伍

这是农村文化活动健全的重要保证和中坚力量。各级政府要利用政策、经济等手段，在促进农村文化队伍进一步稳定、提高、用好上下功夫。同时高度重视对民间艺人和农村文化经纪人的使用和培育，关心和帮助解决广大农村基层文化工作者在工作、学习、生活中的实际困难，切实提高他们的经济收入和生活水平，以发挥好他们在农村文化建设中的生力军作用，通过这些带头羊的作用，使农村私性文化活动走上一条和谐的道路，成为核心文化的补充，丰富农民的文化生活。第一，要不断增加公共文化专干的人数。农村文化队伍作为建设农村公共文化的主力军，培养一批高素质的稳定的农村文化骨干队伍是农村文化事业发展的关键和可靠保证。对于文化人才的招聘、考核、奖罚等相关的制度，需要尽快建立健全。农村公共文化建设需要大量的文化人才文艺骨干作为强有力的支撑，为了更好地服务群众，更好地建设各项公共服务的体系，只有建立一套可行的、完整的人才制度，才能留住大量的高素质优秀人才，帮助农村进行公共文化的建设。作为民族地区，有些地区生活环境比较艰苦，这就需要政府在人才的选拔中多下功夫。第二，大量培养群众中的人才，活跃农村的文化生活气氛。村组织可以选择一部分有文化基础、思想道德优良、有一定文化特长的村民，作为文化中心户，带领村民开展各种文化活动，发挥自身的特长，开展科技讲座、表演教学等，从而有效地提高村民文化生活的质量。第三，要重视农村公共文化人才的深造。政府可以通过举办进修班来提高其文化服务水平，组织农村的文化人才到省城学习，加强城乡交流，缩小城乡差距。第四，要提高文化工作人员的待遇，这是最主要的一条，文化工作人员的待遇得到了提高，就会促使更多人自觉投入到公共文化建设的队伍中来。

2. 推进公共文化体制改革，加快乡村文化市场的形成

第一，要对公益性文化投入改革。要引入竞争的机制，不仅要在文化企业之间竞争，企业内部也要开展奖罚措施，激励内部竞争。随着引入竞争机制，对农村重要公益性文化活动项目，要通过采取项目补贴、以奖代补等措施，逐步实现政府从主办向服务的转变，从扶持转向激励的转变。第二，要发展民营文化，开拓新的筹资渠道，补充到农村文化建设资金中。对民营企业，政府可以通过各个渠道、各种不同的方法，吸引民营文

化企业资金投入到农村公共文化建设当中。第三，要优化投资的环境，支持各类文化基金、文化投资公司、民办公益性文化机构等参与到农村公共文化建设中来。第四，要培育和扶持民族地区农村文化产业。政府可以引导和扶持本地区建立多种多样的文化产业，并加强对公共场所和公共出版物的管理，充分利用各项措施繁荣文化产业。在原有基础上可以拓展先进的文化产业，要敢于尝试，使之成长为主力文化行业。民族地区可以利用当地的地理位置、民族风俗等特点，大力发展旅游业。武陵山民族地区中居住着多个少数民族，各民族的风俗生活习惯本身就是一种文化资源。民族地区可以兴建各种民俗博物馆，这样不仅可以保护本民族的物质和非物质文化遗产，又能促进各个民族之间的交流和学习，很好推动地区内公共文化发展。

第 五 章

人才振兴：武陵山民族地区乡村振兴的关键

乡村振兴人才队伍建设，是实现武陵山民族地区乡村振兴关键。2017年党的十九大报告提出：培养造就一支懂农业、爱农村、爱农民的"三农"工作队伍，培养新型职业农民。2018年中央农村工作会议要求加强"三农"工作干部队伍的培养、配备、管理、使用，把到农村一线锻炼作为培养干部的重要途径，形成人才向农村基层一线流动的用人导向，造就一支懂农业、爱农村、爱农民的农村工作队伍。2018年《规划》中提出要实行更加积极、更加开放、更加有效的人才政策，推动乡村人才振兴，让各类人才在乡村大施所能、大展才华、大显身手。这些政策文件精神，成为今天认识武陵山民族地区乡村人才振兴的基点，做好武陵山民族地区乡村人才振兴的指导。

第一节 乡村人才队伍建设相关理论

一、人才和人才的类型

所谓人才，泛指各行各业中的领军人物。是指具有一定的专业知识或专门技能，进行创造性劳动并对社会作出贡献的人，是人力资源中能力和素质较高的劳动者。人才是我国经济社会发展的第一资源。

人才有不同的分类，从职业和工作属性划分，有经营人才、管理人才、技术人才、技能人才。经营人才，是指企业的单位负责人和部门负责人；管理人才，是具有广博知识和社会经验的人才，是深刻了解人的行为及其人际关系的人才，是具有很强组织能力和交际能力的人才；技术人才是指掌握和应用技术手段为社会谋取直接利益的人才，由于技术型人才的任务是为社会谋取直接利益，因而，他们常处于工作现场或生产一线工作；技能人才，是在生产技能岗位工作，具有高级工及以上技能等级或具有专业技术资格的人员。乡村人才，是从地域划分，相对城市人才而言。乡村人才，实际就是指农业农村人才，具体是指乡村管理人才、乡村经营管理人才、乡村社会治理人才、农村实用人才等。

二、乡村人才类型

党的十八大以来，各级农业农村部门大力实施人才强农战略，统筹推进农业农村各类人才队伍建设，取得了明显成效，农业农村人才政策体系和体制机制不断完善，人才队伍建设不断加强。在乡村振兴中，最直接最主要的乡村人才就是农村实用性人才。这些户口在农村，有一定的知识和技术，在当地起到示范带头作用，并得到周围群众认可的农村实用人才的出现，使农民分工更加细化。民族地区乡村人才，实际是指在民族地区内从事涉农生产经营和服务的农业农村人才，包括指乡村经营管理人才、乡村社会治理人才、农村实用人才等，其中农村实用人才最为重要。农村实用人才，指的是具有一定知识和技能，为农村经济和科技、教育、文化、卫生等各项事业发展提供服务、作出贡献、起到示范和带头作用的农村劳动者。包括农村种植养殖能手、加工能手、农村经纪人、各类能工巧匠和科技带头人等。武陵山民族地区的乡村人才队伍，具有我国农村人才队伍的结构类型和一般特点，同时也具有自身的特殊性，主要表现为，武陵山民族地区乡村人才队伍规模更小，人才成长的环境和过程更复杂更缓慢，人才流失问题更严重，对乡村人才振兴的需要更为迫切。这些问题将在后面章节论述。

三、民族地区乡村人才振兴的重要意义

加强新时代农业农村人才队伍建设，是促进农业全面升级的现实需要，是推动农村全面进步的客观要求，是实现农民全面发展的重要举措，意义十分重大。做好新时代农业农村人才工作，要始终坚持乡村人才振兴这个目标，推进人才强农战略，用人才发展引领事业发展。

1. 民族地区乡村人才资源是第一资源

国以才立，政以才治，业以才兴。在任何时候，人才都是经济社会发展的重要元素，在新时代，人才更是第一资源。实际上，人才的作用，在各个地区各个领域各个单位中都表现出了自身的创新创造作用，组织管理和牵引带动的作用。21世纪是科技的天下，是人才的天下，人才优势是最有潜力、最可依靠的优势，谁抢占人才制高点，谁就掌握发展主动权。邓小平同志曾说"科技是第一生产力"，习近平总书记在党的二十大报告中指出，"深入实施人才强国战略，培养造就大批德才兼备的高素质人才，是国家和民族长远发展大计。"[①] 有了人才，才有科学，才能谈创新进步，谈发展。我国人口基数大，人力资源丰富，我们必须充分利用丰富的劳动力资源，让人口资源转化为人才资源。事实上，武陵山民族地区经济社会发展的实践中，特别是在脱贫攻坚和全面建成小康社会的进程中，充分显示了人才的作用。从乡村基层干部、农民合作社负责人、种养大户，以及各类农村实用人才在民族地区发展中都发挥了牵引带动作用，彰显了农村人才在民族地区第一资源的地位和作用。因此，加强民族地区人才队伍建

---

① 习近平：《高举中国特色社会主义伟大旗帜　为全面建设社会主义现代化国家而团结奋斗——在中国共产党第二十次全国代表大会上的报告》，人民出版社2022年版，第36页。

设，大力开发人才资源，最广泛最充分地把乡村人才的积极性创造性调动起来，把各类人才的智慧和力量凝聚起来，对民族地区走好新征程，走向共同富裕，实现乡村全面振兴，具有决定性的意义。

2.民族地区需要乡村人才振兴

经济社会发展阶段理论告诉人们，自然经济、农业经济和工业经济中的第一资源分别是自然条件、土地和技术资本，而在知识经济时代，人才资源是第一资源。特别是随着经济全球化进程加快，科技进步日新月异，一个国家的科学文化水平日益成为提高综合国力和整体竞争力的决定性因素，人力资源更是促进社会经济发展的一种战略资源。我国农民的整体素质仍然偏低，只有注重加强农村实用人才队伍建设，培养和造就数以亿计的高素质劳动者，数以百万计的专门人才和一大批拔尖创新人才，以满足社会经济发展的客观要求，才能提高农业科技创新能力，改变经济发展方式，促进经济又好又快发展。

民族地区农村人才振兴是乡村振兴的需要。一方面，民族地区乡村全面振兴需要通过乡村人才振兴来实现。乡村可以通过加强人才队伍建设，造就一批有技术懂经营的新型职业农民和实现乡村产业发展和振兴的经营管理人才和农村实用人才队伍；培养一批能够熟知和谐文化内涵的实用人才，一批能够积极推动和谐文化发展的领导者，一批能够积极投身于和谐文化建设的先行者；培养乡村建设和治理人才队伍。另一方面，加强民族地区人才队伍建设，实现乡村人才振兴，是破解新时代民族地区乡村发展瓶颈的需要。比如，新兴产业的发展，电商人才、文旅人才、特色农业特色产业人才、经营销售人才等，都出现了短缺，人才空心化问题也十分突出。民族文化将面对更大的挑战，特别是受到现代文化的冲击，保存和传承民族地区优秀的传统文化，解决后继无人的尴尬局面，就必须培养一批优秀的少数民族文化人才和后备人才，诸如此类。因此，新时代民族地区乡村振兴，必须加快培养和引进人才，扩大人才队伍规模，优化人才结构，提高人才队伍的质量，充分发挥各类人才在乡村振兴中引领和带头作用。

3.乡村人才振兴是武陵山民族地区高质量发展的要求

当今国际竞争是综合国力的竞争，在综合国力竞争中又是技术和人才的竞争。在百年未有之大变局和新征程新任务多种因素交织叠加的背景和要求下，武陵山民族地区也不能置身于外，必须参与这场竞争之中。武陵山民族地区已经整体脱贫，全面实现小康，经济发展有了初步的积累，发展也到了质量效益的阶段。在新发展阶段和新发展格局背景下，武陵山民族地区乡村发展必须适应"二新一高"的要求，要通过供给侧结构性改革来增强市场竞争力，增加农业产品科技含量，实现产品质量好、成本低、竞争力强、经济效益和生态效益好的高质量发展。为了适应乡村高质量发展的要求，就需要有适应这些变化要求的各类乡村人才，而只有加强乡村人才队伍建设，才能为高质量发展提供生产、经营、管理、服务所需要的各类人才，形成具有一定规模数量和质量水平的乡村建设人才队伍，推进乡村的全面振兴。

第二节 武陵山民族地区乡村人才队伍建设状况分析

改革开放以来，随着民族地区农村生产力发展和生产关系调整，武陵山民族地区各类乡村人才不断涌现，形成了一个涉及生产、经营、加工、治理、服务等领域的人才体系，特别是一大批农业实用人才脱颖而出。这些人才在生产示范、技术指导、产业引导、带领农民走向市场、带动农民增收致富和促进农村繁荣稳定等方面，都发挥了不可替代的重要作用。

一、乡村人才队伍的构成

人才的产生和成长，人才结构都有其自身的土壤和条件，而武陵山民族地区乡村人才的成长也大抵如此。一方面，由于民族地区交通不便、信息闭塞的自然环境，生产力水平低，教育文化相对落后的经济社会发展环境，以及原有人才基础薄弱等因素的影响，其人才的生长受到了极大的限制。另一方面，改革开放之后，随着交通信息条件的改善，市场经济的发展，乡村建设的实施，农业产业结构的调整，以及社会交往的频繁和农民脱贫致富内在要求，推动了具有民族地方特色的乡村人才队伍不断壮大，人才结构也呈现出由单一人才类型向多种人才类型的转变、由低层次的人才类型向较高层次人才类型的转变的特征。正是由于武陵山民族地区的自然环境、资源禀赋、文化个性，以及经济发展程度的差异，导致其人才规模、人才分布、人才的功能和作用的差别，造就了现实态民族地区多样化的农村实用人才类型，形成了包括生产、经营管理、技能、科技服务、治理等在内的乡村人才队伍体系。

1. 乡村生产型人才

这是直接从事农业生产，在生产中具有特殊技能的人才，主要包括种植业人才、养殖业人才、农产品加工人才。这类人才一般对文化、技能要求不高，往往以经验为基础，在生产过程中逐步成才。在民族地区农村实用人才队伍中，生产型人才所占的比重最大，他们一般活跃在种养、林果、茶叶等生产领域，成为农村经济发展的领头人。根据《恩施州优秀农村实用人才选拔管理办法》规定，农村种植能手是指那些积极应用新品种、新技术、新成果进行农业标准化生产，经济效益明显的生产者。其种植规模50亩以上，年生产粮食2.5万公斤以上；或生产油料、茶叶、干鲜果、蔬菜、魔芋、食用菌、药材及其他经济作物年收入不少于10万元；或在同等条件下，单产超过本村平均水平30%以上，本户的年人均纯收入是本村农民人均年纯收入的3倍以上。养殖能手：积极应用养殖新技术，推广优良品种，发展养殖业，并取得明显经济效益。年出栏生猪500头以上或年养殖禽类2万只以上；或生产肉牛、肉羊及其他特种养殖，年收入在20万元以上；水产养殖规模在30亩以上或网箱养殖200平方米以上，年收入在10万元以上。加工能手：依靠科技和传统工艺，专门从事特色农产品加工业，有主导产品，年加工产值50万元以上，加工能力可以辐射本乡（镇）大多数村。按照这个标准，2008年底恩施州有生产型人才27010人，占人才总量的35.5%。

2. 乡村经营管理型人才

这是以知识、技能、管理集一身的农村复合型实用人才，主要包括农村企业经营者、农村经纪人、农民合作经济组织的负责人等。在民族地区农村经营管理人才队伍中，有的从事涉农企业经营，有的则从事非农性生产经营，但共同点就是具有一定的经济基础和经营管理能力，而且具有较强的示范带动作用。民族地区农村经营管理型实用人才的存在，不仅丰富了农村实用人才类型，扩大了产业空间，提升了产业高度，促进了当地经济的发展，而且还为农村提供了大量就业机会，为当地农民增加收入作出了重要贡献。但是，因农村经营管理类实用人才的综合素质和条件要求比较高，导致其在民族地区实用人才队伍中所占的比例比较低。比如，恩施州规定，农民专业合作经济组织带头人的条件是：入社社员不少于100户的各类专业合作经济组织中业绩突出的骨干或负责人。农村经纪人的条件是：从事信息、中介、咨询服务、产品营销工作，带动农民闯市场，帮助当地农民外销农产品，年销售额在100万元以上。显然，在民族地区农村能够达到这样的条件的人毕竟是少数，而民族地区农村可持续发展需要的恰恰是这类人才。因此，加强民族地区经营管理实用人才的培养则显得格外重要。

3. 乡村技能型人才

这是以自身的技能专长为连线，实现自己发展并带动其他人致富的乡村人才。主要是指农村能工巧匠和在加工业、制造业、建筑业、服务业等方面具有较高水平的技能或特长，能带动其他农民掌握该技术或进入该行业，在自身获得一定经济收入的同时，为当地的农村经济发展作出贡献的人员。这类人才在民族地区集中在一些手工业生产，特别是在具有民族文化方面的手工制作上，而且人才的成长模式大多数具有传帮带性质的。比如，恩施州规定，能工巧匠型人才，拥有一门以上的特长或技能，并以此为业；带动10人以上进入该行业，或向其他农民传授本人所掌握的技术；善于吸纳和利用现代科技充实自己，不断将民间技艺转化为生产力，并取得明显的经济和社会效益。

4. 乡村服务型人才

这是指有一定的技术知识和技能，有理论与实践知识的农村技术人才。主要包括农业技术员、农机服务人员、农业养殖技术人员等。在民族地区农村，由于自然地貌、资源和产业特色，农业技术员、农业养殖技术员在技术服务型人才队伍中的比例较大，而农机服务人才相对少。

此外，在武陵山民族地区的乡村人才队伍中，还包括教师、乡村医生、文体类等各种专业技术人才，这部分人才是民族地区教育文化等社会事业发展的中坚力量。还有"三农"工作干部队伍，这是乡村振兴的组织者、社会治理者。由于民族地区经济社会发展相对落后，资源禀赋和产业特点，人才资源等因素制约，在民族地区农村实用人才队伍中，仍然以生产型人才居多，而技能带动型、技术服务型人才、经营管理型人才需求量大，其缺口也大。从恩施州8县、市的农业人才资源抽样统计调查推算，2008年底，恩施州农业实用人才总数为7.6万人，从业结构，生产型人才27010人，占总量的35.5%；经营型人才6918人，占总量的9.1%；科技服务型人才16902人，占总量的22.2%；技能带动型人才25227人，占总量的33.2%。所以，对上述四类实用人才的全面培养和重点突破，形成规模大，结构优化的实用人才队伍则是民族地区农村人才队伍建设亟待解决的问题。

二、乡村人才队伍的建设实践

在武陵山民族地区，人才的地位和作用越来越被重视，在乡村振兴实践中各类人才也不断涌现，地方政府、村组织都参与乡村人才队伍建设，农民群众也力争成才。许多地方政府、村组织采取许多优惠政策，招贤纳士，大量吸引域外人才。尊重人才、重视人才、使用人才已经成为武陵山民族地区乡村人才队伍建设的新气象。

1. 重视乡村人才的培养培训

对乡村各类人才的培养是武陵山民族地区实现乡村人才振兴的普遍做法。由于民族地区发展特色经济和新产业新业态的兴起，需要生产、技术、管理、营销等方面的人才，而这恰恰是民族地区人才的软肋和短板。因此，为了适应民族地区产业和经济社会发展的需要，就必须培养人才。因此各级地方政府十分重视乡村人才的培养和整个队伍的建设，制定和实施了许多支持性的政策，采取扶持举措，在贵州省铜仁市，就把抓实农村人才培训作为蓄足活水的源泉。铜仁市按照"市级重点培训、县级普遍培训、乡镇兜底培训"的模式来培养培训乡村人才，强化顶层设计，充分整合培训资源，按年度制定培训工作方案，编印农村综合改革人才培训《典型案例》《应知应会》《政策解读》三本培训配套学习手册，组建培训团队，明确培训时间和课程，合理分配培训名额，采取"理论授课+典型分享+座谈交流+实地教学"的模式，创新双向学习机制，用活铜仁智慧党建云平台优势，创新建立网络学院，开设学院资讯、党员选修、党员必修、培训班、培训课件库、理论测试等栏目，进行全方位、多角度、深层次学习培训，推动实现高质量培训的目标。湘西州还立足实际，围绕落实"十四五"规划、全面推进乡村振兴，出台《湘西自治州"乡村育才聚才行动"实施方案（2021—2025年）》，制定了州级人才计划管理办法、人才发展专项资金管理办法、专家工作站认定管理办法等配套措施26项，编制《湘西州人才新政16条》，构建了符合湘西实际的人才支持体系。根据《湘西自治州"乡村育才聚才行动"实施方案（2021—2025年）》《湘西自治州青年创业英才支持计划实施办法》等文件精神，湘西州实施了一系列乡村人才振兴行动计划。用190万扶持资金，实施乡村振兴青年英才返乡创业支持计划！更好引导支持优秀青年投身乡村振兴一线建功立业。实施"头雁工程""归雁工程""育雁工程"来选拔和支持乡村人才。对乡村人才的重视不仅是各级政府，从当地农民来讲，也认识到了乡村人才对他们生产经营的重要性。根据我们抽样调查的300多份问卷显示，有32%的村民表示当前民族地区农村最需要的是农业产业带头人带领他们来搞好农业生产，有34%的村民表示希望有相关的技术人才来帮助他们提升自己的农业生产技能。

2. 依据乡村需要重点培养乡村人才

实施乡村振兴战略，人才是关键，尤其是乡村治理人才、创新创业人才、乡村本土人才这三类人才。由于民族地区人才队伍建设所涉及的知识内容十分广，需要对民族地区人才队伍建设的认知情况、重点需求进行调查，了解情况，根据需要，有针对性地培养培训。培养乡村"头雁型"人才，村干部、合作社负责人、种养能手等。这些人才能够在乡村振兴中发挥牵引带动示范的"头雁"作用。武陵山民族地区缺少的就是这类人才。铜仁市针对乡村治理人才和基层干部后继乏人的情况，重点培养乡村治理人才。明确2432名基层干部结对帮带1216名村级后备力量，从2020年起，用3年时间，有计划分层次高质量把两委一队三个人、村级后备力量等"八类"农村重点人才普遍轮训一遍，着力为基层党组织发现培育储备一批后备干部，夯实基层党建助力乡村振兴。截至目前，连续组织培训

21期，完成培训3162人。恩施州利川市在全市选拔年富力强，懂农村、知基层，忠诚担当干净的"三农"干部队伍。高度重视村（社区）"两委"班子成员培训，持续开展农村"领头雁"培养工程。全面研判当地的致富带头人、退役军人、经商能人、返乡大学生、乡村医生和教师等人员，吸引优秀人才进入村"两委"班子，打造一支"自身有才、善于发展"的村级干部队伍。统筹好乡村振兴帮扶队伍，积极选派优秀专业技术人才助力乡村振兴。2021年先后选派40名优秀教师到乡镇学校挂职锻炼，20名科技特派员到重点村开展科技助农，40名律师到462个村开展法律援助，481名干部到脱贫村、乡村振兴重点村等146个村任职，35名村级后备干部到乡（镇）政府挂职锻炼。利川市还抓实抓好新型职业农民、乡土人才、致富带头人等培训，培育壮大乡村振兴生力军。2021年以来，开展"村花"培训500余人次和各类职业技能培训2363人次，就地培养新型职业农民1500余人次、乡土人才3000多人次。[①]

3. 大力引进外来人才

栽好梧桐树，引得凤凰栖。聚乡村振兴的"贵鸟"，精准引才，这是武陵山民族地区实施乡村人才振兴的又一成功做法。把本土化培养土专家与外聘专家，以及吸引新乡贤下乡结合起来，发挥外来专家的帮扶作用，带动本土人才的成长。利川市实施"双招双引"工程，就是引进知名专家，举办"荟萃英才·利纳百川"高层次人才交流活动，将一批国务院特殊津贴专家、博士生导师、高级工程师、艺术家等纳入利川市"候鸟"人才库，出台《关于充分发挥"候鸟型"人才作用的意见》，建立"候鸟"人才工作站12个，"候鸟"人才工作室10个，60名各领域高端"候鸟"人才受聘担任利川市各单位专家，实现校地在科技研发、产业服务和人才培养等领域互利互惠。湘西州以专家工作站（室）、研发中心（基地）等为平台，

---

① 王宇飞：《恩施利川：吹响人才服务乡村振兴的"集结号"》，《党员生活》2022年第3期。

以科技攻关、推广服务、培训带徒等活动为载体，采取市场化引才、专家荐才等方式柔性引进人才，建立了专家工作站，创建院士领衔的湘农大茶产业研究院，18批49名中央博士服务团成员来州挂职，200多名博士、教授与州内企事业单位开展产学研合作，1100多名科技特派员、三区人才在乡村振兴一线建功立业。引才育才"三个一批"赋能乡村振兴。

与此同时，利川唤乡村振兴的"归鸟"，就地取才。连续召开四届"利川人"大会，号召利川籍在外成功人士回乡创业，带动一批产业人才回归，共募捐400万元资助教育事业，50名利川籍民营企业家筹资15亿元回乡带领群众发展乡村民宿旅游和特色农业基地，带动附近5000多名村民就近就业。① 除了按需招"专才"，柔性引"高才"，湘西州还瞄准需求，就地育"土才"。湘西州加大实用技术人才培养力度，定向培养特岗教师、公费师范生、乡村医生、农技特岗生、农民大学生3700余名。立足乡村振兴人才需求，选派州、县人才赴乡村"墩苗"，160名优秀中青年干部到乡镇任（挂）职，521名优秀骨干教师、322名骨干医生下乡支教支医，287名县级及以上涉农单位新进农技人员驻村服务，4613名干部组成1798支乡村振兴工作队进村帮扶，推动形成各类人才踊跃投身乡村振兴火热实践的生动局面。湘西州着力打造湘西人才集聚"强磁场"，打好人才"组合拳"，做大人才"蓄水池"，启动人才"新引擎"，优化人才"好生态"，以人才优势争创高质量发展胜势。

4.加大对返乡创新创业人才的支持

随着乡村振兴战略的推行，党和政府农业农村好政策的实施，武陵山民族地区出现农民工返乡创业、新乡贤返乡投资的新气象。对此，政府给予了高度重视和大力的支持。2022年印发恩施州支持高校毕业生就业创业十条措施的通知，鼓励人才到恩施创业就业，建功立业，特别鼓励到乡

---

① 王宇飞：《恩施利川：吹响人才服务乡村振兴的"集结号"》，《党员生活》2022年第3期。

村就业。

第一，落实创业补贴政策。对毕业5年内的高校毕业生，在州内初次创办小微企业、个体工商户、民办非企业单位、农民专业合作社等，经营6个月以上且带动就业2人及以上的，给予5000元的一次性创业补贴。对在校大学生及毕业5年内的高校毕业生初次创业并入驻孵化器的创业实体，给予每平方米每天1元的场租、水电费用补贴，对每平方米每天场租、水电费用不足1元的据实补贴，补贴面积不超过50平方米，补贴期限不超过3年。

第二，加大创业培训力度。大力实施创业培训"马兰花计划"，对毕业学年大学生参加创业培训的，按培训类别分别给予300元、1200元、1500元的创业培训补贴。持续举办"马兰花"创业培训讲师大赛、"硒创汇"、"创立方"、"宜荆荆恩"等各类创业赛事活动。建立大学生创业导师库，鼓励对大学生创业项目进行"一对一"创业实践辅导，培育更多优质高校毕业生创业项目。

第三，服务人才。恩施大峡谷风景区管理处开展"暖心服务，筑巢引凤"，营造良好营商环境，打造优质"店小二"服务，让"候鸟"人才也在恩施大峡谷风景区管理处找到"归宿"，让更多的人才到大峡谷创业，成为乡村振兴的"新引擎"。对乡村人才采取"店小二"的服务，就是对创业人才业务上支持，政治上培养，生活上关心。为创业者提供了扶贫车间，并组织专班为工厂复产提供服务。比如，帮助返乡人才的刘荣军把发展高山蔬菜作为定位，吸纳他入党，并作为高台村的后备干部进行培养，同时，摸清乡贤能人底数，发放乡贤能人一封信，召开乡土人才座谈会，走出去以商招商，30多位本土人才返乡投资兴业，10多位"候鸟"人才在恩施大峡谷风景区管理处找到"栖息之地"，400多家各类市场主体"遍地开花"。湘西州设"归雁工程""育雁工程"来选拔和支持乡村人才，并将人才发展专项资金作为财政投入的重点领域优先保障。在近年财政支出压缩收紧的情况下，资金规模增至 3000 万元。湘西州还评选"武陵人才"，在州委人才工作会议上进行表彰，给予工作补助、发放人才绿卡等优待政策，全方位展示宣传，营造爱才敬才的浓厚氛围。

此外，武陵山民族地区还在创新人才工作体制，精准服务人才，以事业留人、感情留人、待遇留人、环境留人，为人才服务解忧难，搭建平台助人才出彩等方面有务实之举。此外，武陵山民族地区还在创新人才工作体制，精准服务人才，以事业留人、感情留人、待遇留人、环境留人，为人才服务解忧难，搭建平台助人才出彩等方面有许多务实之举。正是武陵山民族地区党和政府在乡村人才工作中，充分践行关心人才、服务人才、成就人才的宗旨，才聚集起源源不断的人才优势，并转化为澎湃不竭的发展优势，奋力书写无愧于时代、无愧于人民的绚丽篇章。

第三节　武陵山民族地区乡村人才队伍存在的问题分析

由于人才结构是人才整体的各个要素之间的构成及比例，它包括了人才的总体规模、人才整体中要素的数量、人才整体中要素的配置，以及各要素在人才整体中的地位和作用等方面内容。人才结构可分为人才个体结构和人才群体结构，前者是人才个体内部诸要素的组合联系方式，是人才个体的德、才、学、识、体等要素组合而成的有机统一体，包括人的知识结构、智力结构、能力结构等；后者是人才群体中个体人才的组合联系方式，是由两个或两个以上人才个体按一定的层次、序列和比例组合成的有机统一体，包括人才群体的专业结构、知识结构、智能结构、年龄结构等。本文对民族地区人才结构的分析，侧重于整体结构分析，但对个体结构也附带进行了分析。按照人才结构理论，观察分析民族地区人才结构从整体结构看，不难发现在民族地区乡村人才队伍结构上还存在着规模不大，年龄、性别、学历、从业等要素构成不合理的问题，在个体人才结构方面存在着实用人才知识、能力不强和参差不齐的问题。

一、乡村人才队伍规模不大不强

人才队伍规模的大小既是民族地区经济社会发展的需要，又是其经济社会发展的重要标志。随着民族地区农村市场经济的发展，农村经济结构的调整，以及政府的扶持，民族地区乡村一大批新型实用人才脱颖而出，并在示范农业技术、引导农业产业结构调整、带领农民走向市场、带动农民脱贫致富和促进农村繁荣稳定等方面发挥重要作用。但是，由民族地区自然、历史发展的天然局限性，加之产业落后，贫困人口多，教育文化落后，劳动力整体素质低等多种因素的影响，致使农村实用人才历史库存少，现实成长缓慢，难以满足经济社会发展对人才的需要。以恩施州近几年农村实用人才变动数据为例，2007年恩施州农村人才有52853人，占农村劳动力的1.55%。到2008年底，恩施州各类农村实用人才总量达到76057人，占农村劳动力的2.24%，到2011年，恩施州农村实用人才有9.7万，占农村劳动力的2.85%。按照恩施州中长期人才发展规划，预计到2015年农村实用人才达到12.7万人，这也仅占农村劳动力的3.74%。根据2012年对恩施州咸丰县农村实用人才的最新调查，全县人口38万，其中农业人口34.36万，实用人才仅1502人，仅占农业人口的0.44%。这些数据对比来看，它反映了民族地区农村实用人才规模不大，增长缓慢，供需矛盾突出的现象和问题。因此，扩大人才规模，加快培养农村实用人才则显得十分重要。

二、乡村人才总体质量不高，结构不甚合理

人才结构的构成包含"质"与"量"的元素。人才结构的"质"综合体现在人才个体与人才群体的健康状况、道德品质、知识水平、生产技

能、创新能力等方面，这是与地区和个人的经济发展、教育水平、个人努力等联系在一起的。人才结构的"量"则主要反映在人才的规模大小，以及在不同地区、不同职业类别、不同社会阶层、不同产业部门之间的分布状况。人才结构的"量"分布与构成主要受经济结构、市场配置、人才政策、用人机制和体制等因素的影响。年龄结构、性别结构、学历结构和从业结构则是人才结构中关键性的指标，是对人才素质综合的评价，可以反映人才分布的特点和规律，体现一个地区人才结构的合理程度和优化状况。目前民族地区乡村人才存在的质量和结构问题主要表现为：

1. 乡村人才性别结构有待调整

在民族地区，人才在性别结构上依然是男性占主导，女性从属。这种现象在非民族地区也存在，但武陵山民族地区的特殊文化和自然特点更凸显了这种性别的失衡。2008年恩施州有农村实用人才76057人，其中男性58468人，占77%，女性17589人，占23%。2012年对恩施州咸丰县实用人才有1502人，性别构成为男性1377人，占91.6%，女性125人，占8.4%。由于很多男性喜欢外出务工，部分农村实用人才并未真正或没有完全从事涉农产业，这就造成乡村人才的部分流失，导致人才的统计数据与实际发挥作用之间的差别。

2. 乡村人才年龄结构有待年轻化

根据对2008年恩施州76057人农村实用人才中年龄结构的分析，民族地区实用人才队伍年龄呈橄榄球状，即老人和年轻人少，中年居多。其中41岁以上的有20933，占实用人才总量的40%，16至20岁2180人，占0.03%；21至30岁8565人，占11%；31至40岁28517人，占37%；41至50岁26348人，占35%；51至60岁10447人，占14%。从上述数据可以看出，年龄大和年龄小的占少数，而占绝对多数人才是40—60岁这个年龄区，两项占49%，而31—40岁的也是主体，占37%，但16—30岁之间的实用人才只有11.03%。实际上，40—60岁段的实用人才一般是经验型人才，大多在种养业，而真正具有现代农业意识、经营意识、市场意识的是 20—40 岁之间的群体中。这个年龄区间的人，在学历结构上一般在高中及以上文化程度；在从业方面，很多人有外出打工的经历；从个人素质和能力看，大多具有一定的知识、技能，能够运用计算机和网络，视野开阔，有求新创新精神，这部分人才是真正的新型农民，是农村实用人才的主体力量。政府需要在政策、制度、体制上让这部分易外流的农村实用人才在比较效益中自觉留下来，成为当地经济社会发展的骨干或领头人。

3. 乡村人才学历有待提高

学历在一定程度上代表着知识和素质，在民族地区农村实用人才队伍中，普遍存在着低学历的现象。从恩施州 2007 年农村实用人才队伍学历结构来分析，在 2007 年农村实用人才 52853 人中，初中及以下学历人员有 20453 人，占 39%，高中学历人员 28230 人，占 53%，两项相加占实用人才总量的 92%。而 2008 年全州农村实用人才 76057 人中，小学文化程度 10189 人，初中文化程度 34065 人，高中及中专 30498 人，大专及以上 1305 人，分别占 13.4%、44.8%、40.1%、0.2%。2012 年恩施州咸丰县各类实用人才 1502 人，大专以上的有 39 人，中专（高中）有 577 人，初中及以下有 886 人。这种低学历的结构，影响了人才综合素质的提高，限制了人才的视野和发展空间，从而也制约了人才队伍的成长及从事的事业产业的可持续发展。

4. 乡村人才从业层次有待提高

从业结构是指农村实用人才所从事的产业和人才的归属划类。从理论上讲，农村实用人才的素质与所受教育相关联，而学历与从业种类及收入关联，这构成了一个密切的关系链。由于民族地区农村实用人才学历结构总体偏低，在从业结构上则表现为简单的、低知识技术含量的实用人才多，而集技术和管理于一身的复合型人才则不足，乡村人才从业结构低层化和不合理。2008年在恩施州76057名农村实用人才中，生产型人才27010人，占总量的35.5%；经营型人才6918人，占总量的9.1%；科技服务型人才16902人，占总量的22.2%；技能带动型人才25227人，占总量的33.2%。上述数据反映了民族地区农村实用人才队伍中学历知识水平。与此相适应的是，在从业结构上对综合素质要求相对低的，技术含量不高的种植、林果、养殖等生产型和技能带动型的人才比重大，两项合计占68.7%。相反，具有一定的知识、技术、经营和创新能力的复合型经营人才，以及具有一定专业知识和技能的技术服务型人才则相对缺乏，仅占31.3%，特别是在市场竞争中具有知识、技术和经营才能的复合型经营人才，才占9.1%。这种比例在新时期也没有多大的改变，根据2012年对恩施市咸丰县实用人才的最新调查显示，全县各类实用人才1502人中，其中生产型534人，占35.6%；经营型212人，占14.1%；技能劳动型191人，占12.7%；科技服务型143人，占9.5%；社会服务型387人，占25.8%；其他35人，占2.3%。由此可以得出这样的结论，民族地区乡村人才的从业结构，是其综合素质的反映，同时又决定其工作性质的技术含量，以及收益的差别。一般来讲，经营型和技术服务型的职业对学历和知识要求高，因而其从业的技术和附加值也就相对高，个人的收入也就高一些。

三、乡村人才供需矛盾突出

随着武陵山民族地区经济社会发展、市场竞争、教育培训，以及农村劳动力的流动，民族地区农村实用人才队伍呈现出规模不断扩大与需求不断增加的现象，人才总量供需矛盾和结构性供需矛盾突出的问题。以恩施州为例分析。

从总量供需分析。恩施州有397.61万人，对一个农业生产州来讲，7万多的农村实用人才队伍规模远远不能满足农业农村发展的需求。根据2011年恩施州农村农业各类实用人才分布现状及需求预测，在"十二五"

期间，农村实用人才需求量大，缺口也大。在 2008 年该州农村实用性人才仅 7.6 万人，预计到 2015 年，恩施州农业实用人才总共需要 12.7 万人，总缺口 5.1 万人，其中，需要生产型人才 4.7 万人，缺 2.0 万人；需要经营型人才 1.0 万人，缺 0.3 万人；需要科技服务型人才 2.6 万人，缺 0.9 万人；需要技能带动型人才 4.5 万人，缺 1.9 万人。到 2020 年，恩施州农业实用人才总共需要 20.4 万人，其中生产型人才 8.3 万人，经营型人才 2.0 万人，科技服务型人才 3.2 万人，技能带动型人才 6.9 万人。而总缺口 12.8 万人，其中缺生产型人才 5.6 万人，缺经营型人才 1.3 万人，缺科技服务型人才 1.5 万人，缺技能带动型人才 4.4 万人。

从结构性供需分析。在民族地区农村实用人才总量缺乏的同时，也存在着结构性的失调问题。在实践中，一般技能型的人才多于经营型和技术服务型人才，农民在发展中需要经营管理方面的带头人和技术服务。从上述资料中可以看到，民族地区农村发展中对综合素质高，市场驾驭能力和创新能力强的经营型和技术服务型人才需求量大，但缺口也比较大，特别是在市场竞争中具有知识、技术和经营才能的复合型人才更少。从其他民族地区的农村实用人才的现状也佐证了这一结论。比如，在延边朝鲜族自治州 8 个县市 1075 个行政村中，有农业人口 72 万人，农村实用人才 28585 人，农村生产能手、种植能手、养殖能手、捕捞能手、加工能手占实用人才总数 46%，而经营能手，包括企业经营人才、农村经纪人、农民合作经济组织带头人，仅占实用人才总数的 11%。[1] 这种人才结构揭示了一个这样的道理，就是在扩大民族地区农村实用人才规模的同时，应重视结构的优化，特别是对那些对地方农民生产具有带动和引领作用的产业及经营型人才需要重点培育和扶植。

---

[1] 沈万根：《对少数民族地区农村实用人才队伍建设的几点思考——以延边朝鲜族自治州为例》，《延边大学学报》2010 年第 4 期。

第四节　进一步加强武陵山民族地区人才队伍建设

民族地区乡村人才建设工作是一个必须立足于长远的系统工程，完善政策是关键，组织健全是基础，经费落实是保障，措施到位才能真正取得实效。我们深刻认识新时代加强农业农村人才队伍建设的重要意义，切实增强做好人才工作的责任感使命感，围绕乡村人才振兴目标，坚定不移地推进人才强农战略，做好新时代农业农村人才工作，不断强化乡村振兴的人才支撑。根据 2021 年中共中央办公厅国务院办公厅印发的《关于加快推进乡村人才振兴的意见》中提出的"加快培养农业生产经营人才、加快培养农村二三产业发展人才、加快培养乡村公共服务人才、加快培养乡村治理人才、加快培养农业农村科技人才"的五个重点要求[1]，结合武陵山民族地区人才供给的实际，主要采取以下举措。

一、提高对民族地区乡村人才的认识

推动乡村全面振兴，关键靠人，从民族地区农村实用人才队伍的结构分析看，人才总量不大、供应不足、结构不优、竞争力不强是其农村实用人才队伍建设中的共性问题，也是制约民族地区农村实用人才队伍建设的瓶颈因素。因此，从现实和未来发展的角度考察，要发展民族地区经济，发展现代农业，真正建成社会主义新农村和实现共同富裕，就必须建立一支数量大、结构优、竞争能力强的乡村人才队伍。为此，对这支队伍的扩容、调整、优化则是一个亟待解决的问题。

---

[1]　规划实施协调推进机制办公室：《乡村振兴战略规划实施报告（2018—2022）》，中国农业出版社 2022 年版，第 266 页。

1. 增强民族地区乡村实用人才队伍建设的自觉

民族地区乡村人才队伍的建设，首要的是认识问题，无论是党政机关、干部群众，都应该认识到农村实用人才在民族地区经济社会发展中的地位和作用。党和政府要重视农村实用人才队伍建设，广大农民要自觉地学习和争当人才。要充分认识到民族地区农村人才队伍的建设，不仅是落实国家人才规划纲要，农民增收需要，而且是关系到全面建成农村小康社会，实现农业农村可持续发展的战略问题。因此，要加大对农村实用人才培养重要性和农村典型人才的宣传报道，对先进的农村人才的鼓励和褒奖，要树立榜样，形成全社会尊重农村人才的意识和氛围。

2. 营造乡村人才成长的良好环境

习近平总书记指出，要大兴识才、爱才、敬才、用才之风，为科技人才发展提供良好环境。要大力营造勇于创新、鼓励成功、宽容失败的良好氛围，为人才发挥作用、施展才华提供更加广阔的天地，让他们人尽其才、才尽其用、用有所成。武陵山民族地区乡村人才不仅少，成长困难重重，由于大多是体制外的人才，缺乏制度性的优惠和保障，有的则面临着市场竞争成败的压力。因此，必须按照总书记的要求，要营造乡村人才成才的环境，让人才受到尊重，让人才得到实惠。既要用舆论和荣誉营造环境，又要用关爱帮助营造环境。充分发挥各类媒体和网络媒介的作用，大力宣传乡村人才工作政策、各地好经验好做法、各类优秀人才的典型事迹，努力在全社会营造识才、爱才、敬才、用才的良好氛围。比如，"十佳农民""十佳农技推广标兵"等资助项目遴选等，都能够激发亿万农民成才，激励现有的乡村人才的积极性创造性，发挥更大更好的作用。

3. 搭建乡村人才成长的平台

由于民族地区经济文化发展相对落后，乡村人才成长比非民族地区有更多的困难。因此，在民族地区乡村人才培养上，政府要搭建乡村人才成长的平台，充分发挥政府的扶持和引导作用。第一，要建立教育培训平台，提高其综合素质。要通过举办文化教育、农业技术培训、创业培训、参观考察等活动方式，培养一批有知识、懂技术、会经营的各类农村实用人才。农村专业技术人才课堂前移，一线培训和补助投入力度要加大，能够方便更多的农民参加教育，提高生产技能。同时，要发挥乡村人才在民族地区经济社会发展中的引擎作用，在农民致富中发挥示范带动作用，使他们起到"种子"的作用，在实践中再去培养和带动更多的乡村人才，形成"滚雪球"的效应。第二，搭建创业平台，支持乡村人才创业。由于民族地区农民收入的原因，在发展过程中普遍存在资金、技术短缺问题，因而政府应该在小额贷款、技术服务、税收政策、项目支持、场地提供等方面大力扶持，积极帮助。比如引导他们创办企业和农民专业合作社，从而培养和带动更多的乡村人才成长。第三，积极引进和重视乡村人才。少数民族地区要建立和完善农村实用人才引进机制，积极鼓励、支持农业技术人员分流领办、创办各类科技示范基地，形成样板，做给农村实用人才看，带着农村实用人才干。

4. 坚持扩大乡村人才规模和优化结构同步进行

由于民族地区自然和历史的因素，乡村人才原本缺乏，因而培养和造就一定数量和规模的人才，则是十分必要的。一方面，如果没有一定数量的乡村人才，一是难以满足现实农村发展的需要，二是难以产出、培养出优秀的人才和科学合理的人才结构。另一方面，在具有一定数量的人才队伍之后，还必须对这些人才进行必要的调整组合，从质量、结构等方面保证人才队伍与当地产业项目开发需求相协调，与关键的人才培养相一致，真正做到规模与结构的有机统一。要针对民族地区乡村人才队伍结构中的多个问题，应从实际需要抓重点、抓关键，有意识、有计划、分步骤进行调整优化和建设。从民族地区的区位优势、自然物种和生态条件来看，要针对民族地区农村普遍具有的林果业、畜牧业、茶叶等产业特色和产品，发展特色畜牧业、特色林果业、特色茶叶产业、特色蔬菜产业的优势重点

第五章 人才振兴：武陵山民族地区乡村振兴的关键

培养种养人才、经营管理人才、农民合作经济组织的带头人、市场经纪人以及养殖、种茶能手等。对民族地区乡村人才的培养，还必须有步骤地进行。通过简单的种养、技术和市场的探索、信心的确定，到逐步成立农民合作经济组织，适度扩大生产经营规模，再到农业林特产品的深加工。在这个由简单到复杂、由低到高的生产过程中，来孵化、培养、成长和成就一批不同类型的农村实用人才。《武陵山区发展规划》第七章就业与农村人力资源开发，提出了实施"雨露计划"：引导和鼓励贫困家庭新生劳动力继续接受高、中等职业教育或一年以上的技能培训；组织贫困家庭青壮年劳动力参加以取得初、中级职业资格证书为方向的就业技能培训；培训贫困农民各种实用技能，扶持他们参与当地特色产业发展的能力；以提高科技素质、职业技能和经营能力为核心，培养贫困村产业带头人引领当地特色产业发展能力和带领当地贫困人口发展生产、参与市场竞争、共同致富增收的能力。

二、加强民族地区乡村人才的培养

1. 进一步加大教育培训力度

加快培育新型职业农民，建立职业农民教育培训体系，是武陵山民族地区乡村人才素质和技能提高的前提。武陵山民族地区由于交通条件和农民知识水平的影响，尽管有许多乡村人才，但生产经营、市场营销都还存在着经验主义和缺乏系统的生产技术指导的问题。因此，就必须按照新型职业农民的高要求，针对生产经营需求，分类和精准开展教育培训。具体讲：

第一，加强农民职业技能培训，充分发挥农村人力资源的优势。我们要从民族地区位置偏远、交通困难、通讯不便的实际出发，在民族地区通过举办各类培训班、送科技下乡培养农村实用人才。只有这样才能逐步建立起一整套结构合理、功能齐全、设施完备、多渠道的农民教育培训体系，进而逐步形成"政府统筹、农业牵头、部门配合、社会参与、体制健全"的新型农民教育培训运行机制。农业系统还要根据农业主导产业和农民需求举办各类培训班、开展送农业科技下乡活动，积极组织农业技术人员到农户、到田间对农民群众进行"面对面、手把手"服务。对农村种植养殖大户、加工能手、科技带头人、科技示范户、经营能人和能工巧匠进行农业实用技术培训，通过培训，使农村实用人才的专业知识不断更新，综合素质不断提高，争取把农村人力资源优势转化成为人才资源优势。恩施州依托国家重点扶贫和实施西部大开发的有利时机，积极争取国家组织实施的农村实用人才培训项目，加快全州农村实用人才培养，先后实施了农村劳动力转移培训"阳光工程"、新型农民科技培训工程、农村实用人才创业试点培训工程，并取得了很好的效果。

第二，发挥农业人才之间的传帮带作用。民族地区农村实用人才在基层工作中的模范作用的充分发挥，是社会主义和美乡村建设的关键。首先，可以开展先进带后进活动，把农村实用人才"干给群众看"和"带领群众干"相结合，在基层农村积极开展"传技术、带民富、比贡献"活动，实用人才要学会带领村民一同致富。其次，发挥农村实用人才的模范辐射作用。在充分发挥农村实用人才的模范带头作用的同时，积极引导他们在创办企业、建立农业专业合作组织的基础上，把实用人才建设和人才储备建设工作相结合，通过将优秀的人才优先发展成党员、重点培养成村干部、培育成村致富带头人三步走战略，带领广大村民共同致富。

第三，积极引进优秀的人才资源。民族地区要积极创新农村实用人才引进机制，充分利用少数民族地区高等院校的师资力量，各级政府和相关部门一定要做好选派优秀人才到基层工作，将农业科学研究所、民族类高等院校的科研人才和成果引向农村，使农民能够在第一时间获得先进的知识，并使之服务于具体的农业实践。大力支持各类农业科研机构人员创办、领办各类科技示范基地，给农民一个直观的印象，使农民看得到学得着,并带着当地人才向村民推广新的科研成果。这样农村实用人才队伍的科研实力不仅可以得到提高,而且有利于促进民族地区农村实用人才队伍建设。同时,民族地区还要对相关的科研项目和人才的引进工作给予支持和方便,建立引进"绿色通道"。

2.着力乡村人才培养的重点

乡村人才类型很多,在武陵山民族地区最急需的人才是什么,哪些领域人才短缺,更需要人才,就要求抓住人才培养的重点,补短板。从武陵山民族地区的发展需要来看,最需要培养的,也是乡村人才工作的着力点应放在以下几个方面:

第一,加强农村实用人才带头人队伍建设。要加大农村实用人才带头人示范培训力度,中央组织部开展农村实用人才带头人和大学生村官示范培训,将示范培训全部面向贫困地区实施,培训目的聚焦扶贫与扶智、扶志相结合,培训对象覆盖所有国定贫困县。通过示范培训,带动各地加大农村实用人才培训力度。中央组织部举办全国农村党支部书记抓党建促乡村振兴培训示范班、全国妇联举办"乡村振兴巾帼行动"农村妇女带头人专题培训班、共青团中央举办青年马克思主义者培养工程农村班、农业农村部农民合作社规范提升专题研讨班和全国农民合作社带头人能力提升研修班等。加强农村实用人才职业教育。落实"双百"工程(支持100家涉农职业教育机构,培养100万名具有中高等学历的乡村振兴骨干人才),以职业农民、农村基层干部等为重点,依托农广校系统通过"半农半读"、弹性学制等方式,组织农村实用人才就地就近参加中等职业教育,提升学历层次和技能水平。充分利用农业高等院校、农业职业院校等通过多种形式开展农村实用人才培养。

第二,加强农业科技人才队伍建设。一是加强高层次农业科技人才培养。加快培养农业科研领军人才,加强青年农业科技人才培养,强化到乡村的实践锻炼,提升素质能力,大力培养区域农业科技人才队伍。二是强化农业技能人才培养。加强农业职业技能鉴定机构监管，进一步规范职业技能鉴定工作流程，强化内控管理。加强职业技能管理人员队伍建设，组织举办农业职业技能鉴定工作人员、考评人员、质量督导人员和裁判人员培训班。鼓励参加全国农业行业职业技能大赛，持续推进农民手机应用技能培训，提升农民信息技术应用水平和能力。

第三，大力培育新型职业农民。在乡村绿色发展中发挥农民的地位和作用，必须要坚持塑造新型职业农民。一是加快培育新型职业农民。目前，我国已经出台了《全国新型职业农民培育发展规划》《国家中长期人才发展规划纲要》等文件，都对新型职业农民队伍作出了重要规划，下一步需要各级政府持续推进，将政策落地。二是全面提升农民综合素质。乡村绿色发展不仅需要提升农民科学文化水平，还要提升生态文明素养、精神文化素养、基本职业技能等，实现全面提升。三是开展职业培训教育。要提升新型职业农民发展质量，健全完善职业农民队伍工作体系，从队伍建设、教育培养、政策支持和社会保障等方面促进职业农民全面发展。要深入实施新型职业农民培育工程，优化新型职业农民培育工程结构，坚持面向产业、融入产业、服务产业，着力建机制、定标准、抓考核，形成"一主多元"的教育培训体系，实施好农业经理人、现代青年农场主和新型农业经营主体带头人等分类培育计划。

3.加大农业服务人才的培养

第一，加强基层农技推广人才队伍建设。完善农技人员分级分类培训机制，落实农业农村部对全国1/3的基层农技人员进行不少于5天的脱产业务培训的要求。支持农技人员在职研修，优化知识结构，增强专业技能。要利用全国农业远程教育平台，大规模开展域内农业科技人员知识更新培训。

第二，加强农业公共服务人才队伍建设。加大基层农产品质量安全检测骨干培训力度，强化农产品质量安全检测技术实训基地建设。围绕高标准农田建设、高效节水灌溉、耕地质量保护等,积极参加多层次、多类型的业务培训班,提升农田建设管理人员业务能力和综合素质。加大农情、植保、肥料、农药监测统计人才培训力度。加强农业绿色发展关键技术培训,培训一批技术骨干和经营管理人员。

同时,也要加强农业农村人才基础性工作,推进域内农业农村人才工作信息化,不断提升信息化服务能力和水平。用好"农村实用人才带头人之家"在线学习平台,指导各地围绕新职能新定位,加强农业农村人才队伍建设。

三、创新乡村人才培养和成长的模式

由于改革开放、市场竞争,以及新农村建设的缘故,民族地区农村对人才的需求增多,因而人才成长的渠道增多,民族地区农村实用人才培育、成长有着独特的土壤环境和成长路径,培养方式多样化了,多种培养模式形成。这是民族地区经济社会发展和人才成长规律的要求。

1. 农业学历教育培养模式

学历教育是一种系统、规范的教育,包括高等教育、职业教育、中等教育和技术学习教育。从农业实用人才培养的角度看,主要是高等农业院校、农业职业学院和农业学校等。农业高等教育是培养多层次农业人才,以本科为主体,培养部分专科人才,积极发展硕士、博士生人才的教育。农业职业教育是培养从事农业职业(岗位)的初、中、高级职业技术人员,即以农业中专、技工和农职高为主体农村职业技术人才。针对民族地区农村产业发展对人才需求的特点和要求,在发展农业高等教育的同时,更要大力发展农业职业教育,形成以高等农职业教育为龙头、中等农职业教育为骨干、初级农职业教育为基础,符合农业科技教育自身规律,集科研、教学、示范、推广为一体的初等、中等、基础农职业教育相配套、正规教育与非正规培训并举、长短学制兼顾的农业职业教育体系,促进农业和农

村经济的快速增长。比如，湖北省恩施州根据国务院《关于大力发展职业教育的决定》中提出的职业中等教育与普通高中招生规模大体相当的决定，按照这个比例，到2010年，全州进入高中阶段的适龄人口为17万人，按70%入学率测算，届时将有近12万人进入普通高中、中职、中专、技校学习，其中职业学校在校学生将达5.5万人。这些职业学生很大部分将成为农村实用型人才并活跃在农村广阔的天地。

2. 政府项目扶持模式

依托国家项目培养农村实用人才，这是一种由地方政府通过各种项目开展的农村实用人才培养的方式。由于民族地区属于经济教育文化相对落后、信息闭塞、人才匮乏的地区，人才的成长仅靠传统的乡间能工巧匠的传带，是难以适应现代发展的需要。为了适应市场经济发展和新农村建设的需要，农业部、财政部、劳动和社会保障部、教育部、科技部、建设部等部门，从2004年起，共同组织实施农村劳动力转移培训的"阳光工程"[①]"雨露计划"[②]项目。"阳光工程"重点支持粮食主产区、劳动力主要输出地区、贫困地区和革命老区农村劳动力的短期职业技能培训。2010年以后，按照城乡经济社会协调发展的要求，把农村劳动力培训纳入国民教育体系，扩大培训规模，提高培训层次，使农村劳动力的科技文化素质总体上得到提高。同时，按照建设社会主义新农村的要求，积极培养"有知识、懂技术、会经营"的新型农民。"雨露计划"紧紧围绕新时期扶贫

[①] "阳光工程"：是由政府公共财政支持，2004年起，农业部、财政部、劳动和社会保障部、教育部、科技部、建设部从主要在粮食主产区、劳动力主要输出地区、贫困地区和革命老区开展的农村劳动力转移到非农领域就业前的职业技能培训示范项目。按照"政府推动、学校主办、部门监管、农民受益"的原则组织实施。旨在提高农村劳动力素质和就业技能，促进农村劳动力向非农产业和城镇转移，实现稳定就业和增加农民收入，推动城乡经济社会协调发展，加快全面建设小康社会的步伐。

[②] "雨露计划"：为进一步提高贫困人口素质，增加贫困人口收入，加快扶贫开发和贫困地区社会主义新农村建设、构建和谐社会的步伐，国务院扶贫开发领导小组办公室决定在贫困地区实施"雨露计划"。

第五章　人才振兴：武陵山民族地区乡村振兴的关键

开发工作的目标任务，综合运用资金扶持、宣传引导和竞争、激励等手段，开展多渠道、多层次、多形式的引导性培训、职业技能培训、创业培训和农业实用技术培训，全面提高贫困地区人口素质，增强其就业和创业能力，通过转移就业和自主创业，努力增加贫困农民收入，改变贫困地区落后面貌。"雨露计划"这种以贫困群众为主体，针对不同地区、不同对象的不同需求，统筹计划、突出重点，以市场需求为导向，进行分类指导和培训。按照不同行业要求，采取不同内容和形式组织培训，增强培训的针对性和实效性。

以恩施州为例，该州农业局抓住国家重点扶贫和实施西部大开发的有利时机，积极争取国家组织实施的农村实用人才培训项目，加快全州农村实用人才培养。第一，实施针对农村劳动力转移培训的"阳光工程"。五年争取国家补助资金2850.96万元，累计培训农民工15.17万人。第二，组织实施了由国家农业部、财政部共同组织实施新型农民科技培训工程，按照"围绕主导产业、培训专业农民、进村办班指导、发展一村一品"的要求，进村集中培训从事农业生产和经营的专业农民。恩施州恩施、宣恩、建始、利川、咸丰五县市先后获农业部批准立项实施，国家和省共投资402万元，在五县市的352个村开展新型农民培训，共培训13800人。第三，组织实施农村实用人才创业试点培训。2008年，恩施州被湖北省农业厅确定为农村实用人才创业培训试点，咸丰县充分整合"阳光工程"、"雨露计划"、乡村农技人员培训计划、乡镇转制事业单位人员培训计划等国家项目和补助资金，广泛开展各类农村实用人才培训。该县整合中等职校、农广校、民族技工学校和乡镇党校建立了15家农村实用人才培训基地，形成了以县乡土人才培训基地为龙头、其他培训基地为支撑、远程教育播放站点为节点的农村实用人才培训网络体系。县乡土人才培训基地三年开办茶叶、中药材、畜牧、沼气建设等涉农技术培训班50多期，培训农村实用人才3800多人次，引导其他培训基地和远教站点开展技术培训

900多期，培训农村实用人才45000多人次。

3. 技术服务培养模式

这是一种通过科技下乡的形式培养农村实用人才的智力支农模式。农业系统根据农业主导产业和农民需求开展科技下乡、科技支农活动。技术服务型包括技术人员下乡指导、各种技术培训讲座和网络视频技术服务等形式。政府或农业技术部门，分派农业技术人员深入农户和田间地头，对农民进行"面对面、手把手"服务，对农村种植养殖大户、加工能手、科技带头人、科技示范户、经营能人和能工巧匠进行农业实用技术培训。通过培训，使农村已有实用人才的专业知识不断更新，综合素质不断提高，使新的农村实用人才不断涌现。2008年，恩施州共组织3000多名农技人员，开展下乡服务活动1.5万人次，举办各类培训班1500场次，培训农民60多万人，发放技术资料2万多份。恩施州还充分利用农业信息网和农业语音平台，借助"农业新时空星火110"、科技信息服务平台，开展科技点对点服务，承担了茶叶、柑橘、白柚、黄金梨等4个栏目的短信服务工作，服务对象达1000余户，编发短信息1000余条，及时将各项技术措施传达到农民手中。因此，要搞好技术服务培养人才，就必须坚持开展科技下乡、智力支农，组织农业专家赴农村基层为乡土人才传授技艺，提供咨询服务，开展帮扶活动，充分发挥"农业专家大院"的作用。要联系高校和科研院所与县、乡、村结成农业科技"对子"，进行科技成果转让、技术项论证、科技咨询和人才培养方面的广泛合作。

4. 经济组织牵头培养模式

这是一种主要由农村经济组织带动农村实用人才成长的模式。在当今农村，经济组织包括乡村企业、村集体经济组织和新型农民合作经济组织等，其中农业龙头企业和农民合作经济组织在农村实用人才培养中发挥了引领帮带作用。在市场竞争和产业化生产过程中，出现的龙头企业和农民合作经济组织充分和农户对接，实现双赢和共同发展，满足了双方对产品供需的双向满足。由于企业是社会化的生产，其技术和管理水平比较先进，而合作经济组织是农民的专业化合作组织，也具有市场的优势。在面向市场竞争和扩大发展中，龙头企业和合作经济组织在农户支持下发展壮大，农户又在企业和合作经济组织的帮助、支持和带动下，掌握了种养技术，学习到了一定的管理经验，提高了市场意识和眼界，增强了市场竞争能力，成就了一批专门的农村实用人才。2008年，恩施全州农业产业化经营组织达到1000余个，规模以上农业产业化龙头企业达到132家，有各类农业专业合作组织343个。龙头企业和专业合作组织经营的大多为恩施州特色农产品，农业系统根据企业对生产、加工、市场营销等知识的需求，选派农业专家深入企业和专业合作组织对技术工人、生产营销人员进行培训，增强专业本领，同时，组织龙头企业参加各种展会，通过参展使营销人员增长专业知识，增长营销才能，培养了生产营销人才。

5. 能人帮带培养模式

乡村能人是指在乡村经济社会发展中具有一定的技能和管理经营能力，并率先富裕起来的人，这些人本身就是农村实用人才。包括种植能手、能工巧匠、经营人才、经纪人等。乡村能人，特别是经济能人，不仅具有智慧、经营管理优势，而且还具有社会资本优势。这些能人或成立企业，或成为农民合作经济组织的负责人，或者单独经营。他们在农业生产实践中不仅自己发家致富，成为熟练的农村实用人才，而且也带动或培养了一批实用人才。各类能人在农村实用人才培养上的作用方式主要有两种：一个是开展结对帮扶，即农村能人对农户在种养技术、资金、销售等方面的帮扶和支持。另一个是发挥示范带动和辐射拉动作用。如经济能人创办企业、发起组织合作经济组织，对广大农户起到示范带动作用。正是农村能人这种"传技术、树榜样、带民富"的作用，已经成为民族地区农村实用人才培养和成长的另一个重要途径。

6. 学习引进培养模式

由于武陵山民族地区农村经济发展比较快，特色农业和农业产业化不断发展，加上劳动力的外流现象十分严重，在这样的背景下，民族地区农村实用人才供需之间存在着很大的缺口，人才的培养单靠当地是不够的。如上所述，2008年，该州农村实用性人才仅7.6万人，预计到2015年，恩施州农业实用人才总共需要12.7万人，而2015年恩施州农业实用人才总缺口5.1万人，其中生产型人才2.0万人，经营型人才0.3万人，科技服务型人才0.9万人，技能带动型人才1.9万人。到2020年，恩施州农业实用人才总共需要20.4万人，农村实用人才总缺口12.8万人，其中生产型人才5.6万人，经营型人才1.3万人，科技服务型人才1.5万人，技能带动型人才4.4万人。在这样农村人才供需矛盾的情况下，学习、引进外部农业生产管理人才是十分必要的。

学习引进农村实用人才，目的是拓展人才培养空间，探索多种培养方式，开拓人才视野，解决人才短缺问题，提高人才层次和水平。民族地区农村人才有理论性、技术性的人才，也有实用人才，即"土专家"。在人才学习引进型培养模式中，所谓"学"，就是要派优秀的、急需的农村实用人才走出去，学习取经、实践培训，掌握技术，提高人才质量。所谓"引进"，就是根据民族地区农村经济社会发展的需要，引进优秀的农业技术人才、管理人才，发挥这类人才的示范、指导、引领作用。具体地，一方面要把有潜质的，或已经是农村实用人才的种养能手、经济能人、技术人员、经营管理人员送到农业院校、发达的农村去学习锻炼，学习理论知识，学习先进的农业技术和管理经验，提高自身素质。另一方面，要积极引进人才，特别是有技术、有知识、会经营、懂管理的复合型农村人才，发挥这些人才的带动和孵化作用，从而再培养和带动更多农村实用人才的成长。

四、支持乡村人才创新创业，发挥其辐射带动作用

1. 为农村实用人才创新创业搭建平台

启动农业实用人才自主创业工程。相关部门要在组织农业技能培训、科研资助、审批办证、金融信贷服务等方面，对农业实用人才实行倾斜和优惠政策。鼓励和支持有条件的种养大户实行适度规模经营，优先承包土地、山林、鱼塘、草场等；大力推动基层农村实用人才开办农业示范种植基地和农产品加工龙头企业；鼓励农业实用人才开展技术引进、开发、推广和成果转化等创新活动，开办实用技术培训班、农业技术研发和中介服务机构，依法保护其知识产权和合法权益；引导和扶持有专业技能和高经营管理水平的外出务工人员返乡创业；农业实用人才可优先获得开发项目、农业贷款贴息、良种和农机具设备等方面的支持，优先接受农业科技专家提供的服务。恩施州通过鼓励农民创办龙头企业、专业合作经济组织1000余个，很好地培养了一批当地农村实用人才。

2. 支持各类人才到乡村创新创业

乡村振兴要靠人才，要着力抓好招才引智，促进各路人才投身乡村振兴。因此，要充分发挥农村人力资源和乡村能人贤人的作用，支持市民下乡农民返乡，培育塑造新型农民，一句话，就是要吸引包括致富带头人、返乡创业大学生、退役军人等在内的各类人才在乡村振兴中建功立业。

第一，发挥能人贤人带动作用。乡村能人和贤人，是乡村振兴带头人和生力军，在乡村振兴中应该采取鼓励政策，做好工作让精英人才到乡村的舞台大施拳脚，让农民企业家在农村壮大发展。乡村绿色发展要充分发挥能人作用，一方面引导更多能人回乡下乡。可以借鉴武汉市"三乡"工程等人才政策，给予下乡精英相应的奖励补贴，通过优先提供创业资助、落户服务、配偶就业、子女入学以及医疗保障等待遇，引导更多外出就业

创业的能人回乡和城市能人、知识分子等群体下乡，投身乡村振兴事业。另一方面发现重用培养本地能人，留住人才。从国内外成功经验来看，本地能人在乡村绿色发展中发挥了重要作用。因此，需要相关部门善于发现能人，更要大胆启用重用这些能人，让他们在乡村振兴中有用武之地。同时可以借鉴台湾推动农村再生产"培根计划"，依托党校、高校资源为农村绿色再生培育一批能人。

第二，支持市民下乡农民工返乡。当前乡村人口流动流失导致的"空心化"问题十分严峻，其中人口人才空心化最为关键。因此要想方设法创造条件，让农村的机会吸引人、让农村的环境留住人，特别是要让一部分年轻人热爱农村农业。一是要支持市民下乡，通过出台多项政策为更多年轻人提供就业、创业等机会，重视对劳动环境、生活环境的改善，营造绿色、舒适的生产生活环境。二是要激励农民工返乡。政府加大对返乡农民工的扶持力度，既要为农民工参与乡村发展创造更多共建共享机会，也要用地缘、血缘、业缘纽带和情感联结，让他们愿意留在家乡，大施所能、大展才华、大显身手。

第三，搭建乡村创新创业平台。落实农村"双创"激励扶持政策，引导农民工、大中专毕业生、退役军人、科技人员等返乡下乡人员和本乡"田秀才""土专家""乡创客"到乡村创新创业，支持返乡农民工到县城和中心镇就业创业。支持域内农民参加全国新农民新技术创业创新博览会、全国农村创新创业项目创意大赛等，同时要宣传推介创新创业带头人、优秀乡村企业家典型。

第四，加大创新创业人才培养力度。加快建设一批农村创新创业园区(基地)和农村创新创业人员孵化基地，为人才提供更好的培训、实训、实习平台。组织参加农村创新创业"百县千乡万名带头人"培育行动，引导各地加大农村双创导师、双创示范园区管理人员、双创优秀带头人等的培训力度。组织举办农村一二三产业融合发展、农产品加工、农业产业化、乡村特色产业、休闲农业、农村创新创业培训班，为乡村产业发展培育人才。

3.建立健全面向农村实用人才的服务体系

积极推进农村人才市场建设，逐步形成以县市人才市场为根据地，以流动人才服务站为网点，建立一个城乡贯通的农村人才市场体系。面向基层和广大农民开展就业指导、人才代理和信息服务活动，充分发挥市场在农业人才资源配置中的基础性作用。建立完善农业科技信息服务网络，通过建立农村实用人才资源库、开辟农村实用人才绿色通道等方式为农业实用人才提供相关技术支持。加快公共信息工程建设，通过报刊、广播、电视、网络等媒体及时发布农业实用人才生产经营需求的信息。县、乡两级成立农村实用人才协会或服务中心，积极开展各种形式的服务活动。

4.逐步规范农村实用人才认证评价工作

建立以知识、能力、业绩、贡献为主要指标的农村实用人才认证体系，健全以评价组织社会化、评价标准科学化、评价方式市场化为目标的人才评价制度。以生产实绩、技术水平以及带领周围群众脱贫致富的能力为主要依据，广泛开展农技推广员、农民技术员、乡镇企业技术员以及农村其他行业专业职称的评定。特别是对有特殊技能、特殊贡献的相关农村实用人才可以破格获得农民技术职称，颁发相应的资格证书。面向新农村推广职业资格证书制度，鼓励农业实用人才参加相关职业的培训鉴定，适当降低收费标准。各级政府和有关部门要把取得农民技术职称、获得职业资格证书作为农业实用人才认定、扶持和使用的重要依据。加强农业实用人才信息库建设，建立农业实用人才档案，把农业实用人才纳入高层次人才库，实施重点管理和服务。

五、建立健全乡村人才队伍建设的制度机制

党的十九大报告提出要实施乡村振兴战略，提出培养造就一支懂农

业、爱农村、爱农民的"三农"工作队伍。实施乡村振兴战略，关键是要实现乡村人才振兴。一段时期以来，我国乡村人才队伍建设处于一种缓慢发展的状态，人才队伍规模小、发展慢、人员不稳、人才流失严重等问题十分突出，成为乡村人才振兴乃至乡村振兴战略的瓶颈和短板。究其原因，既有乡村人才生长的环境条件因素，又有个人和政策的因素，也还有制度机制的原因。农村人才身份模糊，其地位得不到制度性确认，利益收入不稳定和生产生活无保障激励机制的缺位缺失，则是直接的、根本性的原因。因此，实现乡村人才振兴，就必须构建完善的乡村人才激励机制，早在2010年农业部制定的《农村实用人才和农业科技人才队伍建设中长期规划(2010—2020年)》中就明确要求，"要完善分配、激励、保障制度，建立健全业绩和贡献紧密联系，充分体现人才价值，有利于调动人才积极性的激励保障机制。"[1] 由于激励机制是通过一套理性化和规范化的制度来调动生产者积极性的奖酬制度，主要包括物质激励、精神激励、工作激励等内容，而涉及人才激励机制的内容更为丰富，创造性和选择性空间比较大，包括人才引进机制、人才选拔机制、职称评定机制、创业激励机制、榜样激励机制、人才流动机制、人才培养机制、激励保障机制、市场导向机制等[2]。从当前武陵山民族地区乡村人才成长的特点、实际需求和现有的激励机制及实践状况综合研判，应优先和重点选择前置激励、过程激励、后置激励机制的建设与完善，具体要有针对性分类，做好乡村人才的选拔使用、生产经营、生产生活保障、人才考评等激励机制的构建和完善。

---

[1] 恩施州农业局：《恩施州优秀农村实用人才选拔管理办法》，2007年11月21日，见http://www.hbesagri.gov.cn/xxgk/tzgg/217.html。

[2] 农业部：《农村实用人才和农业科技人才队伍建设中长期规划（2010—2020年）》，见http://www.moa.gov.cn/sydw/glgbxy/zcfggui/201212/t20121206_3098180.htm。

第五章　人才振兴：武陵山民族地区乡村振兴的关键

1. 建立乡村人才的选拔和使用机制

乡村人才振兴，前提是要发现和选拔出人才。乡村人才的发现和选拔，需要科学的制度机制来保证人才选拔的规模和质量。"要按照民主、公开、竞争、择优原则，改革人才选拔使用方式，科学合理使用人才，形成有利于各类优秀人才脱颖而出、充分施展才能的选人用人机制。"[①]长期以来，由于我国还存在着二元经济结构，乡村人才所处的环境条件和政府政策支持原因，这支队伍长期处于一个自然、分散、自发生长的状态，不仅规模相对较小，发展相对缓慢，而且人才流动性和流失性比较大，发展极不稳定。同时，我国农村人才统一和规范的选拔制度机制尚未建立，各地还处于地域性、零散性、分散性、碎片化的状态。因此，要保证农村实用人才队伍建设的规范性、稳定性和连续性，就亟待需要政府健全和完善乡村人才的选拔机制，保证乡村人才队伍规模、结构和质量，以及稳定和可持续发展，为乡村人才振兴夯实基础。要"按需设岗、竞聘上岗、按岗聘用、合同管理"选拔。政府要高度重视乡村各类人才的选拔工作，要面向社会公开选拔招聘制度。对优秀的乡村人才应通过一定的程序招聘到政府有关农业生产技术部门工作。鼓励农村基层组织、农业企业、农民专业合作组织等通过公开招聘、民主选举等方式，多渠道选拔高素质人才，充实乡村人才队伍。要科学制定乡村人才选拔的条件和标准。根据武陵山民族地区不同地域特点，人才状况，以及经济社会文化发展实际，因地制宜分类制定选拔的标准，要把那些有技能、有特色、有影响、有贡献、有前途的人才选拔出来，凸显激励机制的合理性、竞争性和人本性原则。要建立乡村人才选拔储备制度，把潜在的和正在成长的乡村人才作为后备资源重点培养和扶持，以此激励更多的人去成为乡村人才。

人才的选拔使用，选拔是前提，使用才是关键，选人重在用人。如何

---

① 谢来位、陈文权：《论农村实用人才资源开发激励机制的建构》，《探索》2009年第3期。

有效地使用人才，调动其积极性，激发其创造活力，就需要建立健全乡村人才的使用机制。当前我国相关部委和地方政府都制定一些人才选拔使用的制度，采取了相应的政策措施，也发挥了一定的激励作用。但在实践中仍然还存在着重选拔轻使用、重开始轻过程的问题，致使选拔出来的乡村人才作用并没有很好发挥出来。因此，完善人才使用机制就必须引起高度重视。首先，要重视乡村各类人才使用，这是人才使用机制建立的条件。各级政府和社会对入选的人才，要从位置和作用上予以重视，要给予他们信任和重任，让他们在农村发展发挥带头示范作用的过程中实现个人的价值和自我的发展。其次，要支持乡村人才，这是人才使用机制建立的核心。重视乡村人才不仅在观念上，要重在行动上。要了解乡村人才生产生活中所思所想，帮助他们解决生产生活上的困难和问题。要从乡村人才创业兴业政策支持体系、公共服务体系、信息交流体系上加以完善，搭建乡村人才成长发展的舞台。再次，要在动态中支持和引导乡村人才的生产经营，这是乡村人才使用机制运行的保证。由于市场复杂多变，乡村人才在生产经营中势必会遇到各种困难，也必然出现经营不善而转行的现象。为了防止乡村人才的流失和职业的荒废，继续发挥他们的作用，政府应加强乡村人才流动的政策引导，帮助他们进行职业的转换或者重组，促进乡村人才资源有效配置。

2. 建立乡村人才的考评机制

为了保证乡村人才持续地发展壮大，鼓励和约束人才的行为，还应建立完善乡村人才的考评机制，这是一种具有约束性的激励机制。它主要是通过对选拔使用的乡村人才个人业绩和带动作用进行考核评价，经过评价进行奖罚分明，进退有别，以此构成对已选拔使用的乡村人才的压力和动力，保证人才选拔和使用的效果和质量，以免出现进入体制内或联得一定身份和利益保障之后的懒庸和懈怠的现象滋生。首先要制定科学的考评标准。这个标准的内容体系要全面科学，在考评方式上要多样化。要以农村实用人才的知识、技能、业绩、贡献为主要内容，根据不同类型、不同行业和区域的农村实用人才制定标准和进行分层、分类、灵活、务实的考评。既要看现实的贡献大小，还应看创新带动作用；既要重视业内同行的评价，还要考虑社会认可。其次，考评程序要科学。考评程序是考核内容标准真正落实的保证，也是对乡村人才公平公正的前提，如果考评程序不科学不准确不严格执行，那么考评的结果一定是不准确不公正的。要保证考评程序的科学，必须在考评组织构成、考评标准设定、考评过程的组织实施等方面保证科学、公正公平。另外，针对民族地区农村的实际，考评实施过程中程序要可行性和易操作性，避免复杂烦琐，难以落实。最后，坚持考评原则性与灵活性的统一。所谓原则性，就是要严格遵守考核内容、考核标准、考核程序的要求，进行制度化和规范化的考核，没有制度化和规范化的考核就不可能提高考核的科学化水平。但是由于民族地区农村人才居住分散，人才类型分散，因此，在考评的时候，还要兼顾灵活性，即对乡村人才考评时要因地制宜、因人制宜、因时制宜，在遵从一般考核标准和程序的同时，应根据民族地区乡村人才所处的环境条件和人才成长规律和特点，分层级、分地区、分类型采取灵活、务实的考核评价方式，以实行差异化和个性化激励。

3. 完善农村实用人才生产经营的激励机制

农村实用性人才是乡村人才的主体，大多从事具体的生产经营活动。因此，对这类人才，要建立生产经营激励机制，给予他们利益激励和过程激励。从当前我国农村实用人才在生产经营中对项目资金、信息技术管理、市场营销、职称评定、职业培训等方面的迫切需求，并考虑到现有的这些规定不完善等实际因素，应重点建设和完善包括下述内容的生产经营激励机制。

马克思指出，"人们奋斗所争取的一切都同他们的利益有关"。物质激励至关重要，对物质经济利益的追求，是农村实用人才的第一目的和内在的动因。完善物质利益的激励，应针对农村实用人才生产经营迫切需要和亟待支持解决的问题入手。首先是农业基础设施建设的激励。为了满足农村实用人才在生产经营中对水电路地等农业基础设施建设的要求，政府应在这些基础设施建设上优先安排，切实做好农村实用人才用地的保障服务。其次是项目和资金的激励。由于农业收益低和不稳定性，农村实用人才的生产和资金积累比较弱，普遍存在着缺乏好的生产项目、缺乏生产经营资金和融资难的问题。因此，政府要给予农村实用人才在农业生产开发项目、融资贷款等方面予以支持和激励。再次是生产服务性的激励。由于农村文化教育科学技术发展相对滞后和农村实用人才综合素质低的问题，普遍需要政府搭建生产经营服务平台。从生产技术、信息、管理、市场销售、合作等方面给予支持和帮助。政府应该从这些方面进行帮助激励，建立健全技术服务、政策咨询、信息发布、生产咨询、市场营销等方面的平台，促进各地农村实用人才生产、销售、技术、信息等方面的交流和沟通。实际上，在《规划》中就有一系列明确的物质激励性政策和措施，例如，选拔20万个种植大户，结合粮棉油高产创建示范项目，优先给予技术培训，优先给予物化补助，优先给予跟踪服务，培养成为种植业示范标兵。选拔20万个养殖大户，结合畜禽标准化规模养殖和畜牧良种补贴等项目，支持其扩大规模、更新品种、改进养殖方式，培养其成为养殖业示范能手。①

4. 健全以职称评定为重点的激励机制

精神激励是一种内在的、无形的激励。美国行为科学家赫茨伯格在其双因素理论中指出，激励因素包括：成就、赏识、挑战性的工作以及成长和发展的机会。如果这些因素具备了，就能对人们产生更大的激励。随着

---

① 农业部：《农村实用人才和农业科技人才队伍建设中长期规划（2010—2020年）》，见 http://www.moa.gov.cn/sydw/glgbxy/zcfggui/201212/t20121206_3098180.htm。

温饱和小康问题的解决,这种内在激励的重要性越来越明显。对农村实用人才的评定专业技术职称、给予各种荣誉称号,进行表扬褒奖,其意义在于:一是农村实用人才技术水平的体现,是个人软实力的体现,身份、地位和利益延续的有力保证。二是政府和社会对农村实用人才技能和贡献的认可和褒奖。三是农村实用人才自我价值承认和事业成就的满足。在农村实用人才荣誉激励中,专业技术职称评定,则是农村实用人才荣誉激励中的首要选择。因此才需要建立以专业技术职称评定为重点的精神荣誉激励机制。

第一,要重视农村实用人才专业技术职称的评定。首先,要认识到专业技术职称对农村实用人才自身和整个队伍的建设具有榜样的激励作用,农村实用人才对此十分重视和极为渴望。其次,要制定科学的农村实用人才专业技术职称评定的条件和标准。要从业绩、能力、水平等方面作为评选的标准,让条件和标准具有权威性和社会公认性。再次,要严格程序,分类分时进行评选认定。据了解,当前我国农民专业技术职称主要有农技、畜牧、水产、农机、林业等10个专业,技术职称类型有农民技术员、农民助理技师、农民技师、农民高级技师等四个等级。评选的对象包括从事农、林、牧、渔、农副产品加工、农业机械、农村水利、农村财会、经营管理、农村能源、农业环保、农业信息等行业的人员。2012年湖北省恩施州开展了农村实用人才认定工作,目前有100名农村实用人才得到了认定。湘西自治州进行了2012年度有78人获得农民高级技师、农民技师、农民助理技师、农民技术员不同等级的种植专业技术资格。[1]

第二,实施职业教育培训激励机制。由于农村人才成长环境和过程的地域化特点,导致他们观念、知识、技能、能力等方面有待继续提升。农

---

[1] 湘西州农业局:《湘西自治州2012年度农民系列高、中、初级职称评审结果公示》,2013年5月30日,见http://nyj.xxz.gov.cn/tzgg/201305/t20130530_76849.html。

村人才总体学历低，知识少，观念滞后，生产技术和管理水平比较低，有许多是属于经验型、口授传带型的人才。他们在很大程度上难以适应市场经济竞争的需要，在实践中有许多农村实用人才职业转型、人才流失，所以这也是那些还在坚守的农村实用人才如此渴望知识和农业技术的原因，也是加强农村实用人才职业教育培训的意义所在。一是要有针对性地设置教育培训的内容。要加强农村实用人才思想道德、"三农"政策、生产技术、管理能力等方面的教育培训，这有利于提高农村实用人才综合素质和生产经营能力。二是要采取多种途径和方式进行教育培训。要把农村实用人才送到高校和科研院所进行教育培训，支持其进入高等院校、科研院所接受专业技术和经营管理知识教育，主要提高他们的政策、生产技术水平。让农村实用人才到农业龙头企业实地学习考察，挂职工作和学习，主要提高他们的经营管理能力。农业专家送知识技术下乡，在田间地头对农村实用人才现场实地培训，主要提高他们实际生产技术和能力。三是要制定和遵循农村实用人才培训的原则。坚持先进、实用、经济、易学，方便群众学习和掌握。四是加强具有针对性的培训，培养不同层次的高素质、技能型、应用型的农村实用技术人才。

实际上，在《农村实用人才和农业科技人才队伍建设中长期规划（2010—2020年）》中，从人才规模、结构、环境和作用等4个方面对农村实用人才和农业科技人才队伍建设设定了主要目标。比如提出了农村实用人才创业兴业工程，选拔3万名农业产业化龙头企业负责人、专业合作组织负责人，支持其进入高等院校、科研院所接受专业技术和经营管理知识教育，赴龙头企业、发达地区或境外参观考察、访问研修。依托相关培训机构，通过集中教学、模拟操作、现场实习等方式，培养3万名农村经纪人，提高他们的经营素质和带动能力。选拔7万名种植、养殖、加工和农机大户，依托农业企业、科技园区和特色培训基地，通过观摩、交流、培训，使其掌握新技术新品种，树立新理念，提高示范带动能力。对有创业意愿、有一定产业基础的青壮年农民开展创业培训，提高其创业能力等①。中共农业农村部党校、农业农村部管理干部学院实践教研基地在来凤县挂牌成立，与先前成立的农业农村部武陵山国家农民培训基地一起，开展涵盖武陵山区、辐射鄂湘黔渝4省市的乡村治理管理人才培训。湖北省农村妇女实用人才带头人培训班在来凤县开班，来自湖北省70多个县市的100名涉农产业妇女能人，围绕张富清精神、恩施脱贫致富经验和乡村振兴模式开展集中学习，着力提升创新创业能力。②

第三，建立农村实用人才生产生活保障机制。生产生活保障机制，是一种后置激励，它是从生产经营风险的化解和收益的保证方面对农村实用人才的激励。考察和分析我国农村实用人才成才缓慢、人才转行、流失严重的成因，根源还在于农村实用人才缺乏稳定的利益保障。农业是弱质产业，农村实用人才投入农业生产经营项目，不仅收益低，而且也面临市场和自然条件变化的风险。生产经营收益的不稳定性和风险性，以及与之相伴可能产生的困难性，才是制约许多人成为实用人才或者实用人才转行和流失的主因。为了规避这些风险，免除后顾之忧，就需要建立农村实用人才生产生活的保障机制，让更多的人去成为农村实用人才，让更多的农村实用人才留在农村。

第四，建立生产风险和失业保障机制。这是对农村人才在生产经营上可能遇到的自然和市场风险时的保障措施，这种保障不仅有利于农村实用人才安心生产，而且在发生风险时能够得到实际的经济补偿和物质救助，特别是那些从事种植养殖生产的种养型农村实用人才，最需要这类保障作

---

① 农业部人才工作处：《农村实用人才和农业科技人才队伍建设中长期规划（2010—2020年）解读》，2011年10月21日，见 http://www.rss.moa.gov.cn/zcjd/201904/t20190418_6180276.htm。
② 杨胜：《国家级乡村振兴人才培训基地在来凤县挂牌》，2021年10月18日，见 http://www.enshi.gov.cn/xw/xsdt/202110/t20211018_1181553.shtml。

为自己最低收益的保证。建立生产风险性保障机制必须注意两点：首先要明确生产风险保障的对象和内容。即保障的对象是农村实用人才生产经营的项目，重点是那些涉农生产项目尤其是种养类的农业生产经营项目。其次是保障的类型是多元的。保障的主体和类型有政府、商业保险公司和合作经济组织，但在责任分工方面则是以政府保障为主，商业保险为辅，专业合作组织保障为补充。政府保障不同于商业保险，它是对农村实用人才在生产经营中的一种帮助、支持性政策举措。商业保险则是一种市场化和契约性的保障，合作经济组织的保障则是对那些隶属于农业专业合作社社员的农村实用人才的帮扶行为。政府的保障对农村实用人才是普惠的，而后两者则是有条件的和选择性的，所以在农村实用人才生产经营发生实际损害和困难时，可以得到政府单一的保障，也可以同时得到商业和合作经济组织内部的保障。

建立农村实用人才失业保障机制。由于人类生长的自然规律和市场竞争的激烈性，农村实用人才都会面临着因知识结构老化、身体原因和市场竞争风险而导致的就业困难或完全失业的问题。农村实用人才有一技之长，在生活和工作中遇到困难也是短暂的，建立农村实用人才必要的失业救助保障，有助于那些失业的农村实用人才渡过难关，东山再起。有利于解除农村实用人才的后顾之忧，使他们大胆地创新创业。我国是一个农业人口众多的国家，农村实用人才的绝对量庞大，加上国家财力有限，失业保障机制也仅仅局限在城镇，广大农村没有也不可能建立这种失业保障制度。因此，构建农村实用人才失业保障机制，重点放在那些有知识技能突出，影响力大，生产经营项目特色突出，经过救助帮扶能够快速站起来的农村实用人才进行失业保障。要分类试点，与国家经济发展实力相适应，逐步推进，实现与城镇协调发展。

第 六 章

绿色发展：武陵山民族地区乡村生态振兴的要求

生态宜居，这是乡村振兴的基本要求之一，是乡村振兴的内在要求。乡村生态振兴，是乡村全面振兴的重要内容和要求，是乡村生态宜居、特色经济和产业振兴的必要条件。武陵山民族地区最大的优势是资源优势，最厚的底色是绿色，最大的特色和亮点是生态美。从武陵山民族地区脱贫攻坚、经济社会发展的实践过程来看，坚持绿色发展理念，保护生态环境与发展并重，践行绿色发展是各地的共识和共同的做法，也是发展中一个很好的经验。

第一节 乡村绿色发展提出

所谓乡村绿色发展，实则是生态文明建设在乡村发展中的要求和实践，主要内涵是坚持乡村绿色生态、绿色生产、绿色生活，其本质和目的是实现人与自然和谐共生，满足农民对美好生活的需要，建设乡村生态美丽、生产美化、生活美好的和美乡村，实现农村美、农业强、农民富的现代化农业农村。

党的十九大报告中提出了实施乡村振兴战略和实现乡村生态振兴。人类社会发展经历了农业文明、工业文明，到今天的生态文明，而我国的乡村文明在很大程度上是跨越了工业文明而直接进入生态文明发展的阶段。

这种跨越，不仅是观念的转变，更重要的是时代要求。绿色发展是新时代乡村发展的基本底色，乡村绿色发展的提出和形成，有着深刻和全面的生成背景和依据，它既是在贯彻新发展理念和生态文明建设过程中产生，又是乡村振兴实践的需要，也是新时代农业农村高质量发展的必然选择。

一、乡村绿色发展是在新发展理念提出过程中产生

发展理念影响甚至决定着发展行为的选择，从而产生不同的发展结果。改革开放以来，在我国经济社会得到空前发展并取得举世瞩目成就的同时，发展中的不平衡、不协调的问题也日益凸显，其中发展方式和资源生态环境问题日益严重。中国特色社会主义进入新时代，以习近平同志为核心的党中央积极面对新问题新挑战，在坚持科学发展观的基础上，于2015年党的十八届五中全会第二次全体会议上首次提出"创新、协调、绿色、开放、共享"新发展理念。2017年，习近平总书记在党的十九大报告中再次强调"必须坚定不移贯彻创新、协调、绿色、开放、共享的发展理念"[1]。2021年，习近平总书记在主持中央政治局集体学习时强调，要完整准确全面贯彻新发展理念，确保"十四五"时期我国发展开好局起好步。

改革开放以来，我国乡村同样取得了显著的发展成就，农业生产力水平实现了极大提高，农产品数量逐年增加，农村基础设施和居住条件得到极大改善，农民收入增加了，生活变好了。但是，在农村快速发展过程中潜存的问题和新的问题同时爆发和凸显，比如，乡村农业面源污染，生产和居住环境的污染，农业生态脆弱性加大等。因此，乡村发展的理念、发

---

[1] 习近平：《决胜全面建成小康社会 夺取新时代中国特色社会主义伟大胜利——在中国共产党第十九次全国代表大会上的报告》，人民出版社2017年版，第21页。

第六章　绿色发展：武陵山民族地区乡村生态振兴的要求

展的方式也亟待转变。党的十八大以来，随着社会主义生态文明、美丽中国、美丽乡村和和美乡村建设的提出，习近平总书记越发重视乡村绿色发展，2014年就提出"要推行农业标准化清洁生产，发展生态循环农业"①；2017年，习近平总书记在党的十九大报告中提出了实施乡村振兴战略和实现乡村生态振兴；2017年底在中央农村工作会议上提出乡村振兴必须坚持人与自然和谐共生，走乡村绿色发展之路；2018年在第十九届中央政治局第八次集体学习时强调要聚焦产业兴旺、生态宜居、乡风文明、治理有效、生活富裕，统筹推进乡村产业振兴、人才振兴、文化振兴、生态振兴、组织振兴。由此可见，乡村绿色发展不仅成为今日实现乡村振兴的应有之义和迫切要求，而且其提出和形成的过程，也是对新发展理念认识、产生、形成和实践的过程。

二、乡村绿色发展是在乡村振兴要求下而发展

当前中国的发展问题主要是不平衡不充分的问题，有两个"硬骨头"，即西部和"三农"。要实现啃掉硬骨头，如期实现"两个一百年"的目标，实现中华民族伟大复兴的中国梦，就必须破解"三农"问题。实施乡村振兴战略就是解决"三农"问题的总抓手。从党的十九大提出"产业兴旺、生态宜居、乡风文明、治理有效、生活富裕"总要求来看，乡村振兴不是单一的、单个领域、地域的振兴，而是包括"生态"在内的全面振兴。因而在实现乡村全面振兴过程中，要把生态宜居作为重要方向，扎实推进生态振兴。事实上，没有生态振兴，其他几个也不是真正的振兴，乡村全面振兴就难以实现。无论是"生态宜居"或是"生态振兴"，都是党中央对乡村生态文明建设的要求和部署，是乡村振兴不可或缺的重要组成部分。

---

① 中共中央文献研究室：《习近平关于社会主义经济建设论述摘编》，中央文献出版社2017年版，第107页。

新时代要实现乡村振兴,就必须坚持绿色发展,努力实现"生态宜居""生态振兴",这也是乡村振兴理论的内在要求。

三、乡村绿色发展是乡村生态文明建设实践的要求

生态文明建设作为我国"五位一体"总布局中重要部分,要求在全国不同地域不同领域都要贯彻执行,因为美丽中国是建设社会主义现代化强国的目标之一。生态文明建设强调绿色发展、低碳发展、循环发展。具体到农村而言,就是坚持乡村的绿色发展。实际上这也是我国乡村发展实践经验的总结和新时代乡村发展问题的回应。长期以来,我国农村许多地方一样长期都处于发展的低洼地带,发展滞后成为突出表现。改革开放以后,经过了40多年发展,乡村经济社会发展取得显著成效,农业生产效率明显提升,农民生活水平明显改善。但与此同时,我国农村在发展过程中忽视了生态文明建设,不重视绿色发展,那种以资源换产量,以生态换生产的做法一度导致了农村耕地污染、水污染、生活垃圾堆积等严重的生态危机。进入新时代,我国社会主要矛盾已经转变为人民日益增长的美好生活需要和不平衡不充分的发展之间的矛盾,其中城乡发展不平衡是我国现代化建设过程中最突出的矛盾,农村优质生态产品和服务的缺乏不能满足城乡居民的生活需求,更是制约着农民群体的幸福感、获得感、满足感。因此,在实践中,我国一些农村对传统的发展方式进行了反思,积极探索乡村绿色发展新模式。比如,浙江安吉是乡村绿色发展的先行者,安吉率先开创了美丽乡村建设先河,坚持生态优先、生态立县、绿色发展,发展绿色生态、绿色生产、绿色生活,实现生态美丽、生产美化、生活美好,成功探索了"绿水青山就是金山银山"绿色发展道路。[①]

[①] 黄娟:《"生态优先、绿色发展"新道路的提出依据与重大意义》,《湖湘论坛》2020年第4期。

第六章　绿色发展：武陵山民族地区乡村生态振兴的要求

第二节　武陵山民族地区乡村绿色发展的实践模式

随着生态文明建设和"两山理论"的宣传普及，对实践中保护环境，实现绿色发展正反两方面的经验或教训的总结，以及对乡村绿色发展典型的对比和学习，武陵山民族地区广大乡村干部和群众，都逐渐认识到了绿色发展的重要性，也尝到了绿色发展的甜头。在实践中依据武陵山民族地区绿色资源优势，生态环境优势，绿色发展具有得天独厚的条件等，探索了许多绿色产品牌子，而绿色产业、绿色产品、旅游等都成为这些地区普遍的选择。同时，也摸索和总结出绿色发展的多种模式。而乡村绿色发展模式，是指在乡村地域范围内，兼顾经济发展与生态环境保护的关系，实现人与自然和谐共处的乡村发展模式。目前，我国乡村绿色发展整体上可按照资源流向和产业特征分为，以乡村资源输出为基础的种养殖业带动型发展模式，以绿色资源加工型的绿色发展模式，以城市资源输入为基础的旅游康养型绿色发展模式，以及资源综合利用的产业融合型绿色发展模式。

一、绿色种养业带动型发展模式

传统的种养业，就是单纯的种植粮食，进行养殖，给人的印象就是粗放、污染、脏乱的形象。这种种养业不符合生态文明建设的要求，更不是绿色发展。现在绿色种养业，虽然从事的是相同的工作，但在理念、方法上则不同。绿色种养业是以绿色理念为指导，以良好的生态环境为基础，以技术为手段，发展无污染、安全环保、有机的粮食、蔬菜、水果等的种植，以及禽畜、水产等的养殖。绿色种养业带动型发展模式，主要适用于生态环境良好，自然资源丰富，气候条件适宜，基础设施健全，交通便利的乡村。良好的生态环境、丰富的自然资源、适宜的气候条件是农业种植养殖的基础，健全的基础设施、便利的交通则为农产品流通提供重要保障。此类发展模式一般采取"政府＋村民＋合作社"的运作模式，即政府是引导主体，负责治理乡村生态环境、规划使用土地、改善村容村貌、完善基础设施等；村民是经营主体，通过土地流转等形式承包土地，种植粮食、蔬菜、水果，养殖禽畜、水产等；合作社是重要的发展平台，农民组建专业合作社，通过分享经验和技术，与科研单位合作等形式，扩大种养殖规模，提高农业生产效率，实现生态农业、循环农业。在武陵山民族地区这类发展模式较为普遍，效果最好。

恩施州许多地方依靠绿水青山发展绿色产业。其中白果乡积极探索"两山"转化路径，如何化"绿"成银，致富道路越走越宽。白果乡境内有道地中药材1.2万余亩、烟叶基地5000亩、魔芋种植面积近3000亩，依托这些丰富的生态产业资源，白果乡的绿色工业不断发展壮大，恩施市润鑫农业开发有限公司、恩施九信中药有限公司等30余家绿色工业企业相继在此落户，带动当地2000余户农户致富增收。化"绿"成银，一条绿色工业高质量发展的新路也越走越顺，致富道路越走越宽。

二、绿色资源加工型发展模式

绿色资源加工型发展模式是以优质的绿色农产品为支撑，发展农产品加工业，带动乡村经济发展的模式。这类模式主要适用于生态条件优渥，农产品原料资源充足，基础设施健全，交通便利的乡村。良好的生态环境、充足的农产品原料资源为优质农产品和加工品生产提供保障，健全的基础设施、便利的交通为绿色农产品的生产和销售提供重要物质基础。此类发展模式一般采取"政府＋企业＋村民"的运营模式，即政府是引导主体，在保护生态环境、规划使用土地、改善村容村貌、完善基础设施等方面发挥重要作用；企业是经营主体，组建股份制公司，通过土地流转等形式从事农业耕种、农产品加工和销售，并带动信息化、智能化基础设施建设；村民是主要参与主体，可基于土地流转，从事农业耕种、打工、销售等方式获取收益。盘活了村内优质的土地、湖水资源，充分利用当地丰富的农产品原料资源，又通过加工业提升农产品的附加值，实现了经济效益和生态效益双丰收。在武陵山民族地区最大的加工业就是茶业和药材。通过农民专业合作社，或者"农户＋合作社＋公司"，从产前、产中、产后，生产加工销售，全链条保证茶业的绿色生产、绿色加工和销售。把传统的小作坊式的生产模式，转化集约绿色生产模式，不仅保护了生态，而且让产品的品质得到了极大的提升，打造出品牌，增加了附加值，增加了茶农的收入。

在恩施市白果乡龙潭坝村，生态栽培，打造绿色茶园，把过去的荒山变成一座远近闻名的"金山"。在龙潭坝村打造出了3片老茶园，面积达500多亩。2016年，成立了专业合作社，每年可产出干茶750余公斤，年产值达400万元，为当地60余户农户带来100余万元的收入。打造的"茶博园"，独特的老茶文化已经吸引了州内外上千名游客前来观光。

三、旅游康养型发展模式

旅游康养型发展模式是以良好的生态环境为支撑，以发展乡村旅游业为主，实现生态环境效益化，从而带动乡村经济发展的模式。这类模式主要适用于有良好的生态资源，地处交通便利、人口密集较大的城市周边的乡村。可依托城市便利的交通条件、庞大的客流量以及充足的人财物等资源，更好地发挥乡村生态资源优势，形成城乡之间的资源互通、优势互补。此类发展模式一般采取"政府＋企业＋村民＋市民"的运营模式，即政府是引导主体，在改善村容村貌、保护生态环境、完善基础设施等方面发挥作用；企业是运营主体，在生态旅游业规划、运营等方面发挥决策作用；村民是主要参与主体，通过打工、创业等形式参与绿色产业发展；市民是重要参与主体，一方面作为就业者下乡参与绿色产业发展，另一方面作为游客促进当地消费。坚持"原生态风貌、后现代文明、低冲击建设、无污染排放"的理念，以乡村良好生态环境为基础，依托合作社、合资公司等平台，集合政企民多方力量，打造了独具特色的乡村生态旅游业，带动当地经济发展。恩施市坚持"绿水青山就是金山银山"理念，结合自身特色，逐步形成了"旅游＋转化模式""生态修复＋转化模式""生态农业＋转化模式"等，既护美绿水青山，又做大金山银山。

恩施州恩施市以生态旅游为支撑的"生态经济"，催生了乡村振兴中绿色发展模式，实现了生态效益、经济效益、社会效益的有机统一，极大提升了农民幸福感。恩施市白杨坪镇麂子渡村是沿河而建，生态环境优美。近年来，麂子渡村充分利用资源优势，借助2021年中央专项彩票公益金支持欠发达革命老区乡村振兴示范区项目的"东风"，以22户院落为突破口，进一步完善基础设施，改造人居环境，依山就势实现生态发展，走"旅游＋""红色文化＋绿色产业"之路。农家小花园、小果园、小游园吸引着越来越多的游客慕名而来。

四、产业融合型发展模式

产业融合型绿色发展模式是以良好的生态环境为支撑，以一二三产业融合发展为途径，带动乡村经济发展的模式。产业融合型绿色发展模式的本质是延伸农业、生态产品的产业链和价值链，实现农业、农产品加工业、农村服务业的融合。这类模式主要适用于生态资源丰富，农产品原料资源充足，且基础设施健全、交通便利、周边人口密集的乡村。丰富的生态资源、原料等为产业发展提供物质基础，健全的基础设施、便利的交通、庞大的人口为产业发展带来优质的城市资源。此类发展模式一般采取"政府＋企业＋村民＋市民"的运营模式。政府是引导主体，在规划绿色产业、改善村容村貌、保护生态环境、完善基础设施领域发挥作用；企业是运营主体，以农业为基础发展加工业和旅游服务业；村民是主要参与主

第六章　绿色发展：武陵山民族地区乡村生态振兴的要求

体，通过耕种、打工、就业、创业等形式参与产业发展，获取收益；市民是重要参与主体，既是创业、就业主体，也是消费主体。以"公司＋村＋家庭农场"模式，集合了政府、企业、村民、市民的力量，推动农业、农产品加工业和旅游业融合发展，将乡村打造成了"有农有牧，有景有致，有山有水，各具特色"的美丽乡村田园综合体。

恩施州是一个以山地农业为主的地区，高海拔地带夏季凉爽，土壤肥沃，环境优越，是错位发展优质蔬菜的理想地带。以市场为导向，以恩施大山顶、利川齐岳山、巴东绿葱坡、鹤峰中营四大板块为核心，以顺季优势品种辣椒、甘蓝、白萝卜、大白菜、番茄等为重点，通过高山蔬菜基地集中集聚发展，形成"一山挑两炉"的以外销为主的鄂西南武陵山高山蔬菜产业带。通过种植高山蔬菜，到蔬菜冷藏、加工、销售、物流等，形成了以绿色为底色的一二三产业融合发展的模式。具体做法是，一是抓生产种植，全州从事高山蔬菜生产经营的企业2625家、农民专业合作社1422家、家庭农场100多家，还建立23个蔬菜全域绿色化示范村，进行高山蔬菜的种植。二是围绕葚叶碎米荠硒蛋白提取、魔芋、生姜、粉葛等精深加工，延长产业链、提升附加值。不断深化利益联结，完善"龙头企业＋合作社＋基地＋农户"产业化经营模式，其中，省级龙头企业有14家，产值超过2000万元的加工企业18家。三是支持市场主体完善冷链仓储设施，建设高山蔬菜在园储备主体72家，库藏蔬菜储备企业48家，蔬菜应急储备量近万吨。四是形成了流通型龙头企业、农民合作社、农村经纪人队伍、连锁商超四大销售主力，大力拓展重庆、武汉、杭州等城市市场，促进产销对接，健全销售体系、畅通销售渠道。推出了"大山鼎""天上坪"系列高山蔬菜公共品牌，通过认证绿色食品58个、地理标志农产品6个，宣恩县、鹤峰县成功创建国家农产品质量安全县，利川市、咸丰县和来凤县成功创建湖北省农产品质量安全县。2021年，全州高山蔬菜面积117.5万亩，产量140.9万吨，市场覆盖全国十多个省（市），产值28.3亿元，高山蔬菜面积占全省总量的 55.9%，带动高山地区农户户均增收 5000 元以上。有效解决了夏季蔬菜本地季节性过剩、销区供应"伏缺"问题，为保障全省、全国蔬菜市场夏季有效供应发挥了重要作用。

五、绿色发展的共同特征

通过上述对武陵山民族地区乡村绿色发展模式的形成条件和运行状况，以及取得的效果来分析，不难发现在该区域内不同省份和县区的乡村绿色发展虽各有特色，但也有共同的特征。第一，特色产业依赖于生态优势。特色产业是产业兴旺的基础，产业兴旺是乡村振兴的前提。特色产业是一个地区在长期的发展过程中所积淀、成型的一种或几种具有地区特色和核心市场竞争力的产业或产业集群。武陵山民族地区乡村普遍的优势就是良好的生态环境，这也是许多乡村特色产业得以发展的核心要素。

第二，多元主体经营是重要发展途径。乡村绿色发展需要有明确的运营主体。在政府的相关文件中明确指出：鼓励社会各界投身乡村建设，以乡情乡愁为纽带，吸引支持企业家、党政干部、专家学者等服务乡村振兴事业。"坚持政府引导、市场主导，吸引农民、企业和社会力量参与农业绿色发展"。政府的政策措施，始终强调乡村振兴过程中要充分发挥社会各界的力量。乡村绿色发展作为实现乡村振兴的重要内容，同样离不开社会各界的支持和参与，需要构建"政府+企业+村民+市民"等多元主体经营模式。

第三，合作组织是重要的运营载体。乡村绿色发展是农村由"量"向"质"发展的必然选择，对人、财、物等要素提出了更高的要求。在发展中需要坚持"众人拾柴火焰高"的理念，发挥集体力量。但是，区域内村民个人能力和文化水平不高仍然是客观现实，许多村民综合素质难以满足乡村绿色发展的要求。这就需要适时组建农民合作组织，将村民个体凝聚起来形成合力，实行集体管理，提高生产效率，并节约资源，保护环境。

第四，返乡能人发挥带头引领作用。乡村能人在发展中起着示范和牵引作用，乡村绿色发展是乡村高质量发展的必然选择，需要一批乡贤、能人作为乡村振兴绿色发展的带头人、领头雁，充分发挥自身的知识、技能、眼界等能力，带领广大农民群众走上一条绿色可持续发展道路。

第三节 以绿色发展引领武陵山民族地区乡村生态振兴

武陵山民族地区的绿色优势明显，成就显著，但也存在着生态脆弱、基础不牢固的问题。在实践中出现了过度开发对资源环境的破坏现象，而如何巩固和拓展乡村绿色发展的成果，解决发展中的问题，保持可持续发展，这仍然是一个需要重视和研究，并加以解决的问题。

一、加大武陵山民族地区生态治理

实施乡村振兴战略是新时代"三农"工作的中心任务，也是做好"三农"工作的总抓手。乡村生态治理，就是要符合生态环境建设要求，运用多种手段对乡村生产生活环境的整顿和治理的活动，这是乡村振兴的应有之义和必然要求。乡村全面振兴离不开生态振兴，优美的乡村生态环境，需要做好乡村生态治理，二者存在着密切的逻辑关系和实践的关联。开展乡村生态治理，既是乡村治理的要求，又是实现乡村振兴战略的必然要求。

1. 开展民族地区乡村生态治理的必要性

乡村生态治理，是乡村生态振兴的内容和要求，也是乡村治理的内容和要求。乡村生态治理是党的十八大以来出现的新概念和新实践。进入新时代，由于我国社会主要矛盾的变化，脱贫攻坚胜利，全面建成小康社会的实现，乡村振兴的基本要求，以及生态环境的压力和碳达峰、碳中和的政府承诺等原因，使乡村生态治理日趋重要，标准要求日益提高。可以讲，新时代国情、社情、民情的现实和国家、乡村未来发展的需要等，构成了现实态乡村生态治理的时代动因和逻辑起点。换句话讲，乡村生态治理是时代发展之需要，契合新时代发展的节拍和前进的步伐。

第一，乡村生态治理契合国家全面建设现代化国家发展的大局。进入新时代，我国社会主要矛盾的变化，脱贫攻坚和全面建成小康社会的胜利，自2021年起我国乘势而上开启全面建设社会主义现代化国家的新征程，向第二个百年奋斗目标进军。按照我国到2050年对乡村社会实现"农业强、农民富、农村美"的目标要求，其中就对乡村生态治理提出了更高的要求。但着眼当下，制约全面建设现代化国家发展进程的短板仍然在农村，其中也包括乡村生态的短板。事实上，从我国乡村地域面积、人口规模及发展程度来看，如何更好地协调城乡关系，搞好乡村生态等治理，实现乡村全面振兴，则在一定程度上决定着农业农村现代化，从而也制约国家现代化进程和现代化的质量。开展乡村生态治理是立足当下、面向未来的乡村治理策略，能够更好地兼顾经济社会发展与生态环境保护，促进乡村形成绿色生态、绿色生产、绿色生活的生产生活体系，这也是实现农业农村农民现代化的应有之义和必然要求。因此，做好乡村生态治理，从大的方面说是顺应国家发展的大战略，直接推进生态文明建设，构成社会文明建设的条件，推动乡村全面振兴和农业农村现代化，从而推动全面建成社会主义现代化国家。

第二，乡村生态治理是落实乡村振兴战略的要求。乡村振兴战略是当前和未来一个时期"三农"工作的重心和总抓手。而乡村生态治理是落实乡村生态宜居的直接性的政策举措。从党的十九大提出"产业兴旺、生态宜居、乡风文明、治理有效、生活富裕"乡村振兴战略的20字总要求来分析，乡村振兴不是单一的、单个领域、单个地域的振兴，而是包括"生态"在内的全面振兴。生态宜居既是乡村生产的载体,又是农民群众生活的环境,是其他几个振兴存在的平台和保证,因而实现乡村的全面振兴过程中,就必须把生态宜居作为重要方向,扎实推进生态振兴。没有生态振兴,其他几个也不是真正的振兴,乡村全面振兴就难以实现。显然,无论是生态宜居或是生态振兴都是党中央对乡村生态文明建设的要求和部署,是乡村振兴不可或缺的重要组成部分。由此也凸显了乡村生态治理的位置和作用,就是说实施乡村振兴战略,就必须重视乡村生态环境和生态治理,实现乡村全面振兴,必须要做好生态治理来推动和保证乡村的生态振兴。

第三,乡村生态治理是破解域内乡村生态发展问题的要求。乡村振兴要求生态振兴,生态振兴就离不开乡村生态治理。当前,武陵山区同我国许多地方一样,在发展过程中,都面临生态发展堪忧,生态问题日益凸显的现象。由于乡村生产生活方式的变化,导致了乡村生态危机的出现,诸如农业面源污染、水体污染、农村生活垃圾、人居环境等新老问题同时呈现,而乡村基础设施建设滞后,生态治理能力弱,这些都成为乡村生态治理的痛点堵点难点,也构成了乡村振兴中生态振兴的羁绊。因此,解决好发展不平衡不充分问题,迫切需要加强乡村生态治理,补齐农业农村短板弱项,重点以美丽乡村为导向加强生态环境改善,以产业生态化和生态产业为重点促进绿色产品供给,以城乡融合为途径推进城乡基础设施均等化发展问题。

武陵山民族地区特别要重视绿色生态的名片,充分认识到建设生态文明,关系人民福祉,关乎民族未来。积极贯彻落实习近平总书记强调的"坚持人与自然和谐共生,协同推进人民富裕、国家强盛、中国美丽"的精神。在湘西,山水是最靓的名片,生态是湘西最大的资源,绿水青山就是湘西的金山银山。湘西州在践行"绿水青山就是金山银山"理念时,立足良好的生态资源优势,把生态文明建设作为发展的重中之重,对生态环境保护工作高位推动。比如，建立健全州领导"联县包片督办"制度，州委书记、州长及州委常委、州政府领导深入一线率先垂范、高位推动，成立了以主要党政负责人为首的生态环境保护委员会，制定《湘西州环境保护工作责任规定（试行）》《湘西州重大环境问题（事件）责任追究办法（试行）》，生态环保大格局进一步夯实，将生态文明建设纳入五个文明建设绩效考核和政府目标管理考核，把生态环境保护工作和责任落实情况纳入重大事项督查督办内容，把学习贯彻习近平生态文明思想纳入州、县（市）、乡（镇）三级学习中心组重要学习内容，压紧压实各级各部门生态环境保护责任，推动形成了党委领导、政府主导、部门牵头、全民参与的生态文明建设、环境保护大格局，彻底理顺"岸上和水里""地上和地下""城市和农村""一氧化碳和二氧化碳"关系，有效解决了生态环境保护职能上的交叉重复与多头治理。如此重视和高位推进，为乡村生态治理提高了组织、制度机制的保证。

2. 开展生态治理凸显乡村优势

良好的生态环境是乡村绿色发展的基础，没有了良好的生态环境，乡村产业发展，农民生活幸福也就无从谈起。因此，武陵山民族地区在乡村绿色发展中，要把开展生态治理作为首要任务，通过保护乡村绿色生态、发展乡村绿色资源、塑造乡村绿色环境，来建成美丽乡村。具体讲：

第一，要保护乡村绿色生态。我国农村生态条件优越，生态资源种类繁多，是乡村最宝贵的财富。因此，乡村绿色发展要特别注意对生态的保护和修复。一是要科学规划乡村生态空间，完善乡村生态空间布局，树立山水林田湖草生命共同体的整体治理理念，通过建立国家森林公园、生态湿地公园等自然保护区、生态涵养区，保护好诸如大峡谷、武陵源、清江画廊等现有的自然生态保护区，实现乡村生态体系整体规划，系统发展。要开展生态污染治理。推进生态绿色发展，开展退耕还林、退牧还草、植树造林等活动，发扬塞罕坝绿色发展精神，恢复生态活力。

第六章　绿色发展：武陵山民族地区乡村生态振兴的要求

第二，要有效利用和拓展乡村绿色资源。资源是农业生产、农民生活的重要物质基础。资源绿不绿色，可不可持续，关系农业农村现代化的成败。因此，要推进乡村绿色发展，减少资源过度消耗和污染。在发展中注重资源的利用和保护，完善节水的约束机制，实行耕地轮作休耕制度，减少水资源、土地资源等过度消耗和污染，要在资源可承受范围内合理开发利用。要加快拓展绿色资源，加快发展新能源，如太阳能、水能、风能等，通过科学利用可再生能源替代有限资源，减轻乡村资源供给压力，保障乡村绿色可持续发展。

第三，要塑造乡村绿色环境。优美的生态环境才能让农民记住乡愁，才能吸引更多市民下乡发展。一是要塑造良好的乡村绿色环境，要形成绿色生产方式，发展生态农业、循环农业等，加强科技成果在农业生产中的应用，减少农药、化肥、地膜、禽畜废弃物、秸秆等的污染。二是形成绿色生活方式。广泛开展绿色消费宣传教育，把生态文明教育纳入素质教育之中，使每个公民都成为节约资源、保护环境的宣传者、实践者和推动者。三是完善基础设施。完善基础设施，包括进一步完善升级农村道路绿化、垃圾处理厂、污水处理、公厕改造等基础设施，利用公共财政在有条件地区建设一批生活污水废水处理厂、有机废弃物综合处置利用设施等，实现城乡环卫治理一体化目标。湘西州在这方面有很好的做法值得借鉴。湘西州立足自然生态和原生态文化的优势，把建设生态湘西作为重要任务，认真贯彻落实生态优先绿色发展理念，历时五年的攻城拔寨、集中攻坚，全州森林覆盖率稳定在70%以上，成功创建了世界地质公园、全国民族文化生态保护区、全国传统村落集中连片保护利用示范州、国家森林城市，被国家林草局誉为"南湘西、北延安"两个绿色发展典范城市，绿色已成为湘西最靓丽的底色。2021年，吉首市环境空气优良天数比例为98.8%，全州空气环境质量排名全省第一，连续四年达到国家二级标准，PM2.5平均浓度22微克/立方米，优于世界卫生组织推荐的过渡期第二阶段目标值；39个国省控水质考核断面达到或优于Ⅲ类水质达标率为100%，14个县级及以上集中式饮用水水源地达标率为100%；8个县市均完成县级及以上饮用水源环境质量状况评估。①

3.抓住乡村生态治理的重点难点

近些年，党中央高度重视乡村生态振兴，持续推进乡村生态治理。党的十八大以来，我国持续加强乡村生态保护和环境修复，整体生态环境已经有所改善。同时，过去我国农村以经济发展为中心，走资源消耗、环境污染的传统发展道路，使我国乡村生态治理进入了深水区、攻坚期。生态治理的难度不断增大，面临的重点和难点问题越来越多，成为制约乡村高质量发展的重要阻碍。对武陵山民族地区而言，污染、资源消耗依然是重点和难点，只有抓住乡村生态治理的重点，聚焦难点，疏通堵点，才能取得乡村生态治理的综合效益，提高生态治理的效果。

第一，要治理水污染问题。在农村，水资源是重要的生产资料，也是农民日常生活的必需品。充足、清洁的水资源不仅能够推进农业高效生产，而且维持农民最基本生存发展。近些年，随着我国城镇工业转移和农业化肥、农药使用，造成了严重的水资源污染。在农业生产中，化肥农药的使用越来越频繁，截至2019年底，全国农用化肥使用量为5653.42万吨。大规模使用农药、化肥，造成了农药化肥残留，并在农田灌溉过程中带动农药化肥流入地下并汇入河流湖泊，导致水资源污染。中国生态环境统计年报，仅2019年，农业源化学需氧量排放量为18.6万吨，占全国化学需氧量排放量的3.3%；农业源氨氮排放量为0.4万吨，占全国氨氮排放量的0.8%；农业源总氮排放量为1.3万吨，占全国总氮排放量的1.1%，②

---

① 湘西融媒：《擦亮生态湘西绿色名片——全州生态环境保护工作综述》，2022年1月1日，见 http://www.xxz.gov.cn/2018zhuanti/2022zt/2022nxxlh/hgzw/202201/t20220101_1856518.html。

② 生态环境部：《2019年中国生态环境统计年报》，2021年8月27日，见 https://www.mee.gov.cn/hjzl/sthjzk/sthjtjnb/202108/t20210827_861012.shtml。

第六章　绿色发展：武陵山民族地区乡村生态振兴的要求

面对严重的水资源污染问题，党中央开展农村人居环境整治三年行动计划，着力改善农村污水排放和处理。尽管如此，截至2019年，全国能够对生活污水进行处理的乡仅有3156个，占总数的33.3%。由此可见，长期以来农村生产生活中忽视对水资源的保护，导致我国农村水资源污染问题仍然十分突出，成为乡村生态环境污染的突出表现。武陵山民族地区以山清水秀闻名，但在发展特色经济和农产品加工业的时候，一度曾出现由于开茶园，办茶叶加工厂，把厂建在清江边甚至开矿办厂而导致了清江的污染，水质污染直接威胁到清江下游人口饮用水。因此，尽管水污染在武陵山民族地区还不算严重，但也必须高度警惕，防止污染现象的发生。近年来，恩施市践行"绿水青山就是金山银山"理念，以"河清、水畅、岸绿、景美"为目标，实施生态保护"河长制"，加强清江流域水污染治理、水生态修复、水资源保护，有力推动了清江流域绿色发展。湘西州统筹做好水资源保护、水环境治理、水生态修复、水安全保障、水文化彰显"五水"文章，持续推动河长制工作走深走实，让"河清、水畅、岸绿、景美、人和"成为湘西的最美景象。

第二，要解决农业面源污染问题。在现代化的农业生产活动中，化肥、农药、塑料薄膜等技术被广泛使用。现代农业生产技术的使用一方面提高了农业生产效率，同时农药、化肥、塑料薄膜等的残留也造成了严重的农业面源污染。在化肥使用量及施肥强度方面，截至2019年底，我国化肥的施肥强度为341kg/hm²，高于国际公认的化肥施用安全上限是225kg/hm²，是此标准的1.52倍。在禽畜粪便废弃物方面，到2020年，全国畜禽粪污综合利用率达到75%以上，仍然存在很大残余需要进一步处理。在农膜使用方面，从2011—2019年，我国的农膜使用量呈现出先增长后下降的趋势，由229.5万吨到2016年260.3万吨峰值到2019年的240.8万吨，整体增长幅度为4.7%，最高增长幅度达到了11.8%，农膜使用量和增长幅度都较为可观。① 在这种情况下，大量使用化肥、农药、塑料农膜，会造成化肥、农药、塑料农膜等残留，严重污染了土地耕地，直接影响生态环境和国家的粮食安全。在武陵山民族地区的恩施市，尽管是以种养业为主，种植烟叶、茶叶、土豆、药材和养猪养羊等，但仍然存在着严重的秸秆燃烧、农药、化肥、塑料薄膜、养殖污染等面源污染问题。生猪60头猪，猪圈一天会产生近300斤粪污，白杨坪镇有12万多头，因此要深入推进农业面源污染防治。②

第三，提高耕地资源质量。农业生态污染会影响着耕地的质量，而耕地对保证国家的粮食安全，稳住百姓的饭碗至关重要。习近平总书记多次强调耕地是粮食生产的命根子，保障国家粮食安全的根本在耕地，耕地红线要严防死守。近些年，党中央始终把耕地安全作为农村土地资源整治的关键点。从数量上看，截至2019年底，全国耕地面积为20.23亿亩，划定永久基本农田15.50亿亩，已经提前达到2020年全国耕地数量目标。从质量上看，我国耕地的质量还比较低，截至2019年底，全国耕地质量平均等级为4.76等。其中，一至三等耕地面积为6.32亿亩，占耕地总面积的31.24%；四至六等为9.47亿亩，占46.81%；七至十等为4.44亿亩，占21.95%。③ 通过上述数据可知，我国耕地资源整体呈现出数量充足、质量不高的状况，并且优等质量耕地短缺的现象在今后较长时间内会一直存在。对于耕地质量的问题，不完全是污染的原因，但耕地的污染则是一个主要的因素。因此，这些年来，武陵山民族地区都重视农业面源污染、水污染、土地污染的治理，以此来保护生态环境，保证耕地的肥力和生产的适应性。近年来，恩施州多措并举狠抓农业面源污染

---

① 国家统计局：《2020年中国年度统计数据》，2021年。
② 向蓉、何雨洋：《深入推进农业面源污染防治恩施市改良土壤46.1万亩》，《恩施日报》2021年9月3日。
③ 生态环境部：《2019年中国生态环境公报》，2020年。

治理，确保土壤质量安全，农业可持续发展支撑力不断提升。在土壤酸化治理、化肥农药使用、农作物秸秆综合利用、生态农业生产发展等方面取得成效。2014年，恩施州委、州政府实施"山更青、水更绿、天更蓝、土更净、城乡更美"五大专项治理行动以来，恩施州农业部门紧紧围绕"土更净"专项治理部署要求。土壤酸化治理成效显著。2015—2017年，恩施州政府连续三年每年投入500万元专项资金用于耕地土壤酸化治理，到2017年底，100万亩强酸性土壤治理任务基本完成。治理后亩产水稻增收5.7%至10.3%，玉米增收8.8%至12.7%，马铃薯增收8.2%至12.6%，蔬菜增收4.2%至10.4%，水果增收5.3%至11.2%，烟叶增收4.4%至8.9%。化肥农药使用量明显减少。2017年，恩施州化肥使用总量27.36万吨，比2015年减少3.65%，亩均用量减少2.2公斤，减量3.64%；农药使用总量1376吨，比2015年减少11.74%，亩均减量11.73%，预计到2020年完全可以实现恩施州化肥使用总量零增长、农药使用总量减少30%以上目标。[①]

4.加强乡村生态环境建设

良好的生态环境是最惠普的民生福祉。推动乡村生态治理，要正视发展过程中面临的问题，重点推进农村生态环境建设，从完善乡村空间布局、开展人居环境整治着手，这是乡村生态治理在生态环境层面的主要任务。

第一，要完善乡村空间布局。农村地域广阔，人口众多，科学规划乡村发展空间，坚持人口资源环境相均衡、经济社会生态效益相统一，对于实现乡村生态振兴，建设美丽乡村意义重大。开展乡村生态治理，要把优化乡村发展空间作为重要内容，打造集约高效的生态、生产、生活空间，

---

① 向竹清、周行雨：《湖北恩施州：狠抓农业面源污染治理》，2018年4月23日，见 https://hb.cri.cn/20180423/3d941d97-774b-b58d-c1e7-43369f2a7cca.html。

塑造人与自然和谐共生的乡村空间格局。乡村生态空间是具有自然属性、以提供生态产品或生态服务为主体功能的国土空间。[1]优化乡村生态空间，要树立山水林田湖草生命共同体的理念，通过建立国家森林公园、湿地公园等自然保护地，明确的土地性质和用途，为自然生态保留充分发展空间，从而修复和改善自然生态空间，提高生态产品和生态服务供给能力。乡村生产空间是以提供农产品为主体功能的国土空间，兼具生态功能。[2]优化生产空间，兼顾国家粮食总体安全和优质农产品需要，科学划定农林牧渔生产功能区、优质特色农产品生产功能区，推进农业产业园等园区建设，布局农产品加工业生产功能区，从而严格保护乡村生产空间。乡村生活空间是以农村居民点为主体，为农民提供生产生活服务的国土空间。[3]武陵山民族地区有许多传统的民族村寨和古建筑，优化农村生活空间，遵循乡村传统肌理和格局，明确用地规范，引导生活空间尺度适宜，既能够满足农民群众生活需要，又能够最大程度保护乡村生态风貌、景观特色、人文环境，构建便捷、完善的生活服务圈，繁荣、昌盛的乡风文明圈，让乡村居民收获更多幸福感。

第二，要开展人居环境整治。开展乡村生态治理要以开展人居环境综合整治作为主要任务。2017年底，按照实施乡村振兴战略的要求，党中央制定了《农村人居环境整治三年行动方案》，明确提出从2017年到2020年三年时间里，要以新发展理念为指导，以建设美丽宜居村庄为导向，以农村垃圾、污水治理提升为主攻方向，加快补齐农村人居环境的突出短板。2021年中央一号文件《关于全面推进乡村振兴加快农业农村现代化的意见》中提出实施农村人居环境整治提升五年行动。实施农村人居环境整治提升五年行动是农村人居环境整治三年行动的补充和升

---

[1] 《乡村振兴战略规划（2018—2022年）》，人民出版社2018年版，第20页。
[2] 《乡村振兴战略规划（2018—2022年）》，人民出版社2018年版，第20页。
[3] 《乡村振兴战略规划（2018—2022年）》，人民出版社2018年版，第20页。

级。农村人居环境整治提升五年行动明确提出人居环境整治的计划和目标，以科技为支撑，统筹农村改厕和污水、黑臭水治理，实现对废弃物回收重新利用。同时，推进垃圾源头分类加量、资源化处理，减少垃圾污染同时最大可能实现资源循环利用。部分经济较发达地区推广城乡环卫一体化第三方治理。农村人居环境整治关系着农民切身利益，是生态治理的基础和关键。党和政府必须要始终把人居环境治理作为生态治理工作的重中之重，逐步建成天蓝、地绿、水清的美丽乡村，让农民收获幸福感。

第三，要完善绿色发展基础。绿色基础设施一词起源于西方国家。目前，较为普遍认为绿色基础设施是指以生态化手段来改造或代替道路工程、排水、能源、洪涝灾害治理以及废物处理系统等问题。[1] 长期以来，我国农村经济水平较差，基础设施较为薄弱，难以满足农村环境卫生治理要求。2017年党和政府对乡村绿色基础设施建设提出明确要求，到2020年，东部地区、中西部城市近郊区基本实现农村生活垃圾处置体系全覆盖，基本完成农村户用厕所无害化改造；中西部有较好基础、基本具备条件的地区，力争实现90%左右的村庄生活垃圾得到治理，卫生厕所普及率达到85%左右。从实际情况来看，我国农村基础设施完善还存在很大问题。截至2019年底，全国乡村建设有污水处理厂1830个，其中具备污水处理能力的乡3156个，占比33.3%，农村污水处理设备的建设覆盖率仅有三分之一。[2] 截至2021年底，我国农村卫生厕所普及率约为68%，湖北省为90.2%，武陵山民族地区大部分农村卫生厕所普及率比较好，但垃圾处理、绿色生产的基础方面与东部地区农村又有差距。

---

[1] 吴伟、付喜娥：《绿色基础设施概念及其研究进展综述》，《国际城市规划》2009年第5期。
[2] 《2019年中国城乡建设统计年鉴》，2020年8月24日。

二、推进乡村绿色发展

乡村绿色发展，实则是生态文明建设在乡村发展中的要求和实践，主要内涵是坚持乡村绿色生态、绿色生产、绿色生活，本质和目的是实现人与自然和谐共生，满足农民对美好生活的需要，建设乡村生态美丽、生产美化、生活美好的美丽乡村，实现农村美、农业强、农民富的现代化农村。党的十九大报告中提出了实施乡村振兴战略和实现乡村生态振兴，习近平总书记也提出乡村振兴必须坚持人与自然和谐共生，走乡村绿色发展之路。因此，乡村的绿色发展就成为今日实现乡村振兴的应有之义和迫切要求。乡村发展，农业是基础，没有农业现代化，乡村振兴就无从谈起。新时期，我国推进农业发展，要坚持以新发展理念为指导，大力发展资源节约型农业、环境友好型农业，构建农业绿色循环发展新模式，从而完成生态治理任务，实现乡村生态振兴。在武陵山民族地区，各地都认识到了绿色发展的重要性，要在护绿、增绿、管绿、用绿、活绿上下功夫、做文章，纵深推进生态综合治理，积极推动绿色生产，倡导绿色生活消费，坚持生产发展、生态文明、生活幸福的和谐发展。

1. 推动农业绿色生产

农业绿色化是实现农业现代化的关键点，也是"绿水青山就是金山银山"理念的重要体现。近些年，为了改善农业生产导致的生态环境问题，实现人与自然和谐共生，绿色农业得到了重视和快速发展。然而，由于我国绿色农业发展时间较短，部分农村经济发展水平较低等因素，农业绿色化不充分的问题还比较突出，主要表现为农业绿色化程度低，循环农业发展水平低。

第一，要提高农业绿色化程度。推进农业绿色发展是乡村生态治理的重要任务，关系着农业现代化发展。近些年，我国绿色农业发展水平仍然不高，许多农业生产还依靠农药、化肥，导致农村生态环境污染问题

第六章　绿色发展：武陵山民族地区乡村生态振兴的要求

层出不穷。就目前来看，2018年全国农业绿色发展指数为76.12，较2012年提高了3.6%，国家农业绿色发展先行区开展先行先试，农业绿色发展水平相对较高，2018年农业绿色发展指数平均达到83.05，高出全国水平9.1%。但各先行区之间也存在发展不平衡现象。但总体水平仍有很大空间需要提升。2018年，全国绿色食品产地环境监测面积达到1.57亿亩，同比增长3.29%，其中绿色食品产地环境监测面积占全国总耕种面积不足8%，数量较少。2018年全国农田灌溉水有效利用系数达到0.554，利用率水平较低，仍有较大发展空间。① 大量的数据显示，我国距离实现农业绿色化、农业生产方式现代化还有很大的距离。这是当前我国农业生产面临的突出问题，是乡村生态治理的难点所在。

第二，要大力发展循环农业。循环农业主要以尊重生态系统和经济活动系统的基本规律，以经济效益为驱动力，以绿色GDP核算体系和可持续协调发展评估体系为导向，按照3R原则，通过优化农业产品生产至消费整个产业链的结构，实现物质的多级循环使用和产业活动对环境的有害因子零（最小）排放或零（最小）干扰的一种农业生产经营模式。② 在乡村生态治理和农业现代化建设中，发展循环农业是其中的重要内容。目前，我国循环农业通过禽畜粪尿等废弃物资源化利用带动产业循环发展，从而改善了经济发展与生态环境之间的矛盾。由于我国种植业和养殖业存在区域性差别，畜禽粪便资源分布不均，畜禽粪便替代化肥潜力的区域性差异较大，从而实际的畜禽粪便资源使用率远低于47.6%。由此可见，目前我国禽畜粪尿等废弃物资源利用率还比较低，导致循环农业整体上还没有大面积成型。恩施州十分重视农业生产不断向绿色、循环利用发展。到2017年底，恩施州通过农业部认证的"三品一标"企业136家，认证

---

① 《中国农业绿色发展报告2019》，中国农业出版社2020年版。
② 宣亚南、欧名豪等：《循环型农业的含义、经济学解读及其政策含义》，《中国人口·资源与环境》2005年第2期。

产品274个；其中绿色食品标志企业71家，产品175个；有机食品标志企业30家，产品60个；无公害食品标志企业27家，产品31个；地理标志农产品企业8家，产品8个。恩施州户用沼气池56.2万户，小沼工程700余处，大型沼气工程10处，形成了经济、生态、社会三大效益同时显现的生态能源产业链。①

2.发展资源节约型农业

资源节约型农业一般是指在农业生产中通过对资源的合理配置、高效和循环利用、有效保护和替代，使农业发展与资源环境承载能力相适应，使污染物产生量最小化并使废弃物得到无害化处理的农业发展模式。新时期，我国坚持绿色发展理念，发展资源节约型农业，构建农业生产发展与资源环境承载力相匹配的农业发展模式，从而破解农村资源紧张问题。发展资源节约型农业，可以合理布局农业种植和禽畜养殖的空间，推行农林牧渔循环农业体系，实现禽畜粪污资源化利用，在节约自然资源同时减低农业污染。推动落实沼气发电上网、生物天然气并网政策，推进沼渣沼液有机肥利用，打通种植养殖循环发展通道。②对于秸秆的处理应该更加科学、绿色，可以开展秸秆综合利用试点，推广"秸秆农用十大模式"和秸秆打捆直燃集中供热等技术。注重农膜的回收和分解，加快推动农膜回收再利用和可降解地膜技术的推广使用，并逐步淘汰不符合环境保护标准的地膜。在部分小麦种植地区，要推广水肥一体化等高效节水技术，节约水资源。要注重农业技术设备使用，加快农业生产全程机械化、绿色化、智能化建设。发展资源节约型农业不是一朝一夕就可以完成的，要久久为功，推进科学技术成果在农业领域的转化使用，逐步实现农业向绿色转型，建成农业绿色现代化。在武陵山民族地区，应该遵循上述发展节约农

---

① 向竹清、周行雨：《湖北恩施州：狠抓农业面源污染治理》，2018年4月23日，见 https://hb.cri.cn/20180423/3d941d97-774b-b58d-c1e7-43369f2a7cca.html。

② 袁倩：《乡村绿色发展之路》，中原出版社2019年版，第66页。

业的要求和规律，大力发展节约农业，要节地、节水、节能，提高资源的利用效率、提高劳动生产率。这种要求，是由武陵山民族地区的乡村有效耕地资源、水电资源的现状所决定的，只能节约，不能浪费。

3. 发展环境友好型农业

环境友好型农业，一般是指在农业生产过程中实现与自然生态系统协调可持续发展模式。环境友好型农业是党中央对农业发展模式的新理解，是未来农业发展的趋势，能够在发展农业的同时减少农业生产带来的环境污染。新时代，我国开展乡村生态治理，坚持绿色发展理念，发展环境友好型农业，构建农业生产与生态环境相协调的农业发展模式，从而破解农村生态环境污染问题。推动环境友好型农业发展，要深入实施化肥农药使用量零增长行动，加快高效缓释肥料、水溶肥料的运用。部分经济条件较好，或资源充足的地区，可以组织开展有机肥替代一般化肥试点，深入探索有机肥使用的有效途径。要进一步减少农药的使用量，通过运用现代化技术，采用理化诱控、生物防治、天敌控害等措施，提高主要农作物病虫害绿色防控覆盖率。把推动果菜茶病虫全程绿色防控试点建设作为农业病虫害治理的有效途径，深入总结并推广绿色防控技术和经验。[①] 对于畜牧业方面，组织开展兽用抗菌药物减量使用试点，探索利用生物、化学等综合技术手段减少药品对畜牧业养殖造成的影响。环境友好型农业是立足当先、面向未来的农业发展模式，在推动农业绿色现代化建设中具有重要作用。

三、倡导绿色生活消费

农民是乡村的主人，农民的生活消费活动密切关系着乡村生态治理的走向。党的十八大以来，党中央不断推进生态文明建设，引导农民形成绿

---

① 袁倩：《乡村绿色发展之路》，中原出版社2019年版，第67页。

色发展理念。目前,由于我国农村人口众多,经济发展状况不一,农民受教育程度不高,农民的生活消费绿色化程度十分有限,表现为生活方式绿色化不足、绿色基础设施建设不完善等。实施乡村振兴战略,开展乡村生态治理,农民是主体。为此,党和政府必须要把培育农民绿色生活消费作为重要内容,不断完善农村绿色基础设施、塑造农民绿色消费行为,使农民形成绿色理念和绿色自觉,从而助力乡村生态振兴。

1. 生活方式绿色化不足

生活消费绿色化是指形成勤俭节约、绿色低碳、文明健康的生活方式和消费理念。近些年,我国农村经济发展水平持续提升,农民的收入水平与日俱增,生活需要也更加丰富。然而,在摆脱了长期的贫困后,部分农民难以快速适应生活的转变,形成了奢侈消费、过度消费等不良的生活方式和消费理念。现在,农民逐渐富起来,住上了宽敞明亮的房屋,置办了精致齐全的家电,而且摩托车、小轿车也比比皆是。然而,在这些消费中,部分农民消费的出发点并不是为了满足生活需要,而是为了排场、为了炫耀。甚至有些乡村,道路基础条件还不能够满足轿车日常行驶,就贸然买了轿车,导致轿车闲置,造成浪费。据统计显示,到 2019 年底,我国农村居民家庭汽车拥有量增长 15.5%,已经连续 5 年明显高于城镇的增长水平。其中,中高端乘用车市场份额不断扩大,SUV 销量占比达到 43.7%,比上年高出 1.5 个百分点。[①] 还有部分村民利用逢年过节等机会,大摆筵席,大吃大喝,花费大量金钱铺张浪费,比阔气、比财力,造成恶劣影响。可见,目前农民生活方式不健康的问题已经成为乡村发展的突出问题,制约了乡村生态治理有序推进。在武陵山民族地区,农村婚丧嫁娶中餐饮浪费多,主人通过置办酒席,在乡村"微环境"中展示厚实家底,满足"爱面子、讲排场"的攀比心态,博得客人赞誉,赢得好名声,这种

---

① 国家统计局:《2020 国民经济和社会发展统计公报》,2021 年 2 月 28 日。

现象有着深刻的民俗文化根源，因此需要从文化入手，通过移风易俗，确立节俭是美德的观念，弘扬量需消费的风尚，谴责浪费行为，从而杜绝餐饮浪费。

2. 创造绿色生活条件

绿色生活，需要改善生活设施。近些年，我国不断推进农村基础设施建设，但对于绿色基础设施的建设和改造还存在不少问题，制约着农民形成绿色生活方式和农村生态振兴。为此，在2021年党中央明确提出在农村人居环境整治三年行动方案目标任务基本完成后，继续开展农村人居环境整治提升五年行动，包括进一步完善农村道路绿化、污水处理、公厕改造、新能源使用等基础设施升级。因此，开展乡村生态治理，推动农民形成绿色生活方式要有针对性地完善农村绿色基础设施，利用公共财政在有条件地区建设一批生活垃圾处理厂、污水废水处理厂、有机废弃物综合处置利用设施等。对于部分条件不太充分地区要加快县域城乡融合，推动城乡要素互通互融，实现绿色基础设施共建共享，实现城乡环卫治理一体化目标。要分类有序推进农村厕所革命，在尚未完成厕所改造地区继续推进厕所革命，在已经完成但存在严重质量问题的地区，坚强对公厕质量检测和整治。同时，研发适合不同地理位置的卫生厕所技术和产品，利用科学技术和现代化的产品助力环境治理，推动农民形成绿色生活方式。

3. 养成绿色消费行为

新时代，开展乡村治理离不开农民的支持。要注重引导农民形成绿色消费行为，促进农民消费转型。培育农民绿色消费行为，首先要引导农民形成绿色消费理念，广泛开展绿色消费宣传教育，加强绿色公益宣传和绿色政策解读，提高农民绿色消费的主观意识和自主权利。在农民的基础教育中，要把生态文明教育纳入素质教育之中，使每个公民都成为节约资源、保护环境的宣传者、实践者和推动者。[1] 同时要完善村规民约和法律法规，综合运用自治、法治、德治等方式规范农民的消费行为。另外，完善农村生活性服务业支持政策，发展线上线下相结合的服务网点，推动便利化、精细化、品质化发展，满足农村居民消费升级需要，推动农民形成绿色消费行为。[2]

---

[1] 邓润平：《以消费转型升级带动经济转型升级》，《人民日报》2017 年 7 月 24 日。
[2] 《中共中央国务院关于全面推进乡村振兴加快农业农村现代化的意见》，《人民日报》2021 年 2 月 22 日。

第七章

组织建设：武陵山民族地区乡村组织振兴的保证

武陵山民族地区乡村振兴，不仅是经济、文化、生态、人才的振兴，也包括组织的振兴。乡村的组织是乡村经济社会发展的领导者和组织者，是乡村社会正常运行的维护者和保证者。没有乡村组织的振兴，乡村其他方面的振兴也很难实现。在乡村组织体系中，基层党组织是领导者，村民委员会是组织实施者，"两新"组织是重要的参与者，按照职能分工，各个组织在乡村振兴的不同领域发挥作用也不尽相同。因此，《规划》中指出，要把夯实基层基础作为固本之策，建立健全党委领导、政府负责、社会协同、公众参与、法治保障的现代乡村社会治理体制，推动乡村组织振兴，打造充满活力、和谐有序的善治乡村。

第一节 乡村组织含义和类型

一、乡村组织含义和分类

1. 组织的含义和类型

在现实生活中的组织有形形色色，人们对什么是组织的概念的认识理解也千差万别、各有不同，可以从组织行为学、公共关系学、社会学、管理学等不同学科进行界定和阐释。组织是人类生存的基本方式，是连接人与社会的中介，是人类群体活动的主要形式，是人的社会性的重要表现，都具有一定规则与规章制度、个体或团系在社会关系空间中所处的位置、扮演的角色、特定社会地位的行为模式、权组织内受到约束和限制的权威等构成要素。因此，如从广义上说，组织是指由诸多要素按照一定方式相互联系起来的系统，从狭义上说，组织就是指人们为实现一定的目标，互相协作结合而成的集体或团体。在现代社会生活中，组织是人们按照一定的目的、任务和形式编制起来的社会集团，组织不仅是社会的细胞、社会的基本单元，而且可以说是社会的基础。

由于对组织的认识是多样的，因而对组织的分类也是如此。一是按照组织规模的大小，可分为小型、中型、大型和巨型等不同类型。二是按照组织成员之间的关系的性质，可划分为正式组织和非正式组织。正式组织中的组织成员之间的关系有正式的规章制度作出的详细和具体的规定，如军队、政府机关；而非正式组织中的组织成员之间的关系则无这种规定，比较自由、松散，如业余活动团体。三是按照组织的功能和目标，可分为生产组织、政治组织和整合组织。四是按照组织目标和获利者的类型，可分为营利组织和非营利组织，前者一般包括生产型组织、商业组织、服务型组织等，它们是为了自己的经济利益而成立和运营。后者一般包括各类专业学术团体和公益性组织等，它们没有营利动机和目的。四是可以从空间来分，有城市组织和乡村组织。我国的一些学者根据人们社会结合的形式和人们之间社会关系的表现，将社会组织分为经济组织，政治组织，文化、教育、科研组织，群众组织和宗教组织等几种类型。组织类型的划分都是相对的，人们可以从研究和分析的需要出发，选择恰当的分类标准。

2. 乡村组织及类型

乡村组织主要是从空间来讲的，就是存在于乡村的社会组织。社会组织的多种类型在民族地区乡村都存在，有正式组织，即农村基层组织，包括设在镇(办事处)和村一级的各种组织,主要有村党组织、村民委员会、村团支部、村妇代会、村民兵连等。但存在更多且发展不完善的就是非正式组织即社会民间组织。从时间上来分,有传统型农村民间组织和现代型农村民间组织,前者主要是以血缘和地缘关系为纽带,包括了农村宗族组织和花会、香会、庙会等,尽管它们当中有的组织具有相当强的内部凝聚力,但仍不属于现代意义上的民间组织,现在已经很少见了。当前主要是现代型农村民间组织,这是以业缘关系为纽带,基于共同的产业或者共同的爱好等而组建的,基本具备自愿性、自治性和非营利性等方面的特征。从服务对象上看,分为互益性农村民间组织和公益性农村民间组织。互益性农村民间组织是农民为满足共同的经济、社会和文化的需求而自愿组织起来的联合体,主要特征在于组织的目标是奉献于组织成员,主要包括农村专业经济协会、合作经济组织等。公益性农村民间组织的目标是奉献于社会,促进农村公益事业的发展,以提供社会服务、社会保障为职能,主要分布在农村社会保障、环境保护、扶贫开发、农村教育和慈善救济等领域,其服务对象具有开放性,多数体现了替代政府部门补充和供给公共产品的社会功能,比如农村社区志愿者协会、环保协会、老年协会等公益组织。从目前我国乡村组织存在的形态来看,除正式组织以外,非正式的社会组织主要集中在互益性的农民合作经济组织和公益性的社区社会组织,从发展的规模、成熟度来看,前者要优于后者。

3. 乡村组织的功能

当然对组织的含义可以从政治学、管理学、社会学等学科视角来解释,关于其分类有多重划法,但无论是什么样的组织都具有一般的功能和作用:一是整合的功能。指调整对象中不同构成要素之间的关系,使之达到有序化、统一化、整体化的过程。具体表现为组织的各种规章制度(包括有形的、无形的)对组织成员的约束,从而使组织成员的活动互相配合、步调一致。通过组织整合,一方面可以使组织成员的活动由无序状态变为有序状态，另一方面，又可以把分散的个体黏合为一个新的强大的集体，把有限的个体力量变为强大的集体合力。二是协调的功能。组织内部各职能部门、各组织成员尽管都要服从组织的统一要求，但是，由于他们各自的目标、需要、利益等方面得以实现或满足的程度和方式存在着事实上的差异性，组织成员之间或组织的各职能部门之间必然存在一些矛盾和冲突。需要组织充分发挥协调功能，调节和化解各种冲突和矛盾以保持组织成员的密切合作，这是组织目标得以实现的必要条件。三是维护利益的功能。社会组织是基于一定的利益需要而产生的，不同的组织是个体利益分化的结果。组织利益与个体利益息息相关，正所谓"一荣俱荣，一损俱损"。维护利益功能的有效发挥能充分调动组织成员的积极性、主动性和创造性，提高组织的凝聚力，增强组织成员的向心力，从而顺利高效地实现组织目标。四是实现目标的功能。组织目标的实现要依靠组织成员的统一力量，而这种统一力量的形成，需要组织整合和协调功能的有效发挥作为基础，以利益功能为动力，从而才能使组织达标功能得以充分发挥。各种社会组织都是社会大系统的一个分子，因此，达标功能既包括实现组织自身目标同时也包括实现社会大目标这两个任务。

二、武陵山民族地区乡村组织的类型

如上所述，关于组织的分类实在太多，从现实态在乡村经济社会发展中的组织，以及乡村振兴战略中所提出的组织振兴中的组织，主要是指现代乡村组织，包括现代政治组织、经济组织、现代民间社会组织等。就正式的政治组织和经济组织而言，武陵山民族地区和全国一样，有所不同的是民间社会组织，或者是相同的组织在发展规模、组织化程度、发挥的作用方面有差别而已。本书所分析的是武陵山民族地区普遍存在的组织，主要是指农村基层党组织、村民自治组织和"两新"组织，并在此基础上进行分类。

第七章 组织建设：武陵山民族地区乡村组织振兴的保证

1. 农村基层党组织

推进农村改革发展，关键在党。农村基层党组织是党联系农民群众的桥梁和纽带，是党在农村工作的基础，是贯彻落实党的方针政策、推进农村改革发展的战斗堡垒，是领导农民群众实现乡村振兴的核心力量。乡村基层党组织，包括设在镇（办事处）和村一级的各种组织，"两新"组织中成立的党支部，其中村党支部是乡村基层党组织的主体。本书主要研究的是村支部和"两新"组织中的党组织，这是乡村经济社会发展中直接领导核心，发挥着领导或引领作用。

村支部是党基层组织中的主体，是农村基层党组织的基础。中国共产党是有组织的统一整体，它是由党的中央、地方和基层组织按照民主集中制组织起来的统一整体。其中，党的中央组织是党的首脑和核心，党的地方组织是连接中央和基层的中间环节，而党的基层组织是党的组织体系的基础。农村基层党组织更是这基础上不可或缺的组成部分。截至2021年底，中国共产党党员总数为9671.2万名，有基层组织493.6万个，其中基层党委27.8万个，总支部31.6万个，支部434.2万个。全国29649个乡镇、114065个社区（居委会）、491129个行政村已建立党组织，覆盖率均超过99.9%。[①] 正是这些建制性的村党组织，成为党组织发展壮大，能够服务于广大农民，发挥党的领导作用的坚实基础。随着党的领导在乡村社会覆盖面的扩大，全域党建在各地各领域都有实践，成为新时代基层党建的新实践新探索，是新时代坚持和加强党的全面领导的生动体现，在乡村"两新"组织中也成立了党支部，就是全域党建的具体体现。2021年全国社会基层党组织有17.1万个，基本实现应建尽建。因此，在乡村除了乡镇党组织，就属村级党组织的规模最大，而"两新"组织中的党组织发展也十分迅速。党的领导已经覆盖到了村集体经济和"两新"组织中，党执

---

① 《中国共产党党内统计公报》，《人民日报》2022年6月30日。

政的群众基础更加牢固了,基层党组织作为发挥党联系农民群众的桥梁作用更为凸显了,在贯彻执行党的路线方针政策等方面发挥组织领导作用也更有力有效了。

2. 村民委员会

村民委员会,是村民自治组织,是在村支部领导下,直接从事乡村村务治理的组织,在乡村经济发展和综合治理中是执行者。《中华人民共和国宪法》第一百一十一条:城市和农村按居民居住地区设立的居民委员会或者村民委员会是基层群众性自治组织。居民委员会、村民委员会的主任、副主任和委员由居民选举。居民委员会、村民委员会同基层政权的相互关系由法律规定。《中华人民共和国村民委员会组织法》规定村民委员会是村民自我管理、自我教育、自我服务的基层群众性自治组织,实行民主选举、民主决策、民主管理、民主监督。村民委员会办理本村的公共事务和公益事业,调解民间纠纷,协助维护社会治安,向人民政府反映村民的意见、要求和提出建议。村民委员会向村民会议、村民代表会议负责并报告工作。截至2021年底,全国基层群众性自治组织共计60.6万个,其中:村委会49.0万个,比上年下降2.5%,村民小组395.0万个,村委会成员208.9万人。[①]另外,在村组织下又设立了村团支部、村妇代会、村民兵组织。村团支部是乡村青年的组织,是上级团组织在乡村的延伸。村妇代会统一领导,保证农村经济平稳较快发展和社会和谐稳定。由于现在人员的流动性大,特别是年轻人外出务工者多,乡村"三留"居多,因而这些村群团组织在许多地方并没有开展很好的活动,甚至有的地方是空设空转。

[①] 民政部网:《2021年民政事业发展统计公报》,2022年8月26日,见 https://www.mca.gov.cn/article/sj/。

3. 乡村"两新"组织

所谓"两新"组织，从百度百科查阅，一般是指新经济组织和新社会组织的简称，也叫非公有制经济组织和社会组织的简称。新经济组织是在发展社会主义市场经济过程中产生的，主要包括私营企业、外商投资企业、港澳台商投资企业、股份合作企业、民营科技企业、个体工商户、混合所有制经济组织等各类非国有和集体的独资的经济组织。新社会组织是指改革开放和发展社会主义市场经济发展过程中新涌现出来的相对于政党、政府等传统组织形态之外的各类民间性的社会组织。主要包括社会团体、基金会、民办非企业单位、部分中介组织以及社区活动团队截至2021年底，全国共有社会组织 90.2 万个。在武陵山民族地区，新经济组织主要是涉农的乡村民营农业企业、生产经营实体。新社会组织主要以社区活动团队即文化体育、志愿者之类社区民间社会组织为主。社区民间社会组织在乡村文化建设和社会治理方面有特殊的作用。

此外，至于在武陵山民族地区大量存在的农民专业合作社之类的经济合作经济，就其组织属性来讲，是农民自愿参加的，以农户经营为基础，以某一产业或产品为纽带，以增加成员收入为目的，实行资金、技术、生产、购销、加工等互助合作的自治性组织。就其所有制属性来讲，不能笼统讲是公有制还是非公有制性。村社合一的合作经济组织明显具有公有制性质，而"农户 + 民营公司"之类的合作经济组织，就其性质来讲就要具体分析之。

三、武陵山民族地区乡村组织振兴的重要意义

乡村组织振兴是乡村振兴的条件和要求，而以村基层组织为主体的乡村组织又是乡村组织振兴的保证。培养造就一批坚强有力的农村基层党组织和优秀的村干部，建立更加有效、充满活力的乡村治理新机制，是实现乡村组织振兴的保障。

1. 组织振兴是乡村全面振兴的应用内容

乡村组织振兴在乡村"五个振兴"中处于组织领导和政治保障的地位,发挥着组织、引领的作用。无论是乡村产业振兴、人才振兴、生态振兴,还是文化振兴,都离不开乡村组织振兴。乡村基层党组织的总体领导,村民委员会的具体组织实施,妇女、共青团组织的辅助,农民合作经济组织在产业振兴中的位置,民间社会组织在乡村文化振兴中的贡献,都是有目共睹的。因此,只有让乡村党组织、村民自治组织、社会组织健全和发展,实现乡村组织的振兴,才能真正推进乡村的全面振兴。换言之,离开了乡村组织振兴,乡村的其他四个振兴就失去了组织保障、发展引领。当然,乡村的组织振兴也离不开乡村产业、人才、生态和文化振兴的支持作用,离开这些,组织振兴就失去了基础,谈组织振兴就成为一句空话。

2. 乡村组织面临的问题需要组织振兴

俗话说,"火车跑得快,全靠车头带。"乡村社会的车头就是基层组织及干部。乡村组织振兴对乡村全面振兴至关紧要,但是长期以来乡村组织存在着许多顽疾,严重制约了乡村组织振兴。从2017年恩施州巴东县人大常委会向东同志对巴东县水布垭镇党的基层组织建设的调查来看,村级党组织建设中存在的困境和问题主要表现为:第一,村级组织能力偏弱,难以适应现实需要。具体表现为村党员干部年纪偏大,文化程度偏低;个别村主职干部不稳定,缺员空岗现象明显;村级党员干部被抽借,削弱了村级党组织力量;部分干部思维封闭,管理服务意识缺乏;村级工作质量差,遗留问题难解决。第二,村级后备干部缺乏,干部队伍青黄不接。具体表现为,后备干部缺乏,目前大部分农村基层党组织面临着后备人才匮乏的困境,特别是优秀的年轻党员更是缺乏,造成后备干部缺乏,出现干部青黄不接的现象。第三,发展党员工作不畅。据统计,全镇30个村中有15个村连续3年以上没有发展党员；村级集体经济发展滞后，"空壳村"偏多，村干部工资待遇严重不平衡，工作上难以形成合力。此外，监督机制不完善，违法违纪村干部涉及面广，党建工作乏力，学习教育流于形式，外出学习培训少等。① 同时，一些村委会组织力还不强，村团组织、妇女组织和民兵组织在许多村没有或成为摆设，还有不少数量的规模小、不规范、不完善的农村经济组织和社会组织等。

3. 乡村组织面临的任务挑战需加快推进组织振兴

在世界百年未有之大变局和中华民族伟大复兴的大局背景下，乡村组织振兴更为迫切。一方面，百年变局使得乡村发展深受国际竞争和大气候的影响，要保证粮食安全，农业基础稳固，就必须实现乡村振兴。如没有组织的振兴，缺乏坚强的领导和有效组织，乡村发展就很难应对外部风险挑战。从国内讲，构建新发展格局，走高质量发展道路，同样需要乡村组织振兴来组织和保证。另一方面，我国正处于全面建设社会主义现代化国家的新征程，实现第二个百年奋斗目标的新时期。新征程中，要实现农业农村的现代化，实现共同富裕，就要求乡村治理的现代化，这又对乡村组织建设和工作人员能力水平提出了新的挑战新的要求。而要让乡村组织能够适应国家治理体系和治理能力现代化大战略的要求，带领乡村振兴，就必须针对乡村组织存在的问题，面对的现实和预期的挑战，加强和完善乡村组织建设，改革和创新乡村组织的领导方式，用组织振兴去解决问题，应对挑战，促进乡村的全面振兴。

---

① 向东：《农村基层组织建设存在的问题和对策——以巴东县水布垭镇党的基层组织建设为例》，2017年9月18日，见 http://www.esrd.gov.cn/xsrd/201709/t20170926_767181.shtml。

第二节 武陵山民族地区乡村组织振兴的实践

实现乡村组织振兴，就要不断加强乡村基层组织建设，不断提高党领导农村工作水平，村委会及干部工作的能力，其他组织参与乡村工作的热情和效果。从武陵山民族地区组织建设的实际来看，重点是要抓好村党支部建设、村民委员会建设以及以农民合作经济为代表的经济组织和社会组织建设。

一、强化村支部建设，引领乡村组织振兴

坚持农村党支部的领导核心地位，要求村民委员会等群众自治组织，妇女、青年、民兵等群众组织都必须接受村党支部的领导，发挥各自的作用，促进各项工作的健康发展。《规划》中明确提出，加强农村基层党组织对乡村振兴的全面领导，以农村基层党组织建设为主线，突出政治功能，提升组织力，就要把农村基层党组织建成宣传党的主张、贯彻党的决定、领导基层治理、团结动员群众、推动改革发展的坚强战斗堡垒。在实践中，武陵山民族地区乡村重视党的建设，加强党对乡村振兴包括组织振兴的全面领导，通过党的领导来实现乡村基层党组织自身和其他组织的振兴。

1. 强化村支部等基层党组织建设

由于村党支部是党的全部工作和战斗力的基础，是做好农村工作，实现乡村振兴的领导力量，发挥着组织领导作用。党的路线方针政策的贯彻执行和党的农村工作目标任务的完成，都需要村支部发挥战斗堡垒的作用。没有广大基层党组织战斗力的发挥，全党的战斗力就是空的。农村基层党组织的战斗堡垒作用主要体现在宣传和执行党的路线方针政策上，并通过自己的工作使之变成群众的自觉行动，体现在通过党员的先锋模范作

用带领农民群众完成各项任务上，体现在领导农民群众全面建成小康社会和奔向共同富裕的过程中。由于诸多因素的影响，武陵山民族地区许多农村党支部还存在着组织领导力、战斗力不强，党的领导虚化、弱化和边缘化的现象和问题。因而，武陵山民族地区要以解决涣散性村支部和健全完善村党组织为重点，采取举措，加强村党组织的建设，提高村党组织的战斗力，充分发挥好战斗堡垒作用。

2. 抓乡村党组织带头人队伍建设

在乡村党组织建设方面，就建制性党组织而言，在机构设施、组织健全方面是没有问题的，但问题在于基层党组织干部队伍的配备和水平的提高上。只有健全的组织和制度，没有行政能力和水平高的干部队伍，同样是不行的。要选好配强村级领导班子，鼓励和选派思想好、作风正、能力强、愿意为群众服务的优秀年轻干部、退伍军人、高校毕业生到贫困村工作，落实好向贫困地区选派第一书记举措，真正把基层党组织建设成带领群众脱贫致富的坚强战斗堡垒。

事实上，在武陵山民族地区脱贫和乡村振兴的实践中，也的确证明了这一点。在湖北省恩施州巴东县以"五个突出"抓实农村党组织带头人队伍建设。乡村之所以能够打赢脱贫攻坚战，全面建成小康社会，固然有许多内外因的作用。但抓实农村党组织带头人队伍建设是一个重要的因素，也是一条重要的做法和经验。巴东县始终将农村党组织带头人队伍建设作为加强农村基层党组织建设的"重头戏"，突出选育管用备等关键环节，在来源渠道、后备储备、教育培训、激励保障和制度建设各方面同向发力，树立农村党组织"领头雁"的良好形象，进一步提升农村基层党组织带头人队伍的战斗力。加强干部培训。把学历教育和岗位培训并举，充分利用"一村多名大学生"计划机遇，加大学历培训力度，积极提供便利条件及资源，有计划地提升基层组织带头人文化程度，探索与高校合作的模式，在高等院校定向培养带头人队伍；开展岗位职能培训全覆盖，创新教育培训方式，分层分类开展政治理论学习和农业技能等专题培训。通过教育培训，依托县乡党校主阵地和网上学习培训平台，加强对基层组织带头人队伍的教育培训，确保每个基层组织带头人每年学习培训时间在1周以上。提升后备干部能力素质。①

3. 强化基层后备干部队伍建设

积极探索村级后备干部选拔录用体制机制，巴东县在选拔干部上坚持"懂农业、爱农村、爱农民"原则，扩大选人用人视野，用活"选、引、派、聘"四条渠道，拓宽村级基层组织带头人队伍来源渠道。既立足村内选，又着眼外部选拔。积极探索从外出经营发展的优秀人才中选拔基层组织带头人的有效路径，在本村暂时没有党组织书记合适人选的情况下，打破地域局限，重点从上级机关选派的驻村工作队、乡镇驻村干部以及县乡机关、企事业单位离退休干部职工中选拔。同时，还扎实做好经济能人、致富带头人、大中专毕业生等群体的思想引导工作，动员他们积极返乡参与基层组织建设，投身推动地区经济社会发展。用好驻村"第一书记"和选调生等资源，通过激励保障措施鼓励他们扎根基层，带动本地区青年提升文化技术层次，充实基层组织队伍。湘西州强化基层队伍建设，完成"入党积极分子信息库"和"村级后备干部信息库"建设，4648名农村入党积极分子和4525名优秀农村青年入库，村级后备干部平均每村达到了2人以上。持续实施"农民大学生"培养计划，3403位农民圆大学梦，1000人成为致富带头人，1100人成长为村组干部。采取州级示范培训、县级重点培训、乡镇全面培训的模式，年均培训村（社区）"两委"成员1.2万人次，提升实战能力。

---

① 张华：《恩施巴东："五个突出"抓实农村党组织带头人队伍建设》，2020年6月22日，见 http://www.hbdysh.cn/2020/0622/61494.shtml。

第七章　组织建设：武陵山民族地区乡村组织振兴的保证

4. 突出激励保障，调动干部积极性

村干部职业属性和特点，要求建立激励和保障机制来解决他们工作的后顾之忧，调动工作的积极性。第一，要拓宽村干部晋升渠道，增加村干部岗位吸引力。从恩施和湘西州的实践来看，都制定和实施了对村干部的激励和保障政策举措。巴东县积极争取政策，加大从村干部中定向招录乡镇公务员和从村（社区）党组织书记中选拔乡镇领导班子副职干部的力度，乡镇公务员在招录时将按照不少于15%的比例面向村（社区）干部定向招录，从2020年起，探索从事业单位中设立岗位定向招聘村干部的方式。第二，加大对村干部的待遇保障力度。从根本上确保村干部待遇保障，特别是在保证村主职干部待遇动态增长的基础上，进一步提升副职干部的待遇，缩小待遇差距，增加村干部岗位吸引力。第三，积极推行养老保险制度，切实解决村干部后顾之忧。在自愿参保的前提下，以灵活就业人员身份为村主职和副职干部办理企业职工基本养老保险，鼓励其他村干部参加企业职工基本养老保险，同时，建立离任村干部生活补贴的适度增长机制，提高财政补贴标准。第四，持续改善基层组织办公条件，通过财政拨款、党费留存、集体经济收入等渠道，进一步加大投入力度，改善基层组织办公条件，提高基层干部工作积极性。[①] 湘西州提升基层保障水平，建立了村级保障正常增长机制。2020年村级组织运转经费达到20万元，村党组织书记年均报酬达到4万元，最高达到4.5万元，为1547名村党组织书记、村主任进行养老保险补贴，为村干部购买人身意外伤害险实现全覆盖，切实解决村干部后顾之忧。

总而言之，农村基层党建是党的建设新的伟大工程的基础性工程，是我们党的工作大局中的重要组成部分，具有丰富而实在的工作内容、明确

[①] 张华：《恩施巴东："五个突出"抓实农村党组织带头人队伍建设》，2020年6月20日，见 http://www.hbdysh.cn/2020/0622/61494.shtml。

而具体的工作目标、内在而必然的发展规律。武陵山民族地区农村基层党组织要通过党建工作目标创新、思想理念创新、内容形式创新、管理机制创新等方式，确保广大农村党员队伍素质不断提升，农村基层党组织凝聚力、号召力、战斗力的提升。同时，要把党建工作和民族工作有机结合起来，严格执行党和国家的民族政策，不断加快少数民族和民族地区经济社会发展步伐，巩固党在基层组织建设中的战斗堡垒作用，从而使我国民族地区呈现出经济快速发展、社会和谐稳定、生活水平显著提高的良好局面。

二、加强村委会建设，充分发挥乡村民主

村民委员会，是村民自我管理、自我教育、自我服务的基层群众性自治组织，是基层自治制度的重要组成部分，实行的是民主选举、民主决策、民主管理、民主监督。村民委员会办理本村的公共事务和公益事业，调解民间纠纷，协助维护社会治安，向人民政府反映村民的意见、要求和提出建议。因此，村民委员会在乡村民主和社会建设、乡村治理、平安社区建设方面发挥着重要的作用。党的十八大以来，武陵山民族地区在加强村委会建设，健全基层民主制度，发展基层民主，保障人民享有更多更切实的民主权利等方面做了很多工作，在村民自治实践方面取得了许多成就。

1. 村民自治相关的法律和规定得到了落实

党和政府关于村民委员会的相关法律、政策是村委会自治制度得到落实的前提和制度保证。能不能认真落实这些法律和政策规定，是检验村民委员会自治制度好坏的标准之一。自1988年6月《中华人民共和国村民委员会组织法（试行）》（以下简称《村委会组织法》）颁布之后，农村形势的快速发展和上位法修改，对修订实施办法提出了新要求。近年来，随着农村经济社会的快速发展，农村利益格局也在不断调整，农民群众的民主权利意识日益增强，对村民自治的要求也越来越高，原实施办法已不能

有效解决在村民自治中日益出现的新情况和新问题。2010年10月28日，全国人大常委会对村委会组织法进行了修订，修订后的村委会组织法在民主选举、民主决策、议事制度、民主管理和民主监督等方面都作了相应的修改和完善，及时修订实施办法对于与上位法保持一致、有效保障村民自治发展大有裨益。各省政府都围绕这一上位法，出台了相应的办法和规定，成为村民委员会井然有序、合法合规运行的具体指导。比如，湖北省人大常委会1999年1月通过了《湖北省村民委员会选举办法》，2001年3月通过了《村民委员会组织法实施办法》，并先后进行修订。湖北省政府2002年出台了《湖北省村务公开实施办法》等，这些促进了村民自治建设工作步入了法治化轨道，有力地推进了村民自治实践。恩施州恩施市各级党委、政府对村民委员会自治组织高度重视，认真贯彻落实《村委会组织法》，依法进行村级换届选举，建立健全了农村基层村民委员会自治组织。在加强领导的同时，也出台了一系列政策性文件，各乡镇党委认真贯彻落实，积极指导和帮助村委会换届工作，健全村组织，完善青年、民兵、妇女等组织，成立计生协会、民调等组织，村民委员会自治组织得到进一步的健全和完善。

2. 民主选举逐步规范

换届选举工作是村民自治的重大内容和鲜明体现。确保按期按时、按照村民自治法规定的程序和原则换届，要求公平、公开、公正，选出人民群众满意的村干部和信得过的"当家人"，这是村民委员会换届选举工作的基本要求。过去我国村民委员会的换届时间一直不相同，或早或晚，任期不等，从1988年开始许多省份完成了首届村民委员会选举工作，到1993年基本上统一了村民委员会换届选举任期。武陵山民族地区也先后进行了第十一次村民委员会换届选举，实现了由户代表或村民代表参加选举向村民直接投票选举的转变、由等额选举向差额选举的转变、候选人由各方协商确定向无记名投票和直接提名产生的转变。在有些地方，推行了观察员制度、妇女委员"设岗定位"选举制度等，极大地丰富了基层民主实践形式，推进了基层民主政治建设。比如，2015年湖北省恩施市172个村依据《村委会组织法》《湖北省村民委员会选举办法》等法规，让村民做到了依法公正参选，杜绝拉票贿选等违法违规现象，选出了百姓信任的村干部。村民都投上神圣的一票，选举自己心目中的"当家人"。2017年湘西龙山县共有397个村(社区)换届选举，全县要选出397名村(社区)主任和1200余村委会委员。

3. 村务公开民主管理不断深化

村务公开是村民自治的最主要最基本的要求和体现。武陵山民族地区在村民自治中，村务公开和民主管理体制不断完善，县级以上均成立了村务公开和民主管理工作领导小组，形成了以村委会组织法为核心、以法规政策为支撑、以村规民约和村民自治章程为基础的村务公开民主管理制度体系，并在实践中涌现了一批先进典型，发挥了很好的示范带动作用。恩施市"1+4+x"村务公开模式，规范了村务公开内容、形式、时间、监督等程序，村务公开率达到100%，恩施市成为湖北省村务公开示范县市。在"1+4+x"村务公开模式中的"1"，就是各村每年至少要抓好一个以上综合性"村务公开日"活动。每年3月8日的全市统一的"村务公开日"，各村必须召开村民代表大会扎实实施民主决策、民主管理和民主监督。市、乡主要领导必须下村参与，当场解民忧，难点问题限定在一个月内给村民以满意答复。"4"就是各村每年必须办4期以上村务公开栏，将公益事业支出、村干部工资、特困救助、粮食直补等近20项内容全部公开，并及时解答群众疑问。"x"就是各村在完成全市统一的"规定动作"后，大胆探索其他民主管理新形式。目前，全市农村已摸索出互联网公开、广播电视公开、发放村务明白纸等10多种新形式，村民普遍叫好。恩施市的"1+4+x"模式的实践，让村民权益得到充分保障，党群关系空前密切，而且村干部去留直接由群众决定，加速了村干部素质的提高。比如，恩施

第七章　组织建设：武陵山民族地区乡村组织振兴的保证

市水布垭镇大部分村在重大事项的决策和处理上基本经过了村民大会或村民代表会议讨论实施，民主决策有了较大的改进。各村普遍建立了民主监督小组，对村务实行监督，对财务进行管理。大多数村基本健全和完善了文明公约、计生工作、治安管理等各项规章制度，使管理工作有据可依、有章可循，村级民主管理逐步走上了规范化、制度化。

4. 村民自治方式不断创新

在武陵山民族地区，由于各地的客观条件不同，民情民风有差异，在落实中央和省市县关于村民自治的相关法律法规、规定的基础上，各地也在探索和创新适合本地的村民自治模式。比如，恩施州的"转转工"村民自治方式。"转转工"源于传统农耕文明，是恩施少数民族地区的土家族人们过去在农忙季节，村民与村民之间义务互相帮忙，集中干农活的传统农耕文明。"转转工"互相不收取任何劳务费用，主人只需为当天前来帮忙的村民提供饭食。"转转工"这种互帮互助、邻里守望的农耕文明一直都是土家族传统文化的精髓。由于现在外出打工的人多，在家大多是留守妇女和老人，农忙时，部分家庭因劳力不足，影响抢收抢种，因此就需要临时帮忙的"转转工"，这是一种邻里守望的文化。恩施州加强了"转转工"村民自治互助，成立"转转工"村民自治互助会，减轻了困难群众家庭的经济负担，充分筹集农村有限的劳动力，深度整合农村现有资源，切实解决了广大农村劳动力不足、留守人员劳动负荷大、雇工经济压力大等突出问题。协会在组织村民互帮互助，帮助村民增产增收，提升贫困群众内生动力，抗击疫情复工复产、助推基层自治、为农村产业发展和脱贫攻坚提供支撑、为乡村组织振兴聚力等方面发挥了作用。2018年，来凤县石桥村户籍村民1456人，但外出打工的有800余人，在家具有劳动能力的约300人，大多是留守妇女和老人。全村种植茶叶、杨梅、水稻等共计2000亩，农忙时，部分家庭因劳力不足，影响抢收抢种。全村有近700亩茶园，集中在清明节前后采摘，工作队和村干部带领70名"转转工"前去帮忙，解了燃眉之急。2019年，来凤县石桥村"转转工"村民自治互助会项目荣获"湖北省第五届公益创投大赛二等奖"，并成功入选"2019年中国公益慈善项目大赛百强项目"。经过"转转工"的实践和经验，来凤县尝到了甜头，将积极培育本土社会工作专业人才和服务机构，通过注册指导、项目示范、督导支持等方式，孵化培养本土社工服务机构，积极创立品牌服务，加快探索社会工作参与社区治理的新方式，大力培育自我服务、自我管理、自我发展、互帮互助、邻里守望的村民自治组织，打造一支不走的"五彩社工"队伍，为抗击疫情复工复产，推进脱贫攻坚与乡村振兴有效衔接作出了积极贡献。①

乡村治理，是村民委员会的一项重要工作。如何化解乡村各种矛盾，建设平安乡村，实现乡村的善治，这是村民委员会直接的任务。湖北恩施乡村治理新模式，即数字化助力村民自治"文明校场·数字共享"。该项目运用恩施州五彩社会工作服务中心独立开发的"屋场汇"村级事务管理与信用积分系统小程序"数字乡村平台"，让村民自治工作实现可量化、有抓手。恩施州市场监督管理局驻校场坝村乡村振兴工作队积极向民政、慈善部门争取到"腾讯公益·五社联动·家园助力站"公益项目落地校场坝村。该项目旨在通过"文明校场·数字共享"乡村治理模式进一步激发村民参与乡村治理的积极性和创造性，不断提高村级管理服务效率和水平，构建共建共享的乡村治理新格局。该项目以"党建引领、公众参与、五社联动、共建共治"为目标，建立"村委会＋社会组织＋社工＋志愿者＋社会资源"的协作机制，运用"文明校场·数字共享"的信用积分制，使村民自治行为逐步标准化、具体化、公开化，让乡村治理工作更加可量化、有抓手；将乡村基层治理由"村里事"变成"自己事"，由"上级安排"

---

① 谭晓芬：《恩施州成功孵化"转转工"加强村民自治互助》，2020年6月5日，见https://mzt.hubei.gov.cn/ywzc/sz/es/202006/t20200605_2379106.shtml。

转为"激励引导",由"要我参与"变成"我要参与",不断增强村民的参与感、获得感、幸福感、安全感,从而形成尊老爱幼、诚实守信、团结和谐、自力更生、热心公益等新风尚,助力实现"产业兴旺、生态宜居、乡风文明、治理有效、生活富裕"的乡村振兴总目标。① 关于村民自治创新模式,在下面章节中有详细介绍。

三、加强和完善"两新"组织的建设

随着武陵山民族地区"五位一体"建设的推进,在经济发展中出现了许多农民经济合作组织和民营企业这样的新型经济组织,在文化社会生态建设中出现了民间兴办的文化娱乐、环境保护、志愿者服务等新型社会组织。"两新"组织的出现,对地区内经济社会发展和社会治理有着积极的作用,但同时因这些组织还处于生长阶段且不完善,还需要支持及规范、完善其发展。武陵山民族地区在"两新"组织发展中也有许多值得借鉴推广的好的做法。

1. 重视"两新"组织内部党组织建设

乡村"两新"组织发展十分迅速,如何加强党对"两新"组织的领导,落实《中国共产党基层组织选举工作条例》《中国共产党支部工作条例(试行)》,就必须加强"两新"组织内部的党组织建设,坚持推进"两新"组织发展与其内部党组织建设同步。在这项工作中,武陵山民族地区各地市州都十分重视,也在抓农村"两新"组织建设中探索出了好做法,积累一些好经验。2022年湘西自治州实现有党员的"两新"组织党组织"百分之百全覆盖",建立100个非公经济组织和社会组织党建示范点,使"两新"组织党的组织覆盖和工作覆盖持续扩大,"两新"组织党组织新增率

---

① 沈卫:《湖北恩施:乡村治理新模式 数字化助力村民自治》,2022年5月12日,见 https://www.56-china.com.cn/show-case-5748.html。

居全省前列。

第一，发好力，把组织建起来。重视并设立党组织，这是抓"两新"组织党建的前提。武陵山民族地区各地都重视这一工作，坚持"应建尽建、有效覆盖"原则，发好力，先把"两新"组织内部党组织建起来。湘西州委成立了非公有制经济组织和社会组织工作委员会，建立"1+3+25"的组织管理体系，即依托州工商联直属会员企业党委、州个体私营企业党委、州社会组织综合党委，抓好州本级"两新"党建工作。2022年自治州实现有党员的"两新"组织党组织"百分之百全覆盖"，举办"100名党组织书记大培训"，建立100个非公经济组织和社会组织党建示范点，使"两新"组织党的组织覆盖和工作覆盖持续扩大，"两新"组织党组织新增率居全省前列。其中古丈县按照"应建尽建、有效覆盖"的总要求，坚持系统谋划、因企制宜、统筹推进，着力抓好"两新"党组织建设。该县组织专班安排专人对符合条件的"两新"组织进行组建，并制定阶段性组建攻坚计划，逐月销号。该县采取单独组建、联合组建、龙头领建、平台统建、区域合建、兜底组建等方式分类抓好党组织组建，确保攻坚行动取得实效。该县自2022年4月以来已完成6个"两新"组织党支部的组建工作，全县"两新"组织党组织覆盖率达90%以上，党建工作覆盖率达100%。"两新"组织党组织在参与精准扶贫、开展公益事业方面的作用日益凸显。[①]在湘西州"两新"组织版图上，红色区域日益扩大，党组织的影响力越来越强，党建工作显示出蓬勃生机。贵州铜仁市沿河自治县精准摸底排查，分类集中组建，做好全县非公有制经济组织和社会组织内部党组织全覆盖。按照建"存量"、接"增量"、管"变量"工作思路，根据行业、领域、地域等实际科学分类做好党组织组建，通过单独建、联合建、依托建等方

---

① 石立新、李新良、梁雪琴：《古丈：着力抓好两新党组织工作》，2022年9月27日，见 https://www.163.com/dy/article/HI9RS1NQ0514EV7Q.html。

式，对符合建立党组织的做到应建尽建。目前，纳入台账管理的非公经济组织308个、社会组织26个，建立非公党组织152个、社会组织党组织22个，覆盖非公经济组织304个、社会组织26个，党组织综合覆盖率达98.80%，党组织覆盖率得到进一步巩固提升。

第二，选好人，把队伍组起来。选优配强"两新"组织支部班子，狠抓党组织书记的培训，这是建起来后的"两新"组织所要抓的两个重点工作。一是抓班子配备，要将"党员"和"大户"紧密结合培养，通过"双向培养"，把一批综合素质好的致富能手培养成积极分子并通过村支部发展为党员，也使一批党员成了致富能手，党的组织基础不断坚实，为实现乡村振兴提供了坚强的组织保障。二是狠抓"两新"党组织书记培训。围绕加强"两新"党组织书记的政治引领、党务工作、群众工作、服务发展等"四个能力"，坚持"看、学、授、做、评"基本原则，采取"走出去观摩+坐下来研讨"相结合的方式，把"两新"党组织书记带出去开阔眼界找差距。湘西古丈县组织全县"两新"领域的30名党支部书记赴恩施市考察学习，举办开展"两新"党组织"书记论坛"，辅导基层党组织建设业务，参观学习县内"两新"党支部规范化建设和园区党员职工服务中心建设情况，提升全县"两新"组织党建工作水平，为下一步"两新"组织党建工作的开展奠定坚实的基础。

第三，铺好路，把制度立起来。"两新"组织内部党组织建设是一个新事物，还需要不断规范、完善。制度建设是管长远、管根本的建设，是提升"两新"组织带头人队伍战斗力的治本之策。针对新建的党组织不完善的问题，武陵山民族地区各地党委重视"两新"组织内部党组织建设的制度化和规范化。一定要按照基层党组织建设一般要求，建立并落实组织制度、"三会一课"制度，健全落实监督机制、考核评价机制等，确保党组织的规范化和常态化运行。湘西州委明确25个成员单位工作责任和工委工作规则，建立"税前列支、党费支持、财政补贴"相结合的党建经费保障机制。泸溪县一次性安排办公经费、新建党组织启动经费、党建指导员补贴、党组织书记补贴经费98万元,有效保障了"两新"党建工作开展。恩施州巴东县推行"四议两公开"和"214"民主管理模式,以线上线下相结合的方式,不断深化党务、村务、财务公开制度。完善党内政治生活制度,重点抓好主题党日、"三会一课"、民主评议党员、组织生活会等基本制度的进一步完善和规范。这些制度的健全完善和落实,有利于保证"两新"组织内部党组织的健康成长,党的战斗堡垒作用在"两新"组织中有效发挥。

2. 推进"两新"组织高质量发展

在重视并加强武陵山民族地区乡村基层组织建设,促进和规范农民合作经济组织建设的同时,还必须重点抓好"两新组织"的建设,毕竟"两新组织"是在改革中出现的新生事物,"两新"组织是在改革中出现的新生事物,还要经历一个不断发展完善的过程。武陵山民族地区的"两新"组织更是要经过一个培育、生长和成熟的过程。因此,尽管有了"两新"组织,但还需要推进高质量发展,只有这样,才能真正发挥"两新"组织在武陵山民族地区经济社会发展的各个领域中应有的作用,并实现自身完善与发展,成熟与强大。对此,在武陵山民族地区许多地方也有创新性的举措。比如,贵州省铜仁市沿河县,采取了"四举措"助推"两新"组织高质量发展。坚持党建引领,在抓政治建设、顶层设计、党建基础、作用发挥上持续发力,着力提升"两个覆盖"质量,增强非公党建工作活力,助推"两新"组织高质量发展。具体做法有:①

第一,始终把政治标准放在首位,保证质量。持续向各新建"两新"组织党组织选派工作能力强、业务水平高、作风素质好、经验丰富、业务

---

① 铜仁组工:《铜仁沿河:"四举措"助推"两新"组织高质量发展》,2022年6月9日,见 http://www.yanhe.gov.cn/xwzx/jryh/202206/t20220609_74665131.html。

第七章 组织建设：武陵山民族地区乡村组织振兴的保证

娴熟的党建指导员，为新建党支部提供"一站式"精细化服务指导，包括如何筹备召开成立大会、如何打造党建阵地、如何开展好党建工作等。在筹建过程中，坚持做到选举工作流程清楚、党建阵地规范实用，即有场所、有设施、有标志、有党旗、有书报、有制度，尽力解除"两新"组织党建工作零基础的后顾之忧。为保障新成立党支部的支部书记对工作"底数清、程序明、业务精"，该县对他们进行集中培训，不断提高"两新"组织干部队伍党建的工作水平和综合素质。

第二，抓住"三个强化"。一是强化政治引领。坚持以习近平新时代中国特色社会主义思想为指导，认真贯彻落实中央、省委、市委和县委关于加强非公有制经济组织和社会组织党建工作的重要部署，推动提高非公企业和社会组织党员职工的思想觉悟、政治素质和工作能力。二是强化思想教育。持续巩固拓展党史学习教育学习成果，开展"党旗在基层一线高高飘扬"活动，严格落实"三会一课"、主题党日等制度，推动"互联网＋党建"深度融合，线上线下开展丰富多样的学习实践活动，切实为非公企业和社会组织健康发展提供新知识"营养液"。三是强化队伍建设。选优配齐党组织书记174名，领导层双向交叉任职39人，现有37人递交入党申请，发展党员3人，选派党建指导员65人，不断加强党的组织和党的工作覆盖。推行"线上线下"管理服务机制，建立流动党员管理台账，开展党员"亮身份、当先锋"活动。将党组织书记、党务工作者纳入干部教育培训计划，并积极组织参加省、市调训，着力提升工作水平和工作能力。

第三，着力健全"三个机制"。一是健全组织领导机制。调整充实县非公有制经济组织和社会组织党的建设工作领导小组成员、县委非公工委班子成员以及联席会议成员单位，定期召开工委会、联席会、推进会，研究部署非公党建工作。印发非公党建2022年工作要点，制定19项重点工作任务清单，定期下发工作提示，明确乡镇（街道）和22个联席会成员单位职责任务，将非公党建工作纳入党建成效考核和抓党建述职评议，强化结果运用，确保责任层层压实，工作一体推进。二是健全联动管理机制。实行县委统一领导、县委组织部（县委非公工委）牵头抓总、行业主管部门（行业党委）具体管理和乡镇（街道）属地管辖相结合的联动管理机制。登记时采取同步采集信息、同步推进组建、同步巩固提高"三个同步"要求，实时跟进党建工作，常态化开展"四个集中"专项行动，动态更新管理台账。坚持党建带群建，依托工会、共青团、妇联等群团组织，由村（社区）党组织牵头协调，开展党的工作，扩大党的社会影响力。三是健全联系服务机制。深入实施"一引领三服务"行动，持续开展县级领导干部、工委班子成员及成员单位干部职工联系服务重点企业帮扶活动，各乡镇（街道）帮扶服务辖区内企业，通过开展结对共建、政策宣讲、业务指导、纾难解困，服务指导企业健康发展。截至目前，为企业授信87730万余元，发放贷款43730万余元，开展人才招聘7期，办理税务服务38475次，提供法律援助183次，其他政务服务2407次，深入调研172次。

第四，强化基础保障。按照有场所、有设施、有标志、有党旗、有书报、有制度的"六有"标准开展党支部标准化规范化建设，探索机关、企事业单位、农村、社区党组织与非公有制经济组织和社会组织党组织活动场所共驻共用、资源设施共享共用，落实党费全额拨返、企业自筹经费保障。推荐非公领域"两代表一委员""两优一先""工人先锋号""最美劳动者"等优秀个人43人，有效激发了非公企业党务工作者工作动力，切实增强了荣誉感和责任感。

3. 充分发挥"两新"组织的作用

扎实抓好"两新"组织建设，乡村振兴大有希望。要进一步扎实抓好"两新"组织"五化建设"，打造"两新"组织党建新品牌，充分发挥"两新"党组织在脱贫攻坚、乡村振兴中红色"引力波"独特作用。搭好台，让作

第七章　组织建设：武陵山民族地区乡村组织振兴的保证

用实起来。

第一，发挥示范引领作用。一是创建非公企业党建示范点、把示范带动作为推动非公企业党建的有力抓手，凸显"一企业一品牌、一支部一特色"。贵州铜仁沿江县以"党建引领+媒体宣传+云仓服务+69万人民群众参与"模式，助推农产品进城与工业品下乡。生态牧业有限责任公司采取"公司+农民专业合作社+农户""公司+基地+合作社+农户"和"公司+家庭农场+农户"的多种利益联结合作模式，带动当地农户增收致富。疫情期间，全县非公企业和社会组织主动捐资献物，助力疫情防控。发挥好典型示范的榜样作用，让农民能致富。乡村要振兴，离不开"两新"组织党员的示范带头。在发展产业之初和新技术新品种实验阶段，普通群众常常有畏难情绪，"两新"组织党员要率先带头进行新技术新品种的试验示范。湘西国家农业科技园区通过开展群众喜闻乐见的活动，采取让党员致富带头人现身说法、经验交流、结对帮带等方式，帮助农民朋友掌握实用技术，培育生态产业，拓宽致富路子，提升致富能力。比如，耀宗竹鼠养殖合作社，积极对接协调专家为社员开展技术培训和信息咨询，竹鼠养殖规模达到2万多只。2018年出栏竹鼠1万多只，实现年销售收入近180万元，年盈利53万元，社员户均分红0.6万元左右。二是发挥好结对帮扶的引导作用，让农民有技能。湘西州紧密结合"两新"组织特点，深入开展党建"1+1"活动，让机关事业单位与"两新"党组织采取"一对一""一对多"的形式开展结对共建，有针对性地对"两新"党员、农村党员开展综合素质提升教育培训，提升"两新"党员在新形势下对党的深层次认识，并向群众传播，注重实效性，真正做到"从群众中来，到群众中去"，提高党组织影响力，进一步推进乡村"两新"组织党建工作。湘西花垣县油麻古堡寨七秀坊"让妈妈回家"苗绣基地开展了以子腊村和雅桥村油麻古堡寨为村片区，各建了创业基地，先后培训了827名绣娘，其中有500多名外出打工的农村妇女回家参加苗绣创业。基地采取"订单+绣娘"的创业模式，帮助农村妇女在家门口实现就业增收。恩施市83家"两新"组织主动与90个贫困村结成帮扶对子，为打赢脱贫攻坚战献计出力。三是通过开展丰富、有效、受党员欢迎的活动，有效地解决党员难聚的问题，增强基层党组织的凝聚力。探索"两新"组织以"组织建设互促、组织党员互动、组织党群互动、扶贫帮困互助"的活动方式，发挥"两新"组织为群众答疑解惑、政策解读、结对帮扶、传播致富增收路子、创造就业岗位、支持创新创业等服务功能。

第二，助力乡村振兴作用。坚持以巩固拓展脱贫攻坚成果有效衔接乡村振兴统揽非公党建工作，发挥非公企业党组织资金、项目、技术、信息等优势，持续深化拓展"万企兴万村"活动。发挥好产业合作的基础作用，让农民有靠山。"两新"党组织积极组织领导协调各类农民专业合作社和专业协会，建立资源共享、生产互助、利益共沾、风险同担的运行机制，推动农村经济的集约化和产业化，把产业做大做强，为实现乡村振兴提供坚强的经济保障。许多农业企业和公司与当地村级组织深入开展产业合作，实现企业自身发展与当地村集体经济发展共赢。据不完全统计，与当地村级组织开展产业合作的企业，每年能为所结对帮扶的村创造3万—5万元的村级集体经济收入。2018年通过"1+1"结对帮扶发展产业合作，为12个结对帮扶村集体经济创收48万元。近年来，铜仁沿河县20个民营企业定点帮扶25个村（社区），通过开展产业帮扶、就业帮扶、公益帮扶等多种帮扶形式，累计投入资金1200万余元，受益群众2700余人，社会组织累计投入资金、物资共计323万余元，受益群众达3500余人。重庆黔江区创新设立村级联合党组织助力乡村振兴。近年来，黔江区主动适应农业农村发展需要，针对区内资源分布不均、产业聚集效果不好的村（社区），创新设立村级功能型联合党组织，推动村与村资源整合、抱团发展，以组织联建带动工作联动、产业联育。2020年以来，黔江区累计实现集体经济组织增收100余万元，乡村发展取得了积极成效。

第七章　组织建设：武陵山民族地区乡村组织振兴的保证

第三，助力基层治理。在乡村振兴过程中，多元社会力量的参与能够形成凝聚全社会振兴乡村的强大合力。因此，要积极引导社会组织参与乡村振兴，发挥好社会组织在乡村振兴战略中的作用。一是社会组织参与乡村振兴能让"被动输血"转化为"主动造血"。在乡村振兴的过程中，社会组织的参与，能充分降低政府与村民在合作过程中由于信息不对称产生的负面效应，将"党的领导""政府组织""社会组织参与""社会动员"有机结合，将服务使用者转变为提供者，充分发挥出社会组织在基层治理领域的重要作用。推进乡村建设，每个环节都离不开"人"，离不开农民群众积极主动参与，也离不开村民组织的积极协作。社会组织参与乡村振兴能让"一元发力"转化为"多元合力"。二是社会组织的加入会改善单一社会治理格局，充分发挥自身的作用，结合乡村的实际情况，在实现产业兴旺、生态宜居、乡风文明、生活富裕方面展现出更贴合农民实际需求的独特价值。三是社会组织参与乡村振兴能让"困境农业"转化为"优势农业"。当前农业发展有着前所未有的挑战，农村空心化、人口老龄化现象不断凸显，土地非粮化难题不断显现。然而"利民之事，丝发必兴；厉民之事，毫末必去"。社会组织能够带来更多的新技术、新方法、新市场。因此，应该引导社会组织参与乡村振兴，协力绘就乡村兴盛的宏伟蓝图。四是各类社会组织以宣传科普、道德规范的方式，推进了乡村社会文明的建设，以义务帮助、组织活动的方式，推动乡村的社会服务发展，以宣传教育、创新活动的方式，活跃或传承了乡村文化，以劝导疏导、教育帮助的方式对乡村社会治理发生作用。事实上，乡村乡风文明创建类组织内在包含了红白理事会类组织、道德理事会等，社区事务类组织包含了乡村纠纷调解类组织，农民文体娱乐性组织包含了少数民族的文化传承类组织，农民生活服务类组织包含了老年人协会、扶贫协会、环境保护协会以及其他类型农村社区组织。这些组织的共同特点是通过组织本身的发展来影响乡村治理，促进村正式组织的完善与发展。

第三节　推进武陵山民族地区乡村组织振兴的对策和建议

乡村组织，特别是村党支部和村组织是乡村振兴的组织领导者，其他组织是乡村振兴中的参与力量，有的还是乡村产业振兴的主体。一方面，随着武陵山民族地区农村经济社会的快速发展，农民群众的民主权利意识日益增强，农村利益格局不断调整，农村社会结构深刻变化，农村社会的转型，以及市场竞争、农业科技的发展变化，使得农村生产发展和社会矛盾日益错综复杂，因而迫切需要加强以村基层党组织为核心的乡村组织体系建设。另一方面，由于诸多主客观因素的影响，武陵山民族地区基层党组织和村组织建设都还存在着干部队伍老化、党员年轻化、组织战斗力有待提高等问题，而快速发展的"两新"组织还有一个需要引导、规范和自身成长完善的问题。因此，实现乡村组织振兴十分必要迫切，但任务艰巨，一定要针对问题，精准施策，推动其与其他"四个振兴"协调发展。

一、强化民族地区基层党组织建设

民族地区党建工作的好坏，对于民族地区人民群众能否脱贫致富、广大农村党员能否充分发挥先锋模范作用、巩固党在民族地区执政地位，都具有很重要的意义。就武陵山民族地区而言，这是一个山区、革命老区、民族地区、生态资源保护区和曾经的贫困地区，一切发展相对滞后。在这样的条件和环境下，在刚刚脱贫的前提下，继续推进乡村振兴，扎实走共同富裕之路，就必须针对存在的问题和短板，着力加强农村基层党组织建设，提高基层党组织及党员干部的战斗力，充分发挥党在农村的领导和组织的战斗堡垒作用。

第七章 组织建设：武陵山民族地区乡村组织振兴的保证

1. 健全以党组织为核心的组织体系

第一，要充分认识乡村基层党组织在乡村振兴中的领导地位和作用。乡村振兴要坚持党的领导，基层党组织是党在基层的战斗堡垒，是党的全部工作和战斗力的基础。农村基层组织建设的核心是基层党组织建设，乡村组织振兴的重点和关键在农村基层党组织。农村基层党组织直面群众，只有让群众时刻想得起、靠得住，才能打通政策落地的"最后一公里"，成为值得群众信赖的"主心骨"。为了有力推动乡村振兴，就必须加强农村基层党组织建设，不断提高党领导农村工作的水平，其重点是要抓好农村党支部建设。农村党支部的领导核心地位体现在对乡村振兴的全面领导上，具体表现在对村民委员会、妇女、青年、民兵等群众组织的直接领导，对"两新"组织的指导和引导。在《规划》中明确规定，加强农村基层党组织对乡村振兴的全面领导，以农村基层党组织建设为主线，突出政治功能，提升组织力，把农村基层党组织建成宣传党的主张、贯彻党的决定、领导基层治理、团结动员群众、推动改革发展的坚强战斗堡垒。因此，只有建强农村基层党组织，才能有效推动乡村振兴。

第二，要完善乡村基层党组织建设。推进村党组织书记担任村民委员会主任和集体经济组织、农民合作组织负责人，村"两委"班子成员交叉任职；非村民委员会成员的村党组织班子成员或党员担任村务监督委员会主任；村民委员会成员、村民代表中党员应当占一定比例。特别是要规范乡村"两新"组织内部的党组织建设，发挥村建制性党组织对功能性党组织的指导作用。

第三，加强乡村基层党组织队伍建设。一是选好配好用好带头人。要实施村党组织带头人整体优化提升行动，要从本村致富能手、外出务工经商人员、本乡本土大学毕业生、复员退伍军人中培养选拔。要健全从优秀村党组织书记中选拔乡镇领导干部、考录乡镇公务员、招聘乡镇事业编制人员机制，让每个村都储备一定数量的村级后备干部。二是加强农村党员队伍建设。要加强农村党员学习教育、管理监督。严格党的组织生活，推进学习教育常态化制度化，全面落实"三会一课"、主题党日、谈心谈话、民主评议党员、党员联系农户等制度。加强农村流动党员管理，注重发挥无职党员作用。三是要积极培养和发展党员，把优秀的年轻人作为培养对象，并逐步吸纳到党的组织中，为村党组织注入新鲜血液，增添生机活力。

第四，强化农村基层党组织建设责任与保障。要重视和支持基层党组织建设和党支部书记的工作。要推动全面从严治党向纵深发展、向基层延伸，将抓党建、促脱贫攻坚、促乡村振兴情况作为每年市县乡党委书记抓基层党建述职评议考核的重要内容，纳入巡视、巡察工作内容，并作为领导班子综合评价和选拔任用领导干部的重要依据，切实为农村基层党组织建设和党员干部工作保驾护航。

2.要提高基层党的干部队伍的素质

新时代党自身的队伍情况、党所处的环境、党担负乡村振兴的历史任务，对农村党员干部队伍提出了更高的要求，因此，培养干部，抓好学习、提高本领，至关重要。第一，要选好乡村振兴的"领头雁"，树好选人用人"风向标"，要积极发现培养有能力、敢担当、作风实、品德好的农村党员队伍和致富带头人，充实基层党组织力量。第二，要加强学习培训，提高乡村党员干部的政治素质、业务素质。乡村振兴是事关民族复兴的大事，是"国之大者"，这是农村工作的最大的政治。由于乡村干部长期处于工作的琐事和实务之中，加之知识和理论水平所限，对党的创新理论、党和政府的政策文件并没有很深很好的把握，因而对乡村振兴的认识仅仅是表层和皮毛，其重视程度也有限。所以，必须通过党组织的"三会一课"、专题学习、参观研修等方式来淬炼自我，提高自己的政治素质和政治水平。第三，加强锻炼，在乡村振兴实践中学习和提高基层党员干部领导和实施乡村振兴的本领。毛泽东曾指出"要领导革命就须要学习""共产党人就应该懂得各种各样的事情"。乡村基层党组织的党员干部，除政治理论学习以外，还要善于学习经济、法律、管理等方面的知识，要把理论学习与乡村振兴的实践结合，以学促干，干中促学，不断提高自己的能力和领导乡村振兴的本领。实践证明，优秀的村支书，不仅能够增强基层党组织的组织力、凝聚力、战斗力，发挥好党员的先锋模范作用，而且在乡村产业振兴、乡村治理、乡村组织振兴等方面也发挥了牵引带动作用，汇聚推进乡村振兴的磅礴力量。

3. 要充分发挥党员干部的先锋模范作用

毛泽东指出，"政治路线确定之后，干部就是决定的因素。"在武陵山民族地区脱贫攻坚和全面建成小康社会的伟大事业中，广大的乡村党员干部始终冲在第一线，战斗在最前沿，发挥了先锋模范作用。在全面推进乡村振兴的伟大斗争和伟大事业中要充分调动党员干部的积极性、能动性，发挥先锋模范带头作用，呈现出"头雁"先飞"群雁"起飞的效应。因此，第一，基层党员干部要成为乡村振兴的"推进器"。基层党员干部要广泛听取群众诉求，及时了解政策实施情况和遇到的问题，及时向上级反映基层需求，妥善解决各种利益矛盾，畅通上下联系沟通渠道，有效化解乡村振兴实施过程中的不利因素，营造健康向上、众志成城的社会氛围和发展环境。第二，基层党员干部要成为乡村振兴的"主心骨"。基层党组织和干部不仅要从经济、政治、文化、社会、生态文明建设等方面做好系统规划，而且更要参与到乡村振兴的每个环节，身先士卒、真抓实干。主动担负起推动乡村振兴的发展重任，加快推进乡村治理体系和治理能力现代化，走出一条党建引领、组织掌舵、党员带动的集体经济发展新路子。第三，基层党员干部要成为乡村振兴的"压舱石"。基层党组织和干部要大力加强自身建设及党员干部队伍建设，以党内清正之风促文明健康乡风；大力弘扬社会主义核心价值观，通过群众易于接受的工作方式，加强农民文明素质引导教育，让乡风民风美起来，增强广大农民在乡村振兴中的获得感、幸福感、安全感。

4.规范农村"两新"组织内部党组织建设

如同全国其他农村一样，武陵山民族地区农村"两新"组织也在快速发展，并在乡村振兴中发挥作用。但是，由于乡村"两新"组织发展快，而组织规模却不大，组织化程度低，还处于发育成长期。对此，有的"两新"组织内部还没有建立党组织，有的建立了党组织，但党组织的组织机构、干部队伍、党员人数和素质都还存在着不足。党组织的不健全不完善，党组织的活动也就不能制度化常态化，其党组织的地位在"两新"组织内部也很难凸显，战斗力很难形成和释放。因此，就要重视"两新"组织内部的党组织建设，对有一定规模的新经济组织和社会组织，必须要建立党组织，对已经建立的党组织，一定要加强建设，界定好其与所在地村党支部的关系、与上级党委的隶属关系。

二、完善以村委会为重点的村各类组织建设

完善"乡政村治"制度，切实转变乡镇政府职能。乡镇政府要转变管治思维，真正把重心放到为乡村提供公共服务上来，发挥组织协调作用，切实加强和完善村民委员会等群众组织建设。

1.加强村民委员会规范化建设

以村民委员会规范化建设为抓手，不断完善村级民主管理制度和工作运行体系，全面增强村民自治组织能力，促进党组织领导的村级自治组织规范运行。第一，规范村委会的职能事务。明确村委会的基本工作职能，定位于组织、协调和监督，做好宣传教育、议事决策、公共事务和公益事业、监督评议、规划制定、沟通协调、民间调解、治安维护、民意表达、必要的政务协助等十类事务。全覆盖建立村级便民服务站，完善农村基层公共服务和社会管理，把村级政务服务准入制度，服务站承接的公共服务按照"权随责走、费随事转"的原则开展工作，积极推行"一站式"服务方便群众办事，使村级服务标准化、规范化、便利化水平大幅提升。

第二，规范村委会主要规章制度。围绕村委会自我管理、自我教育、自我服务、自我监督的基层群众性自治组织定位，来着力健全民主选举、民主决策、民主管理、民主监督四个方面的制度。各项规章制度通过上墙宣传、网上发布、图册资料等形式向群众公开，并建立信息的收集、反馈渠道。重要制度还应该以工作手册、宣传页等形式向村民公开。在村级便民服务站内，放置统一制作的介绍公共服务事项基本工作流程和受理事项所需材料清单的活页单，方便群众取阅。

第三，规范村委会工作保障。建立村干部报酬待遇自然增长机制，工作报酬与工作绩效挂钩，采取基本报酬加绩效考核奖励的方式发放，其中工作报酬总额的70%作为基础报酬按月发放，工作报酬总额的30%作为绩效报酬年终发放，年度考核不受优秀比例限制，树立"干好干坏不一样"鲜明导向。强化经费保障，建立以村级集体经济为主、财政保障为辅的村级经费保障制度，2021年，利川市有93个行政村集体经济全部超过10万元、最高达650万元，财政保障村级组织运转经费20万元、服务群众专项经费10万元，彻底解决村委会没钱为村民办事的窘境。

2.进一步加强村级组织的干部队伍建设

农村基层组织的战斗力强弱，关键还在于干部队伍的素质和战斗力。基层党组织是党的执政大厦的地基，干部则是地基中的钢筋。加强以村党组织为核心的村级组织建设，不仅要积极培育农村服务性、公益性、互助性社会组织，提高农民的组织化程度，完善村民自治的组织体系，建立资金稳定、管理规范、保障有力的村级组织运转经费保障机制，确保村级组织依法有效履行职能，而且重要的是加强干部队伍建设，提高干部的素质和工作能力。第一，要认真选配村级组织的干部，把政治素质强、思想品德好、工作作风硬、创新能力强的人纳入各级组织中担任村干部、社会组织中的负责人。这就要求在村"两委"换届选举工作中，把那些组织信任、农村需要、群众拥护的优秀人才选进村民委员会班子。第二，要加强对村级干部的培训。要通过专题培训、现场参观学习、党组织的学习活动，提高他们的政治水平、业务能力。第三，要建立和完善村干部报酬待遇稳步增长机制和业绩考核奖励制度，确保他们工作有合理待遇、干好有发展前途、退岗有一定保障。第四，切实加强对村干部的监督管理，督促他们健康成长，认真履职。要积极开展村干部勤廉双述、村民民主评议活动，实行村干部年度目标责任制和任期目标承诺制，加大村干部任期和离任经济责任审计力度。

3.推进村级组织治理能力现代化

第一，丰富村民议事协商形式。健全党组织领导下的村民自治机制，完善村民会议制度，推进民主选举、民主协商、民主决策、民主监督，健全党组织领导下的村民自治机制。村党组织书记和村委会主任"一肩挑"，提倡村党组织成员和村委会成员交叉任职。积极开展村民会议、村民代表会议、村民议事会、村民监事会等，鼓励开展村民说事、民情恳谈、百姓议事等各类协商活动。

第二，发挥村规民约作用。要促进自治法治德治有机结合，充分发挥村民自治章程、村规民约以及村务监督等在村民自治中的作用，使他们成为农村法治建设和协商民主建设的重要载体。提升乡村德治水平，深入挖掘乡村熟人社会中蕴含的道德规范，结合时代要求进行创新，强化道德教化作用，引导农民向上向善、孝老爱亲、重义守信、勤俭持家。要制定或修订形成务实管用的村规民约，应包括规范日常行为、维护公共秩序、保障群众权益、调解群众纠纷、引导民风民俗5个方面。既要因地制宜、突出特色、符合实际、务实管用，又要防止违背法律政策和公序良俗。

第三，实施村级事务阳光工程。健全基层党组织领导下的基层群众自治机制，广泛实行群众自我管理、自我服务、自我教育、自我监督。完善党务、村务、财务"三公开"制度，实现公开经常化、制度化和规范化。推广村级事务"阳光公开"监管平台，支持建立"村民微信群""乡村公众号"

等，推进村级事务即时公开，加强对村级权力的有效监督。

第四，加强乡村群团组织建设。村共青团、妇联是党的群团组织，在做好青年、妇女工作方面发挥了很好的作用。在武陵山民族地区，由于青年人外出务工人数多，团组织发展状况并不好，有的村有团组织，有的甚至没有团组织，还有的团组织是虚设空转。随着乡村振兴的实施，党的农村政策的吸引力越来越大，有许多返乡青年回来创业，因此，不仅要建立完善团组织，还要发挥其组织、吸引青年人返乡发展的作用，发挥其为基层党组织村委会培养接班人的重任。至于妇女组织，在乡村发展得相对较好，几乎每个村都有妇女主任，而且在留守老人、留守妇女、留守儿童"三留"现象普遍的情况下，村妇女组织有了发挥作用的舞台，这种作用集中体现在关爱老人、儿童，维护妇女权益，组织乡村文化活动、志愿者活动，参与乡村扶贫和社会治理等方面。比如，恩施州恩施市屯堡乡新街村村妇代会成立了文艺宣传、家教维权、清洁家园等6支巾帼志愿者服务队，并组建起7个妇女小组，负责组织妇女开展关爱留守儿童、生育关怀等活动。宣恩县高寒山区一大批妇女致富带头人、巾帼法律明白人被充实到贫困村妇代会组织中，州纪委专门为联系村设立了妇委会办公室、培训室、图书室，依托村"妇女之家"和妇代会，围绕文化科技服务、弱势群体关爱、法律知识宣讲、家庭文明建设等主题开展活动，也有力推动了乡村的文明进步。[①]

三、支持、引导和规范社会组织的发展

随着市场经济的发展和乡村振兴战略的实施，我国的社会组织也得到了快速发展。如同全国一样，武陵山民族地区的社会组织一方面迅速

[①] 姚鹏：《湖北恩施精准扶贫的同时建强基层妇女组织》，2016年12月22日，见https://www.sohu.com/a/122316991_114731。

发展，另一方面还存在着"重登记、轻监管""重规模、轻质量"的现象。各类社会组织尤其农村社区新社会组织的出现，对乡村治理产生了直接的影响。这种影响有正面的积极性影响，也有负面的消极影响。因此，一定要加强各级社会组织的规范化、标准化、制度化建设，支持、引导其健康发展，充分释放乡村新社会组织对促进乡村全面振兴的正能量。

1. 要重视社会组织在乡村组织振兴中的作用

近年来，社会组织的地位和作用已被各级党政领导所关注，被各级政府所重视，被社会各界所认可。全国性社会组织重点围绕科教兴国、人才强国、创新驱动发展、乡村振兴、区域协调发展、可持续发展、积极应对人口老龄化等国家战略，提供专业服务方面都发挥了重要作用。截至 2020 年底，全国社会组织固定资产 4785.5 亿元，吸纳就业 1061.8 万人。全国性社会组织参与制定 3.3 万项国家标准、2100 多项国际标准。各类社会组织广泛参与脱贫攻坚，实施扶贫项目超过 9.2 万个，投入各类资金 1245 亿元；积极参与疫情防控和复工复产，累计接受社会各界捐赠资金约 396.27 亿元、物资约 10.9 亿件。广大社区社会组织在促进居民参与、提供社区服务、丰富社区文化、化解基层矛盾等方面发挥积极作用。相关社会组织积极参与国际经济交流、推广中华传统文化，增进了中外民间交流沟通。① 如前所述，武陵山民族地区"两新"组织，虽然数量不是太多，规模化、组织化程度也还不尽如人意，即便如此，也在脱贫攻坚和乡村振兴过程中发挥了积极的作用。因此，地方政府也要重视这些社会组织的发展，积极引导和支持各级各类社会组织发挥自身优势，量力而行、尽力而为，助力解决经济社会发展现实问题和人民群众急难愁盼问题，在推进乡村全面振兴中建功立业，成为乡村振兴的推进力量。

---

① 民政部：《民政部关于印发〈"十四五"社会组织发展规划〉的通知》，2021 年 10 月 8 日，见 https://xxgk.mca.gov.cn:8445/gdnps/pc/content.jsp?id=15126&mtype。

第七章　组织建设：武陵山民族地区乡村组织振兴的保证

2. 要始终坚持党的领导

坚持党建引领，保证发展方向，是我国社会组织建设的基本原则。加强党对社会组织的全面领导，持续深入学习贯彻习近平新时代中国特色社会主义思想。健全完善党建工作机制，有效实现党的组织和党的工作全覆盖，将党建工作融入社会组织运行和发展全过程，确保社会组织的正确发展方向。通过我们走访几个村落的农村社区组织可以发现，农村社区组织能持续健康的发展，都离不开党的领导这一核心要义。党的领导是农村社会组织沿着正确政治方向正确道路前进的根本保证。第一，基层党组织为农村社会组织提供良好的政治环境。在农村社会组织发展得比较好的村落，大多都同党组织关系密切，形成了各主体协同治理的雏形。基层党组织和农村社区组织共同努力，致力于服务农民群体。党所代表的普遍公众利益与农村社区组织所倡导的特殊群体利益之间不存在根本性冲突。[①] 农村社会组织通过农民群体的自我服务来实现基层党组织服务人民群众的政治宗旨。基层党组织在认可这一目标的前提下，必然会为农村社会组织的发展创造良好的政治环境，实现协同治理乡村。第二，党为农村社会组织的发展提供方向指引。由于农村社会组织错综繁杂、类型众多，同时，加入的组员也比较复杂。尤其是在民族地区更是多民族交往交流的平台和一种形式。这种复杂的情况，就需要党来引导农村社会组织发展的正确方向。在走访中发现，一些较大的农村社会组织都有党组织，还有一些农村社区组织负责人是由退休的党员干部担任的。这无疑是推进基层党组织政治工作同农村社会组织工作不断融合的实践尝试。同时，以模范党员带动农村社会组织的党群关系，推进基层党组织的有效覆盖，对于应对农村社会组织复杂化的情况，具有很好的示范作用，也使得党的相关政策及时传

[①] 刘志磊：《改革开放以来中国共产党关于社会组织建设的理论与实践研究》，广西大学2016年博士学位论文。

达到农村社会组织之中，让农村社会组织的实际活动同基层党组织保持一致，成为乡村治理有益的力量。

3.引导、规范社会组织健康发展

第一，支持和引导社会组织发展。如前所述，社会组织发展快，但处于成长期，还存在着不规范的问题。民政部在《关于大力培育发展社区社会组织的意见》中明确指出，社区社会组织已发展成为各地加强和创新社会治理的生动实践，要大力支持。财政部、民政部在印发《关于通过政府购买服务支持社会组织培育发展的指导意见》中要求中央财政设立支持社会组织参与社会服务项目。

第二，加强建设，规范发展。社会组织存在"重登记、轻监管""重规模、轻质量"的现象，社会组织行为失范、违法的违规现象时有发生，而非法社会组织活动隐蔽性增强，已经涉及了维护国家安全等问题，因此要加强建设，更要规范。按照《关于大力培育发展社区社会组织的意见》要求，一是加强内部治理，完善社会组织章程示范文本，进一步规范社会组织议事规则、选举程序、监督机制。推动社会组织建立健全财务、人事、资产、档案印章证书、活动、分支机构和代表机构管理等制度，规范开展民主选举、民主决策和民主管理，健全内部监督机制。推动社会组织依法依章程建立健全内部纠纷解决机制。推行社会组织人民调解员制度，引导当事人通过司法途径依法解决纠纷。二是加强品牌建设，引导社会组织依据章程、业务范围和自身专长优势，开展专业化、差异化、个性化特色服务，形成更多有竞争力的服务品牌。推动社会组织加强诚信自律建设，贯彻落实诚信承诺制度。支持社会组织建立社会责任标准体系，加强团体标准建设。三是加强数字赋能，加快社会组织数字化能力建设，推广社会组织智能化办公系统。落实社会组织线上线下信息公开机制，加强社会组织新闻发言人制度建设，提高社会组织舆情应对能力，提升社会组织的"互联网+"服务水平。

第七章　组织建设：武陵山民族地区乡村组织振兴的保证

第三，引导支持社会组织发展。一是按照国家有关规定对政治过硬、作用明显、贡献突出的社会组织进行表彰奖励。积极协调配合行业管理部门将政府部门不宜行使并且适合市场和为社会提供的事务性管理工作及公共服务，通过适当方式交由符合要求的社会组织承担。二是指引社会组织依法申报纳税，落实非营利组织免税资格、公益性捐赠税前扣除资格等税收优惠政策。深化社会组织人才资源开发，建立健全社会组织负责人能力提升制度，重点提升社会组织负责人的政治能力和专业素养。三是加强与教育部门的沟通协调，鼓励支持有条件的院校筹办社会组织管理与服务专业，开设社会组织课程，编写社会组织教材，加强社会组织管理与服务学科和专业体系的建设。完善社会组织人才继续教育制度，加大社会组织培训微课开发推送力度，不断提升培训质量，扩大培训覆盖面和影响力。推动社会组织开发社会工作专业岗位，加大社会工作专业人才培养使用力度，鼓励有条件的社会组织优先聘用持有社会工作者职业资格证书的人员。四是深化落实财政部、民政部《关于通过政府购买服务支持社会组织培育发展的指导意见》，提高政府购买服务项目资金使用效益，增强受众获得感、幸福感、安全感。

第四，健全社会组织监管体系。推进制度化监管，建立健全社会组织监管制度，强化社会组织非营利性、非行政性监管。一是推进精细化监管。针对不同行业、领域、层级、类型的社会组织，推进分类指导、分类监管。二是推进多元化监管。健全完善登记管理机关、业务主管单位、党建工作机构、行业管理部门、相关职能部门各司其职、协调配合、依法监管的综合监管体制。规范和强化对社会组织的政治监督、行政监督、纪检监督、执法监督、财会监督、税务监督、审计监督、金融监管、行业监督以及社会监督。加大社会组织抽查审计力度，实现社会组织法定代表人离任审计全覆盖。三是推进专业化监管。探索建立专业化、社会化第三方监督机制。健全社会组织年检年报制度，规范社会组织年度报告内容和信息公开方式。加强社会组织信用信息管理、共享与公开,健全社会组织"异常活动名录""严重违法失信名单"制度,推动信用联合奖惩。采用互联网、大数据等手段,加强社会组织网上活动管理,提升数字化治理社会组织能力。进一步健全社会组织等级评估机制,引导社会组织"以评促建",不断完善法人治理结构,提升内部治理水平和业务活动能力。[1]

第五,强化保障措施。一是加强组织领导。积极争取党委和政府重视与支持,进一步加强党对社会组织的领导,推动建立健全社会组织工作协调机制,把加强和改进社会组织管理工作列入重要议事日程。充实和加强社会组织监管力量,加强社会组织登记管理和日常监督,提高监管的制度化、规范化和专业化水平。二是完善投入机制。围绕基层社会治理与服务急需,鼓励地方政府支持社会组织参与社会服务。引导社会资金参与社会组织发展项目,形成多元化投入机制。三是强化研究宣传。发挥高等院校、研究机构和社会智库作用,深入开展社会组织政策理论研究,探索中国特色社会组织高质量发展规律与模式。加强舆情监测和信息采集,及时回应社会关切,增强社会组织公信力。强化移动新媒体建设,拓宽宣传渠道,创新宣传形式,提升宣传效果。四是抓好考核评估。建立动态监测和定期调度相结合的工作机制,对本规划实施情况进行监测评估。上级民政部门对下级民政部门进行检查评估时,将本规划落实情况作为重要内容纳入检查评估指标,加大规划执行力度,使规划真正落到实处。

---

[1] 民政部:《民政部关于印发〈"十四五"社会组织发展规划〉的通知》,2021 年 10 月 8 日,见 https://xxgk.mca.gov.cn:8445/gdnps/pc/content.jsp?id=15126&mtype。

参考文献

一、著作类

[1]《列宁全集》第 25 卷,人民出版社 1988 年版。

[2]《毛泽东选集》第二卷,人民出版社 1991 年版。

[3]《胡锦涛文选》第二卷,人民出版社 2016 年版。

[4]《胡锦涛文选》第三卷,人民出版社 2016 年版。

[5]《习近平谈治国理政》第四卷,外文出版社 2022 年版。

[6] 习近平:《论"三农"工作》,中央文献出版社 2022 年版。

[7] 习近平:《决胜全面建成小康社会 夺取新时代中国特色社会主义伟大胜利——在中国共产党第十九次全国代表大会上的报告》,人民出版社 2017 年版。

[8] 习近平:《高举中国特色社会主义伟大旗帜 为全面建设社会主义现代化国家而团结奋斗——在中国共产党第二十次全国代表大会上的报告》,人民出版社 2022 年版。

[9] 中共中央文献研究室:《十八大以来重要文献选编》(上),中央文献出版社 2014 年版。

[10] 中共中央文献研究室:《习近平关于社会主义生态文明建设论述摘编》,中央文献出版社 2017 年版。

[11] 中共中央党史和文献研究院:《习近平关于"三农"工作论述摘编》,中央文献出版社 2019 年版。

[12] 中共中央党史和文献研究院:《习近平扶贫论述摘编》,中央文献出版社 2018 年版。

[13] 中共中央文献研究室:《习近平关于社会主义经济建设论述摘编》,中央文献出版社 2017 年版。

[14] 中共中央文献研究室:《习近平关于社会主义文化建设论述摘编》,中央文献出版社 2017 年版。

[15] 中共中央文献研究室:《习近平关于社会主义政治建设论述摘编》,中央文献出版社 2017 年版。

[16] 中共中央党史和文献研究院:《习近平关于注重家庭家教家风建设论述摘编》,中央文献出版社 2021 年版。

[17] 习近平:《在纪念红军长征胜利八十周年大会上的讲话》,人民出版社 2016 年版。

[18]《中共中央国务院关于实施乡村振兴战略的意见》,人民出版社 2018 年版。

[19]《乡村振兴战略规划（2018—2022 年)》,人民出版社 2018 年版。

[20] 规划实施协调推进机制办公室:《乡村振兴战略规划实施报告（2018—2022)》,中国农业出版社 2022 年版。

[21] 王功平:《长阳县情概览》,中国文史出版社 2006 年版。

[22] 尹莲英、高晓红:《〈资本论〉与中国社会主义经济发展》,东南大学出版社 2004 年版。

[23] 孔祥智主编:《2009 中国"三农"前景报告》,中国时代经济出版社 2009 年版。

[24] 黄蕾:《农民专业合作经济组织发展研究——基于农业产业化经营组织的比较》,江西人民出版社 2007 年版。

[25] 本书编写组:《聚天下英才而用之——学习激进派关于人才工作重要论述体会》,中国社会科学出版社、党建读物出版社 2017 年版。

[26] 袁倩:《乡村绿色发展之路》,中原出版社 2019 年版。

[27]《中国农业绿色发展报告 2019》,中国农业出版社 2020 年版。

[28] 朱志忠、唐和平:《组织行为学》,北京大学出版社 2005 年版。

[29] 胡振华:《中国农村合作组织分析:回归与创新》,知识产权出版社 2010 年版。

[30] 王振海:《社会组织发展与国家治理现代化》,人民出版社 2015 年版。

[31] 张孝德:《乡村振兴　专家深度解读》,东方出版社 2021 年版。

二、期刊类

[1] 柏振忠、李亮:《武陵山片区农民合作社助力精准扶贫研究——以恩施苗族土家族自治州为例》,《中南民族大学学报》2017 年第 5 期。

[2] 王宇飞:《恩施利川:吹响人才服务乡村振兴的"集结号"》,《党员生活》2022 年第 3 期。

[3] 沈万根:《对少数民族地区农村实用人才队伍建设的几点思考——以延边朝鲜

族自治州为例）》，《延边大学学报》2010年第4期。

[4] 黄娟：《"生态优先、绿色发展"新道路的提出依据与重大意义》，《湖湘论坛》2020年第4期。

[5] 谢来位、陈文权：《论农村实用人才资源开发激励机制的建构》，《探索》2009年第3期。

[6] 吴伟、付喜娥：《绿色基础设施概念及其研究进展综述》，《国际城市规划》2009年第5期。

[7] 宣亚南、欧名豪等：《循环型农业的含义、经济学解读及其政策含义》，《中国人口·资源与环境》2005年第2期。

[8] 冯丹丹：《民族地区农村实用人才培养模式探析》，《经济与社会发展》2012年第12期。

[9] 冯丹丹：《民族地区农村实用人才激励机制的构建及路径选择》，《中南民族大学学报（人文社科版）》2018年第6期。

[10] 张照新、吴天龙：《培育社会组织推进"以农民为中心"的乡村振兴战略》，《经济纵横》2019年第1期。

三、报刊类

[1] 焦国斌：《巴东县柑橘产业发展结硕果》，《恩施日报》2022年4月22日。

[2] 史啸虎：《我看合作社的作用》，《光明观察》2010年6月24日。

[3] 彭信琼：《恩施州农民专业合作社达9824个》，《恩施日报》2017年7月5日。

[4] 孙国华、孟敬雯：《恩施州农民专业合作社总量全省第一》，《恩施日报》2018年11月9日。

[5] 杨耀文、董仕成：《重庆黔江区社建立乡村旅游新型股份合作社》，中国供销合作网，2011年12月1日。

[6] 饶自爱、邓书宝：《抱团致富路更宽：水布垭镇农民专业合作社发展纪实》，《恩施日报》2013年12月19日。

[7]《恩施州已注册农民合作社9824个成为农民增收主渠道》，《恩施晚报》2017年6月30日。

[8] 石兴伦、刘建云：《花垣养殖合作社成为农民增收脱贫"引擎"》，《团结报》2019年7月25日。

[9] 湖北恩施州社：《组织农民合作社参与保供稳价》，《中华合作时报》2020年3月16日。

[10] 邓润平：《以消费转型升级带动经济转型升级》，《人民日报》2017 年 7 月 24 日。

[11] 向蓉、何雨洋：《深入推进农业面源污染防治恩施市改良土壤 46.1 万亩》，《恩施日报》2021 年 9 月 3 日。

[12] 国家统计局：《2020 年中国年度统计数据》，2021 年。

[13] 住房和城乡建设部：《2019 年中国城乡建设统计年鉴》，2020 年 8 月 24 日。

[14] 国家统计局：《2020 国民经济和社会发展统计公报》，2021 年 2 月 28 日。

[15] 生态环境部：《2019 年中国生态环境公报》，2020 年。

后　记

三月是一个春暖花开、万象更新的季节。桃花开，梨花开，杏花开，油菜花儿开，皆凸显了乡村的美、乡村振兴的成果。在这样的季节，书稿也终于完成了。写武陵山民族地区乡村振兴的选题，是基于对民族地区的感情。2007年后，由于工作和科研的需要，每年总有几次去恩施宣讲和调研。十年的时间，见证了这里的变化，从脱贫攻坚到乡村振兴，到共同富裕路上，这种变化只有亲身经历和亲眼见证的人才会有那么深的感悟和感动。

本书是在对武陵山民族地区多次调研撰写的调研报告基础上完成的。从2017年开始动笔，但由于疫情的原因，不能深入实地调研，写作总被打断，直到今天才完成书稿，并且书中的数据和资料引用跨度大，网络资料引用比较多。

武陵山区是一个大片区。如同序言中所说，地跨湘鄂渝黔四省（市）71个县，总面积11万多平方公里。区内聚居着汉、土家、瑶、苗、侗等民族，总人口为2300多万人，其中，土家族、苗族、侗族等30多个少数民族1100多万人，约占总人口的48%。正由于武陵山片区地域广，是我国著名的民族聚居地区。因此研究的地点和对象，以及引用的数据、列举的实例也主要是以恩施、湘西、铜仁、黔江这些地区的县市乡村为例，因过去总在鄂西民族地区扶贫、调研、宣讲，因而书中举例和资料又以恩施州、宜昌的长阳居多。

武陵山民族地区乡村振兴理论与实践研究

乡村振兴是个大战略。"民族要复兴，乡村必振兴"，所以乡村振兴是事关全面建成小康社会、事关全面建成社会主义现代化强国，实现中华民族伟大复兴的大战略。从党中央和习近平总书记对乡村振兴的目标、方针、基本要求的阐释，乡村振兴是"五个振兴"的全面振兴，这是一个整体、系统、协调的事业和工作。因而本书是基于乡村振兴的目标和方针、基本要求，从特色经济发展、农民专业合作社、乡村人才、文化、生态、组织等方面来揭示武陵山民族地区乡村振兴的理论和实践的片段。

乡村振兴是一个大的课题。对乡村振兴可以从经济学、政治学、管理学、社会学、马克思主义理论学科等不同的学科不同的视角去研究。但本书的研究则基于马克思主义理论学科，借鉴了其他学科的知识和方法。因而，研究以习近平总书记关于乡村振兴和民族地区发展的重要论述为理论基础，以党和政府关于乡村振兴和民族地区发展的政策举措为依据，聚焦乡村"五个振兴"，来研究党的创新理论和政策举措在武陵山民族地区的实践，以及取得的成效等。同时，由于武陵山民族地区的乡村振兴的实践丰富而又复杂，书稿虽然 20 多万字，但也只是分析和展示武陵山民族地区乡村振兴实践的冰山一角，而且也因为对政策的全面掌握和深度理解，对实践中的数据材料的占有，以及作者知识、视野和研究能力所限，研究分析可能还不全面，会出现挂一漏万，甚至有所偏颇的问题。但只要能够把武陵山民族地区乡村振兴的实践做法、实践成就、实践经验展示一二，也算是有所收获。对本书研究中存在的问题和不足，本人将虚心接受批评，也将继续学习、更加关心关注武陵山民族地区乡村振兴的伟大实践，并为之贡献自己的微薄之力。

乡村振兴是一场伟大实践过程。作为实践，在乡村振兴实践中有许多成功做法，有许多好的经验、好的成绩，涌现了许多先进典型和案例。因此，许多做法成为书的底色，经验、案例、数据构成了书的内容。作为过程，乡村振兴是一个历史的实践过程，从武陵山民族地区解决温饱，到消

后 记

除绝对贫困、全面建成小康社会,再到与全国同步进入全面建设社会主义现代化国家,迈入共同富裕新轨道,这是一个奋斗历史的过程。因而,书稿中具有历史跨度的例子和数据,都充分体现了这一过程的伟大实践。

本书在调研和资料收集等方面得到了恩施市委宣传部邱凌、华敏,恩施市三岔口镇查忠权、谭海鹰等同志的协助;在写作过程中得到了易新涛、张燚、冯丹丹、王晓等同事的帮助;在出版过程中,得到了中南民族大学马克思主义学院的资助,得到了杨金洲、黎海波、李春燕等教授的支持,人民出版社赵圣涛编辑更是为本书出版耗费大量的精力,我的研究生李国政、韩宁、白照坤、朱红叶、吴永忠、罗明杰、孙方正、李柯青、吕湘峰、黄盼等参与了课题调研、资料搜集、部分写作、文字校对工作,对你们给予我的帮助表示诚挚谢意。同时,本书在写作过程参考借鉴和引用了诸多学者的研究成果、地方政府的工作总结,以及媒体的宣传报道资料,有的可能未在文字上一一标注出来,但本人心怀感谢,在此一并致谢。

阎占定

2023 年 3 月 17 日于武昌南湖

责任编辑：赵圣涛
封面设计：胡欣欣

图书在版编目（CIP）数据

武陵山民族地区乡村振兴理论与实践研究 / 阎占定 著 . —北京：人民出版社，2023.7
ISBN 978-7-01-025664-1

I. ①武… II. ①阎… III. ①民族地区－农村－社会主义建设－研究－湖南 IV. ①F327.64

中国国家版本馆 CIP 数据核字（2023）第 079267 号

武陵山民族地区乡村振兴理论与实践研究
WULINGSHAN MINZU DIQU XIANGCUN ZHENXING LILUN YU SHIJIAN YANJIU

阎占定 著

人民出版社 出版发行
（100706 北京市东城区隆福寺街 99 号）

中煤（北京）印务有限公司印刷 新华书店经销

2023 年 7 月第 1 版 2023 年 7 月北京第 1 次印刷
开本：710 毫米 × 1000 毫米 1/16 印张：15.75
字数：280 千字

ISBN 978-7-01-025664-1 定价：89.00 元

邮购地址 100706 北京市东城区隆福寺街 99 号
人民东方图书销售中心 电话（010）65250042 65289539

版权所有·侵权必究
凡购买本社图书，如有印制质量问题，我社负责调换。
服务电话：（010）65250042